Robert Seydel
Die Seitensprünge der Habsburger.

W0178684

SERIE

PIPER

Zu diesem Buch

Seit es die Ehe gibt, gibt es auch den Ehebruch. Und gekrönte Häupter unterscheiden und unterschieden sich da nicht von ihren Mitmenschen. Franz Stephan von Lothringen, der Mann Maria Theresias, konnte seine Finger nicht von fremden Frauen lassen, wobei er feine und oft verheiratete Damen der guten Gesellschaft bevorzugte. Ihr Sohn, Kaiser Joseph II., war dagegen ein gern gesehener Stammgast in den Bordellen Wiens. Erzherzog Leopold Ferdinand Salvator führte sogar eine Prostituierte vor den Traualtar. Kaiser Franz Joseph hatte seine geliebte Sisi gegen den Willen seiner Mutter gewählt, was aber nicht hieß, dass er in seiner Ehe glücklich wurde. Sisi entzog sich dem Wiener Hof und dem Gatten, so oft sie konnte, trotzdem hatte der Kaiser ein gesundes Liebesleben. Aber auch die Habsburgerinnen suchten Liebe und Leidenschaft außerhalb der Ehe: Napoleons Frau, Marie Louise, betrog den großen Kaiser mit einem Einäugigen, Luise von Sachsen brannte mit dem Sprachlehrer ihrer Kinder durch. Und Kronprinz Rudolfs Tochter versuchte erst gar nicht, ihre außerehelichen Eskapaden zu vertuschen. Ein Blick durchs Schlüsselloch in die Schlafzimmer der Habsburger beweist: Im eigenen Ehebett spielte sich oft wenig ab. Aber in fremden Betten ging's rund ...

Robert Seydel, geboren 1976, studierte Geschichte sowie Publizistik und Kommunikationswissenschaft an der Universität Wien. Er ist heute als Journalist tätig.

Robert Seydel
Die Seitensprünge der Habsburger

Liebesrausch und Bettgeflüster einer Dynastie

Mit 11 Abbildungen

Piper München Zürich

FSC

Dieses Taschenbuch wurde auf FSC-zertifiziertem Papier gedruckt.
FSC (Forest Stewardship Council) ist eine nichtstaatliche, gemeinnützige
Organisation, die sich für eine ökologische und sozialverantwortliche
Nutzung der Wälder unserer Erde einsetzt (vgl. Logo auf der Umschlag-
rückseite).

Ungekürzte Taschenbuchausgabe
Piper Verlag GmbH, München
Februar 2007
© 2005 Verlag Carl Ueberreuter, Wien
Umschlag / Bildredaktion: Büro Hamburg
Heike Dehning, Charlotte Wippermann,
Alke Bücking, Daniel Barthmann
Umschlagabbildungen: »Venus im Spiegel«
(Ölgemälde von Velasquez; akg-images / Erich Lessing)
und »Kaiser Joseph II.« (Pastell um 1770; akg-images)
Foto Umschlagrückseite: Michael Appelt
Papier: Munken Print von Arctic Paper Munkedals AB, Schweden
Druck und Bindung: Clausen & Bosse, Leck
Printed in Germany   ISBN 978-3-492-24756-6

www.piper.de

Inhalt

Einleitung

Von Gottes Gnaden? – Von wegen! In den kaiserlichen Gemächern des Hauses Habsburg ging's gar unchristlich zu: Libidinöse Ausschreitungen, Seitensprünge, erotische Infights hinter den dicken Mauern der Schlösser und Residenzen sowie in Freudenhäusern und abgeschiedenen Gasthäusern fernab vom steifen Wiener Hof standen auf der Tagesordnung. Warum? Weil sich nur die wenigsten der hohen Damen und Herren in ihren Ehen wohl fühlten. Und weil Seitensprünge seit Bestehen der Menschheit wohl einfach dazugehören. Der außereheliche Liebestaumel ließ so manchen Adelsspross gute Erziehung und Moral vergessen. Der französische Schauspieler und Regisseur Sacha Guitry stellte einmal sehr treffend fest: »Liebe ist Anregung für das Herz unter gleichzeitiger Lokalanästhesie des Verstandes.« Die Konsequenzen dieser temporären »Unzurechnungsfähigkeiten« fanden nun Einzug in das vorliegende Buch.

Mittlerweile ist wohl jedem noch so großen Romantiker bekannt, dass Ehen in der Hocharistokratie fast durchwegs das Ergebnis politischer Verhandlungen waren. Gefühle ließ man außen vor. Viel wichtiger war es, (männliche) Nachkommen in die Welt zu setzen um den Fortbestand der Dynastie zu sichern. Liebe, Lust, Intimität hatten in den kaiserlichen Betten nichts zu suchen. Fanden sie dennoch den Weg dorthin, war dies eher die Ausnahme denn die Regel. Daher darf es eigentlich nicht verwundern, dass die Majestäten nicht nur die ihnen angetrauten Partner und Partnerinnen über die kaiserlichen Matratzen jagten. Nur außerhalb der ehelichen Betten fanden viele echte Liebe und Zuneigung.

Und genau darum soll es gehen: Wer mit wem, wann und wo? Seitensprünge bei den Habsburgern zogen sich durch alle Jahrhunderte. Mal wurde mehr, mal wurde weniger außerehelich geliebt. Viele Ehen waren durchaus glücklich, andere wieder standen von Anfang an unter keinem guten Stern.

Viele Seitensprünge blieben nicht ohne Folgen: Uneheliche oder illegitime Kinder (so genannte »Bastarde«) pflasterten den Weg der alteingesessenen Familie. Vielfach wurden sie verleugnet, oft führten sie aber auch ein Leben in aller Öffentlichkeit.

Ein Ausbruch aus dem goldenen Käfig – das war für viele Habsburger und Habsburgerinnen die einzige Möglichkeit, nicht an den erzkonservativen und erzkatholischen Grundgesetzen des Hofes zu zerbrechen. Manchmal dienten die außerehelichen Liebeshändel einzig und allein der sexuellen Befriedigung, hin und wieder aber wurden daraus feste Beziehungen, die durch Nähe und Vertrautheit gekennzeichnet waren.

Begeben Sie sich mit diesem Buch auf Spurensuche durch die Jahrhunderte – begonnen beim »finsteren Mittelalter« bis hinauf in die jüngste Vergangenheit. Finden Sie heraus, wie es in Spanien unter der Herrschaft der Habsburger rundging. Erfahren Sie, was die Kaiser und Könige unter den Bettdecken alles trieben – und vor allem mit wem. Und staunen Sie ob der Tatsache, dass Fremdgehen im Hause Habsburg nicht uneingeschränkt eine männerdominierte Angelegenheit war.

Wie stand es um gleichgeschlechtliche Liebe im Erzhaus? Wie verhielt es sich mit unstandesgemäßen Ehen? Und wie reagierte Kaiser Franz Joseph angesichts der schockierenden Tatsache, dass einer seiner Verwandten eine waschechte Prostituierte vor den Traualtar schleppte? Eines gleich vorweg: Im Laufe der Jahrhunderte wurde außerehelich geliebt und gelitten, was das Zeug hält.

Wer aber jetzt an Madame de Pompadour und Konsorten in Versailles denkt, täuscht sich gewaltig. Ein Mätressentum, wie es am französischen Hof existierte (mit all dem politischen Einfluss, den die Geliebten der Könige dort hatten), gab es in Wien und Madrid nicht. Zu keiner Zeit wurde die Geliebte in den eigenen vier Wänden untergebracht, nur selten waren die Frauen, die sich mit den Kaisern und Erzherzogen unter der Bettdecke vergnügten, auch in der Öffentlichkeit angesehen, geachtet oder gar gefürchtet. Lassen wir Fürstin Nora Fugger, eine Zeitgenossin Kaiser Franz Josephs, kurz zu Wort kommen, die Einblick ins Aristo-Leben der damaligen Zeit hatte: »So war denn auch der Wiener Hof frei von der an fast allen europäischen Höfen der damaligen Zeit herrschenden Korruption. Und er ist es bis zuletzt geblieben. Im österreichischen Kaiserhause hat es niemals eine Wirtschaft offizieller Mätressen, niemals Hofskandale gegeben. Ernste standeswidrige Liebesaffären fanden in morganatischen Ehen ihren Abschluss.« Betrogen wurde trotzdem. Der Unterschied lag lediglich darin, dass man sich im Hause Habsburg zumindest noch manchmal die Mühe machte, es geheim zu halten.

Daher liegt einiges bis heute im Dunkeln. Viele pikante Beweismaterialien wurden rechtzeitig vernichtet, andere überlebten in den Archiven. Briefe und mündliche Überlieferungen halfen, die Seitensprünge der Habsburger zu dokumentieren. Vieles wissen wir, einiges basiert nur auf Gerüchten, anderes werden wir wohl nie restlos klären können.

Eines sei an dieser Stelle aber klargestellt: Die folgenden »Skandalg'schichterln« unterliegen keiner Wertung des Autors. Alle dargestellten Seitensprünge basieren auf schriftlichen und mündlichen Überlieferungen und sind keineswegs an den Haaren herbeigezogen.

Doch genug der trockenen Theorie. Wagen wir nun einen Blick durchs Schlüsselloch in die kaiserlichen Schlafzimmer.

Die Ehe
Grundlage für einen Seitensprung

Um überhaupt fremdgehen zu können, muss man verheiratet sein – da gab's auch für die sonst so privilegierten Habsburger keine Ausnahme. Daher seien an dieser Stelle die grundlegenden Fakten zum Thema Heirat im Hause Habsburg dargelegt.

Der Soziologe Max Weber definierte den Sinn der Ehe recht nüchtern: »›Ehe‹ entsteht als gesellschaftliche Institution überall erst durch den Gegensatz zu anderen, nicht als Ehe angesehenen sexuellen Beziehungen. Denn ihr Bestehen bedeutet, [...] dass nur die Abkömmlinge bestimmter sexueller Dauergemeinschaften im Kreise einer umfassenderen ökonomischen, politischen, religiösen oder sonstigen Gemeinschaft, welcher ein Elternteil (oder jeder von beiden) angehört, kraft Abstammung als geborene gleichstehende Verbandsgenossen (Hausgenossen, Marktgenossen, Sippengenossen, politische Genossen, Standesgenossen, Kultgenossen) behandelt werden, Abkömmlinge eines Elternteils aus anderen Sexualbeziehungen dagegen nicht. Einen anderen Sinn hat – was wohl zu beachten ist – die Unterscheidung von ›ehelich‹ und ›unehelich‹ überhaupt nicht.« (Zit. nach: Hansert: Welcher Prinz wird König?)

Gerade die habsburgischen Hochzeiten waren schon seit jeher Thema zahlreicher Abhandlungen. Bezeichnend für diese Heiratspolitik war der Spruch »Bella gerant alii, tu felix Austria nube. Nam que Mars aliis, dat tibi regna Venus.« – »Andere mögen Kriege führen, du glückliches Österreich heirate. Denn was anderen der Gott Mars gibt, gibt dir die Herrschaft der Venus.« Während sich andere auf den Schlachtfeldern also die Köpfe einschlugen, feierten die Habsburger Hochzeit. Doch wozu dienten die Vermählungen? »Zur Durchsetzung machtpolitischer Interessen«, stellt der Historiker Hannes Leidinger fest. Denn hinter den oft durch rosa Brillen betrachteten Heiraten der Habsburger stand zumeist nur politisches Kalkül. Im 15. Jahrhundert krallten sich die Habsburger auf diese Weise Burgund (durch die Heirat Kaiser Maximilians mit Maria von Burgund 1477), Spanien (durch die Hochzeiten Margaretes mit Juan und Johannas »der Wahnsinnigen« mit Philipp I. 1496) und später auch noch Böhmen und Ungarn (durch die Heiraten Ferdinands I. mit Anna von Böhmen 1521 und Marias mit Ludwig von Böhmen und Ungarn 1514). Von 1580 bis 1640 herrschten die spanischen Habsburger dank ihres ausgeklügelten Heiratsnetzwerkes auch noch über Portugal. Um diese neu gewonnenen Länder natürlich nicht gleich wieder aus der Hand geben zu müssen, war es unerlässlich, für einen – wenn möglich männlichen – Thronfolger zu sorgen, der alleine durch den Stand seiner Geburt die Ansprüche anderer Usurpatoren für null und nichtig erklären sollte.

Doch ganz so einfach war das mit dem Eheschließen dann auch wieder nicht. Schließlich konnte man als Mitglied des Hauses Habsburg (egal ob männlich oder weiblich) nicht jeden beliebigen Partner heiraten, in den man sich verschaut hatte. Zukünftige Mitglieder des Erzhauses hatten dem Hochadel zu entstammen. Die Habsburger verlangten von den potenziellen Bräuten und Ehemännern eine so genannte Ahnenprobe. Die hatte zu beweisen, dass alle 16 Ur-Ur-Ahnen adelig waren. Durch diesen Grundsatz der exklusiven Aszendenz, also Abstammung, war die »Auswahl« aber automatisch auf ein Minimum reduziert. Da sich die Habsburger als die obersten Herrscher der Christenheit sahen, blieben eigentlich nur zwei Alternativen: Heiraten innerhalb der eigenen Familie (Beispiel: die Hochzeiten der österreichischen mit den spanischen Habsburgern) oder die Vermählung mit zumindest nahezu ebenbürtigen, regierenden Häusern in Europa. Doch selbst hier gab es wieder eine Einschränkung: Alle potenziellen Kandidaten und Kandidatinnen mussten lange Zeit ausnahmslos katholisch sein. Damit fielen spätestens seit der Reformation einige angesehene Familien, die zum Protestantismus konvertierten, weg. Somit reduzierte sich der Kreis jener Dynastien, die den Ansprüchen der Habsburger genügten, zusehends.

Ehen mit Mitgliedern der eigenen Familie waren daher keine Seltenheit. Ein Problem, das sich in diesem Zusammenhang stellte, war jenes des »Inzesttabus«. Der Ethnologe Claude Lévi-Strauss bezeichnete es sehr treffend: »Das Inzestverbot ist weniger eine Regel, die es untersagt, die Mutter, Schwester oder Tochter zu heiraten, als vielmehr eine Regel, die dazu zwingt, die Mutter, Schwester oder Tochter anderen zu geben.« (Zit. nach: Hansert: Welcher Prinz wird König?) Die Habsburger hielten sich freilich nur mäßig daran. Cousins und Cousinen ersten Grades miteinander ins Ehebett zu schicken, war durchaus üblich.

Wer jetzt allerdings denkt, die Kirche hätte damit ein ernst zu nehmendes Problem gehabt, täuscht sich gewaltig. Gemäß dem Laterankonzil von 1215 waren zwar als Heiratspartner alle Personen, mit denen man in der Ururgroßelterngeneration gemeinsame Vorfahren hatte, ausgeschlossen. Doch die Möglichkeit des Papstes, einen so genannten Dispens zu erteilen und damit die Ehe für die Kirche akzeptabel zu machen, verschaffte dem Pontifex einen nicht zu unterschätzenden Einfluss auf die Heiratspolitik europäischer Fürstenhäuser. Die päpstliche Gunst war meist schnell erworben. Ein nettes Sümmchen Geld oder Geschenke halfen den Habsburgern mehr als einmal, die päpstliche Meinung zu ändern. Wen wundert es also, dass im 16. und 17. Jahrhundert die Zahl der Verwandtenehen zwischen spanischen und österreichischen Habsburgern drastisch zunahm? Ohne Skrupel erteilte die Kirche die Erlaubnis zu Hochzeiten zwischen Cousin und Cousine oder Onkel und Nichte. Auf das Risiko genetischer Schäden und Rückgang der Fruchtbarkeit, die mit Ehen unter Verwandten verbunden waren, nahm man nicht Bedacht. Die Konsequenz, so Hannes Leidinger: »Habsburgs österreichische und spanische Linien feierten Orgien der Inzucht. Was aus den herrschaftlichen Betten hervorkroch, war weniger schön anzusehen. Karl II., Nachfolger von Philipp IV., galt als ›infantiler Krüppel‹, viele seiner Blutsverwandten in der Wiener Residenz gleichfalls.« Und Hellmut Andics stellt fest: »Dass einer solchen Familienpolitik der gezielten Inzucht und des systematisch betriebenen Ahnenverlustes eine Kette von Tragödien folgen musste – Geisteskrankheiten, körperliche Missbildungen, Charakterdefekt und Unfruchtbarkeit –, liegt auf der Hand.«

Andreas Hansert fasst den Sinn und Zweck dieser Verwandtenehen differenzierter zusammen: »Es mag aus der historischen

Distanz schwer zu verifizieren sein, aber die Einschränkung der genetischen Vielfalt, die enge Verwandtenehen bekanntlich nach sich ziehen, hat hier offensichtlich die entsprechenden Folgen gezeitigt. Gewiss, die spanisch-österreichischen Ehen waren aus territorialpolitischen Gründen geboten, und aus erbrechtlichen Interessen hatte auch Leopold [Kaiser Leopold I., Anm.] kaum anders können, als seine Nichte und Cousine [Margarita Teresa von Spanien († 1673), Anm.] zu heiraten. Aber die Familie verstrickte sich dabei in ein schweres Dilemma: Gerade der Versuch, die Dynastie durch Heiratspolitik zu retten, führte sie ins Desaster im Biologischen, [...] Die Imperative [Pflichtgebote, Anm.] der Herrschaftswelt ruinierten hier die Biologie!«

Vom Klischee des »glücklich heiratenden Österreichs« muss man sich angesichts dieser Fakten ehestmöglich verabschieden. Politische Interessen standen im Vordergrund, was die Beteiligten von den Arrangements hielten, war zweitrangig. Der italienische Historiker Giorgio Spini zeigte vor allem Mitleid für die weiblichen Mitglieder des Hauses Habsburg, die nur allzu oft ihr Leben an der Seite ungeliebter Ehemänner verbringen mussten: »Die Prinzessinnen des 17. Jahrhunderts haben wir alle in Barockgemälden der Hofmaler gesehen, mit ihren unglaublichen Gewändern, grandios wie Denkmäler und besetzt mit Edelsteinen wie Reliquiare. [...] Und mehr oder weniger wissen wir, dass jede von ihnen eine Art Luxuspuppe war, zum Zwecke gemacht, um vom väterlichen Hof an einen fremden Hof gesandt zu werden, den sie nie gesehen hatte, nach einer Menge Feilscherei zwischen den Diplomaten, aber ohne dass sie ein Wort zu ihrem eigenen Schicksal sagen konnte. Am Bestimmungsort angekommen, wurde sie in das Bett eines Ehemannes gelegt, der [...] hässlich wie ein Affe sein konnte, oder ein Kretin, oder ein lasterhafter Verderbter oder einfach ein alter Dummkopf, aber von dem sie sich so oft als möglich schwängern lassen musste, im Interesse der Dynastie. Es gab keinen Zweifel, dass sie von diesem Gemahl ausgiebig gehörnt wurde: Es war hingegen nur eine Hoffnung, dass er sich mit weiblichen Liebhaberinnen zufrieden gab und nicht auch noch männliche wollte. Im Ausgleich für all das hatte eine Prinzessin des 17. Jahrhunderts die Sicherheit, verrückte Verschwendungen auf Kosten devoter Untertanen machen zu können und ihr Leben mit Festen, Bällen,

Jagden, Banketten, heiligen Messen und geistlichen und weltlichen Zeremonien, die jeweils einen Berg Geld kosteten, zu verbringen. [...] Wenn sie es schaffte zu überleben (ihre vielen Schwangerschaften und ihren Ehemann) und Witwe zu bleiben, konnte sie als Regentin für einen minderjährigen Sohn die Regentschaft übernehmen. [...] doch von der Politik verstand sie nur das, was ihr der Beichtvater riet: Und vom Beichtvater kamen selten vortrefflichere Ratschläge als jener, so viel Protestanten als möglich umbringen zu lassen.« (Vocelka/Heller: Die private Welt der Habsburger)

Die Zeugung von Nachkommen war in allen Dynastien eine der bedeutendsten Aufgaben. Erfüllte man sie nicht zur Zufriedenheit, war man bei Hof schnell unten durch. Doch mit der Geburt eines Kindes war die Sache noch nicht automatisch erledigt. Söhne mussten her. Weibliche Nachkommen der Dynastie waren zwar willkommen (schließlich hatte man dadurch genügend Heiratskandidatinnen für andere Fürstenhäuser in petto), doch welch niedrigen Stellenwert Mädchen im Rahmen der dynastischen Politik der Habsburger hatten, belegt eine Aussage Kaiser Leopolds I. mehr als deutlich. Den Tod seiner 1672 geborenen und kurz darauf verstorbenen Tochter Maria Anna Antonie kommentierte der Kaiser lapidar: »Wär es ein Sohn gewest, wie man es verlangt, was wär dies vor ein Leid jezo, aber ein Madl kann man leichter verschmerzen.« (Zit. nach: Vocelka/Heller: Die private Welt der Habsburger)

Ehen im habsburgischen Kaiserhaus dienten also primär der Zeugung von legitimen, möglichst hoch stehenden Kindern beziehungsweise Söhnen. Darüber hinaus hatten sie den Zweck, Friedensschlüsse zu bekräftigen und Bündnissysteme zu festigen, das eigene Herrschaftsgebiet zu erweitern und die eigene Hausmacht zu stärken. Je nach politischem Klima in Europa verheirateten sich die Habsburger vorrangig mit italienischen Fürstenhäusern, dem französischen Königshaus und den bayerischen Wittelsbachern. Bangte man um einen eigenen Königsthron oder klappte es nicht so richtig mit dem männlichen Thronfolger, war flugs ein Familienmitglied zur Hand, das sich für die Ehe mit einem anderen Familienmitglied zu opfern hatte. Nur so, dachte man, hatte man eine Chance, die eigenen Gebiete zu bewahren. Auf diese Weise versuchte man auch, die spanischen Besitzungen zu erhalten. Immerhin sieben spanisch-österreichische Hochzeiten fanden innerhalb der Familie Habsburg statt. Damit sollte Spanien bei den Habsburgern bleiben. Geklappt hat es nicht. Nach dem Spanischen Erbfolgekrieg (1701–1714) nahmen die französischen Bourbonen das Szepter in die Hand.

Wen wundert es, dass bei all diesen Überlegungen für Liebe, Gefühle und Zuneigung (meistens) kein Platz mehr war? Viel wichtiger war es, alle politischen Möglichkeiten auszuloten und diesen Ergebnissen zufolge die »beste Partie« zu finden. Dass das nicht immer gelang, beweist uns die Geschichte. Trotzdem nahm man keine Rücksicht auf die beteiligten Personen, die ihren Hochzeitstag eigentlich als den schönsten Tag ihres Lebens in Erinnerung behalten hätten sollen.

Für viele Mitglieder des Hauses Habsburg wurde dieser Traum jedoch zum Alptraum. Eingesperrt in einen goldenen Käfig, fristeten vor allem die Frauen ein Leben, das geprägt war von Kinderkriegen, Repräsentation, Pomp, Pracht – und Einsamkeit. Ein Leben ohne Zuneigung, ohne zärtliche Berührungen. Die körperliche Nähe reduziert auf die Produktion von Nachfahren. Erotische Anziehungskraft nur eine unwesentliche Nebensache. Von echter Liebe oft keine Spur. Karl Vocelka und Lynne Heller beschreiben diesen Umstand sehr treffend: »Ehen wurden auf Grund der politischen Gegebenheiten geschlossen; die Habsburgerinnen und Habsburger glichen – wie die Mitglieder aller anderen Dynastien – Figuren im politischen Schachspiel Europas und konnten je nach Nützlichkeit für die Familienpolitik verschoben werden.« Bereits im Kindesalter verschacherte Erzherzoge und Erzherzoginnen mussten für die vereinbarten Hochzeiten herhalten. Starb einer der beiden Protagonisten, trat einfach der oder die Nächstgeborene an die Stelle. Ein Beispiel soll das Schicksal, das so manche Erzherzogin traf, anschaulich skizzieren. Dabei geht es um eine Tochter Maria Theresias, genauer gesagt um Maria Karoline (†1814). Sie heiratete 1768 König Ferdinand IV. von Neapel-Sizilien († 1825). Das Außergewöhnliche daran: Maria Karoline war bereits die dritte Erzherzogin, die dem neapolitanischen Monarchen versprochen wurde. Ursprünglich war eigentlich Johanna Gabriele für den Italo-König vorgesehen. Sie starb jedoch 1762. An ihre Stelle rückte nun Maria Josepha. Doch auch hier machte der Tod der habsburgischen Heiratsplanung einen Strich durch die Rechnung. Maria Josepha segnete 1767 das Zeitliche. Also war es an Maria Karoline, Ferdinand zu heiraten. Dass die junge Prinzessin alles andere als glücklich war, beweist ein Brief, den sie nach ihrer Ankunft in Neapel nach Hause schrieb. Darin ist zu lesen: »Ich gebe offen zu, dass ich lieber sterben würde, als alles das, was ich durchgemacht habe, noch einmal erleben zu müssen.« Auch die Hochzeitsverhandler interessierten sich nicht für die Sehnsüchte und Bedürfnisse der Beteiligten. So wurde der neapolitanische Minister Tanucci nach dem Tod Maria Josephas beim österreichischen Botschafter vorstellig und meinte nur lapidar, es käme für das Weitere auf fast nichts an, »als die Veränderung des Namens in denen Heirats-Punckten und Vollmachten [...]«. Aber auch der Vater Ferdinands, König Karl III. von Spanien, richtete äußerst pietätlose Worte an Maria Theresia: »[...] ich verlange an einer Prinzessin keine andere Eigenschaft, als diejenige einer Tochter S. M. [Seiner Majestät, Anm.] der Kaiserin, maßen diese Eigenschaft in meinem Sinne alle anderen übertrifft.« – Ein Beispiel für den unsensiblen Umgang mit Mitgliedern der Dynastie.

Doch es konnte noch schlimmer kommen: Altersunterschiede von mehr als 50 Jahren waren keine Seltenheit und tangierten die Unterhändler überhaupt nicht. Prinzessinnen wurden in Länder verschifft, deren Sprache sie nicht sprechen konnten und von deren Sitten und Gebräuchen sie keine Ahnung hatten. Allein die dynastische Pflichterfüllung war ihre Aufgabe. Thea Leitner beschreibt es drastisch: »Die Töchter des Hauses Habsburg wurden meist schon in den Windeln verlobt und als halbe Kinder verheiratet, mit Knaben und Greisen, mit Krüppeln und Kretins – einmal sogar wurde eine kleine Habsburgerin einem Ungeborenen versprochen, im ehernen Gottvertrauen, dass es schon das passende Geschlecht haben werde. Es handelte sich um Maria, die jüngste Schwester Kaiser Karls V., die später in seinem Namen die Niederlande regieren sollte.« (Leitner: Schicksale im Hause Habsburg)

Angesichts all dieser unromantischen Fakten scheint es nur allzu verständlich, dass sowohl männliche als auch weibliche Mitglieder des Hauses Habsburg Zuneigung, Liebe und körperliche Befriedigung außerhalb der Schlossmauern suchten. Fürst Metternich, einer der geschicktesten Heiratsvermittler zur Zeit des Wiener

Kongresses 1814/15, gab einmal Recht pragmatisch zu Protokoll: »Wir heiraten, um Kinder zu haben, und nicht, um die Sehnsüchte des Herzens zu stillen.« (Dickinger: Habsburgs schwarze Schafe) Er musste es übrigens wissen, ging er doch auch aus politischen Gründen eine Ehe mit Maria Eleonore, einer Enkelin des früheren österreichischen Staatskanzlers Fürst Kaunitz, ein. Und auch der strenge Fürst Metternich, der beim Wiener Kongress 1814/15 die Fäden zog, jagte die Damen der halben Wiener Gesellschaft über die Matratzen ...

Auch die Frauen waren sich ihrer Situation sehr wohl bewusst. Fürstin Nora Fugger schien gewusst zu haben, dass Ehe und Treue im ausgehenden 19. Jahrhundert nicht kompatibel sein mussten. Anlässlich der Hochzeit am 8. Jänner 1887 mit ihrem Vetter Cary Fugger verfasste sie folgende Sätze: »Mein Vetter war der Mann meiner Wahl, wir waren über beide Ohren ineinander verliebt, er war von gutem, altem Adel, der künftige Erbe des Fürstentitels, der Besitzungen und schönen Schlösser seines Vaters. Das wusste ich, um anderes kümmerte ich mich nicht. Nur eines ging mir schon damals durch den Kopf: Ich sollte einen ausnehmend hübschen und lebensfrohen Mann heiraten; den würde ich wohl mit anderen teilen müssen. Doch ich fand mich mit dem Gedanken ab und zog ihn einem weniger hübschen vor, den ich wahrscheinlich ganz für mich behalten hätte.« Zwar ist Fürstin Fuggers Einstellung keineswegs repräsentativ für die Meinung aller Frauen am Ende des 19. Jahrhunderts, doch zeigt diese Passage ihres Buches »Im Glanz der Kaiserzeit« recht anschaulich, mit welchen Erwartungen Frauen des Hochadels damals in die Ehe gingen.

Doch genug der allgemeinen Erläuterungen. Kommen wir zur Sache, und stürzen wir uns in die erotischen Abenteuer, die sich im Mittelalter in den »finsteren« Burgen abspielten.

Finsteres Mittelalter?

Nur unter der Bettdecke...

Im Mittelalter gelang es den Habsburgern, den Grundstein für ihre Machtausweitung über ganz Europa zu legen. 1273 wurde dem ersten des ursprünglich in der Schweiz ansässigen Geschlechts die römische Königskrone aufs Haupt gesetzt. Nach dem Aussterben der Babenberger kämpfte Rudolf in der Schlacht von Dürnkrut und Jedenspeigen am 26. August 1278 gegen seinen Erzrivalen, König Přemysl Ottokar II. von Böhmen. Nach Rudolfs Sieg wurden die Habsburger schließlich mit dem Herzogtum Österreich belehnt. Bis 1918 sollte es in ihrem »Besitz« bleiben. Franz Grillparzer sah in der legendären Marchfeldschlacht die Geburtsstunde der habsburgischen Herrschaft in Österreich.

Nicht nur, dass Rudolf die Krönung zum Kaiser des Heiligen Römischen Reiches Deutscher Nation verwehrt blieb, ging den Habsburgern nach seinem Tod 1291 die Königskrone so schnell wieder verloren, wie sie ihnen zugeflogen war. Rudolfs Sohn Albrecht I. hatte 1298 zehn Jahre diese Ehre für die Habsburger wieder holen können, erst mit Albrecht II. († 1439) kehrten die Habsburger alleine auf den Königs- beziehungsweise Kaiserthron zurück. Nur noch einmal in der Geschichte des Heiligen Römischen Reiches Deutscher Nation – es existierte bis 1806 – wurde ihnen die Krone abspenstig gemacht. Von 1740 bis 1745 kamen den Austro-Aristos die bayerischen Wittelsbacher dazwischen. In dieser Zeit war Karl Albrecht von Bayern († 1745) als Kaiser Karl VII. Oberhaupt des Reiches. Doch die Habsburger des Mittelalters waren nicht ausschließlich damit beschäftigt, ihre Herrschaftsansprüche zu sichern und auszubauen. Vor allem die Hallodris des 15. Jahrhunderts hatten auch noch anderes im Sinn: Während die katholische Kirche nach Luthers Thesenanschlag um ihre Vorherrschaft in Europa bangen musste, kämpften sich die mittelalterlichen Habsburger durch fremde Betten und fochten dort so manchen erotischen Nahkampf aus.

Herzog Sigmund von Tirol († 1496)

Der Potente

Eigentlich wurde ihm von den Geschichtsschreibern auf Grund seines Reichtums der Beiname »der Münzreiche« verliehen. Vielleicht machte ja Geld schon im Mittelalter erotisch und wirkte auf Frauen ungeheuer anziehend. Denn das würde erklären, dass den Lenden des lebenslustigen Herzogs angeblich 50 (!) oder mehr außereheliche Kinder entsprangen.

Bemerkenswert daran ist vor allem die Tatsache, dass aus seinen beiden Ehen mit Eleonore von Schottland und Katharina von Sachsen keine überlebenden Kinder hervorgingen. Eleonore schenkte zwar 1480 einem Sohn namens Wolfgang das Leben. Der Knabe verstarb jedoch noch im selben Jahr. Was oder wer schuld an der Kinderlosigkeit war, weiß keiner. Vielleicht waren beide Frauen letztendlich unfruchtbar, klar ist hingegen nur: Sigmund war es sicher nicht.

Der Genealoge Rudolf Granichstaedten-Czerva, der sich ausführlich mit den illegitimen Kindern der Tiroler Landesfürsten – und dazu gehörte auch Sigmund – beschäftigt, wies in den Quellen insgesamt sogar 52 Kinder nach, die zwischen 1450 und 1490 das Licht der Welt erblickten.

26 dieser Kinder waren Söhne. Davon konnte so mancher spätere Habsburger, für den die Zeugung männlicher Nachkommen beinahe schon zur Tortur wurde, nur träumen. Einziger Nachteil: Jene 26 Knaben waren – rein rechtlich gesehen – keine Habsburger, da sie nur den Stand der Mutter erreichen konnten. Und der war angesichts der Tatsache, dass Sigmund zwar ebenbürtig verheiratet war, seine Zweit- und Drittfrauen allerdings wohl eher dem niedrigen Bauern- oder Bürgerstand angehörten, nicht gerade ansehnlich.

In Quellen aus dem Jahr 1488 scheinen allerdings nur neun davon als »des gnädigen Herrn Söhne« auf. Sie erhielten täglich eine

Mahlzeit. Und auch das Jahressalär konnte sich sehen lassen: 300 Gulden pro Nase waren keine schlechte Entlohnung für einen hauptberuflichen (illegitimen) Herzogssohn. 40 seiner unehelichen Nachkommen sollen aber öffentliche Unterstützung in Anspruch genommen haben. Nach welchen Kriterien Sigmund seine Wahl traf, wer auf Hilfe hoffen durfte und wer nicht, ist nicht belegt.

Für die weiblichen Nachkommen wurde, wie es bei den Habsburgern seit jeher üblich war, anderweitig gesorgt. Sigmunds Töchter wurden kurzerhand Gewinn bringend verheiratet. Zum einen erhielten Sigmunds Bedienstete die eine oder andere Hand der weiblichen »Bastarde«. Zum anderen erwischte es so manche Herzogstochter auch gar nicht schlecht und wurde an einen Schweizer Adeligen verschachert. Was die Damen (abgesehen von ihrer Herkunft) wohl besonders anziehend machte, war das Heiratsgut von 1000 Gulden, das ihnen Sigmund mit auf den Weg gab. Nicht umsonst erhielt Sigmund nämlich den Beinamen »der Münzreiche« (tauchte 1506, also erst zehn Jahre nach seinem Tod, erstmals auf). Schaffte er es doch, die landesfürstliche Münzstätte von Meran nach Hall zu verlegen und die erste Talermünze zu prägen. Der Silberbergbau in Schwaz und Gossensaß erlebte unter seiner Regentschaft eine Blütezeit.

Doch zurück zu Sigmunds zahlreichen Sprösslingen: Bemerkenswert ist, dass er für seine Kinder recht fantasievolle Familiennamen wählte. Dafür herhalten mussten oftmals die Namen bereits ausgestorbener Tiroler Adelsgeschlechter – oder auch Fantasienamen, die auf die hohe Abkommenschaft des Vaters anspielten: Klemens von Greifenstein, Sigmund von Vellenberg oder auch Hans von Herzog waren recht beliebte Namen. Offensichtlich pflegte Sigmund ein recht unbefangenes Verhältnis zu seinen illegitimen Kindern. Vielleicht versuchte er auf diese Weise, seine Vatergefühle zu kompensieren. Denn wie wir schon erfahren haben, hatte der umtriebige Herzog keine überlebenden Kinder mit seinen beiden Ehefrauen.

Bei all diesen Nachkommen soll jedoch an dieser Stelle auch noch kurz auf die Leidtragenden von Sigmunds außerehelicher Lendenfreudigkeit hingewiesen werden: seine beiden Ehefrauen. Die erste war Eleonore von Schottland. Als Tochter König Jakobs I.

von Schottland und Johanna Beauforts kam sie 1449 vom französischen Hof in das wohl eher primitiv wirkende Tirol. Sie starb am 20. November 1480 in Innsbruck – ohne bleibenden Eindruck (bei Sigmund) zu hinterlassen.

Vier Jahre später wurde erneut geheiratet. Die »Glückliche« war Katharina von Sachsen († 1524), die 1484 erst 16-jährig dem bereits 56-jährigen und mittlerweile senilen Sigmund angetraut wurde. Ihr Schicksal war – abgesehen von dem immensen Altersunterschied, der jedoch bei habsburgischen Eheschließungen nie eine Rolle spielte – mit den Seitensprüngen ihres Ehemannes eng verwoben. So wurde sie 1487 sogar unschuldig in die Hofintrige einer ehemaligen Mätresse Sigmunds verwickelt. Die nämlich dichtete Katharina Giftmordabsichten gegen ihren eigenen Ehemann an. Noch im selben Jahr reagierten die Landstände unter Mithilfe Kaiser Friedrichs III. auf die untragbar gewordenen Zustände am Tiroler Hof: Sigmund wurde de facto entmachtet, sein politischer Stil war untragbar geworden. Seine Affären und Liebeleien begannen nicht nur ihn, sondern auch die Öffentlichkeit zu erregen. 1490 dankte Sigmund schließlich zu Gunsten Maximilians (I.) ab. Zu viel war in seinem Land bereits schief gegangen.

Der Richtigkeit halber sei darauf verwiesen, dass nicht alle Abkömmlinge Sigmunds Resultate diverser Seitensprünge waren. Denn immerhin war der gute Mann vier Jahre lang nicht verheiratet. Die während dieser Zeit geborenen Söhne und Töchter waren zwar in jedem Fall unehelich und illegitim, also nicht ebenbürtig, aber sicherlich nicht das Ergebnis eines Seitensprunges. Schließlich war er ja Witwer und musste getröstet werden. Wer allerdings diese »Aufgabe« übernahm, ist nicht überliefert. Von den Müttern der Nachkommen – bei dieser gewaltigen Zahl ist davon auszugehen, dass es mehrere waren – fehlt jede Spur. Namen finden sich keine in der Literatur. So gut wie sicher ist lediglich, dass sie wohl nicht dem Hochadel entstammten. Doch das war bei den außerehelichen Liebschaften der Habsburger nie ein Problem. Ging es um sexuelle Befriedigung und echte Zuneigung, wurden sämtliche Standesdünkel über Bord geworfen ...

Kaiser Maximilian I. († 1519)

Päpstlicher als der Papst?

Um den Untertitel dieses Kapitels gleich vorweg zu erklären: Gerüchten zufolge plante der Sohn Kaiser Friedrichs III. im hohen Alter, nach dem Thron Karls des Großen auch noch den Stuhl Petri für sich zu beanspruchen. Konkret: Maximilian wollte Papst werden! Das Ungewöhnliche daran war, dass dem »frommen« Mann in manchen Quellen bis zu 70 (!) uneheliche Kinder nachgesagt wurden.

Maximilian tanzt wie Herzog Sigmund zu anderen in diesem Buch behandelten Habsburgern allerdings in einem Punkt aus der Reihe: Nicht alle natürlichen Kinder des »letzten Ritters« waren das Produkt außerehelicher Liebschaften. Manche wurden während der ehelosen Zeit (1482 bis 1493) geboren, andere hingegen erblickten während seiner zweiten Ehe mit Bianca Maria Sforza das Licht der Welt.

Doch schön der Reihe nach: Im damals mächtigsten Herzogtum Europas, dem von Burgund, stand die Dynastie mit Herzog Karl dem Kühnen kurz vor dem Aussterben. Des Herzogs letzter Hoffnungsschimmer: seine Tochter Maria – jung, hübsch und die reichste Erbin Europas. Klar, dass die Habsburger, die sich ja ständig mit einer leeren Staatskasse herumschlagen mussten, gen Westen, genauer gesagt auf Maria, schielten, die eine mehr als gute Partie war.

Nach einigem Hin und Her (immer wieder gab's brautwerbende Interventionen Frankreichs, das ebenfalls auf Burgund beziehungsweise dessen reiche Erbin spitzte) wurde im Jahre 1477 Hochzeit gefeiert. Gerne wird das erste Treffen der beiden Brautleute in Gent in der Habsburger-Literatur romantisch ausgeschmückt, es war immer wieder von Liebe auf den ersten Blick die Rede. Die Historikerin Sigrid-Maria Größing weiß über die erste Begegnung der beiden zu berichten: »Vor sich sah er [Maximilian, Anm.] ein ungewöhnlich anziehendes junges Mädchen, das leicht errötete, als es die Blicke des schönen Prinzen auf sich gerichtet fühlte. Maximilian folgte dem Brauch des Landes und küsste die anwesenden Damen, eine nach der anderen, wobei er kein Auge von Maria ließ. Dann begann er mit zitternden Fingern nach einer Blume zu suchen, die sie nach einer burgundischen Sitte an sich verborgen trug. Man hatte ihm bedeutet, dass der Bräutigam dieses Zeichen der Liebe finden sollte. Erst nachdem er Marias Gewand geöffnet hatte, fand er eine Nelke. Beide standen sich stumm gegenüber, in den Anblick des anderen versunken. [...] Aber auch ohne Worte verstanden sie einander vom ersten Augenblick an und wussten, dass sie füreinander bestimmt waren.« Schon möglich, dass die Sache so abgelaufen ist. Aber in Ermangelung der beiden Protagonisten, die einzig und allein darüber Auskunft geben könnten, wird dieses romantische Geheimnis wohl auch immer eines bleiben. Größing weiß aber noch mehr: »[...], denn Maximilian war kein unbedarfter Liebhaber und hatte in seiner Heimat schon reichlich Erfahrung gesammelt.« Am Hofe Burgunds kursierten schon bald pikante Gerüchte, die von Maximilians Manneskraft erzählten und ihm gar den Titel »Begatter und richtiger Mann« einbrachten. Wie sich später noch herausstellen wird, war das gar nicht so weit hergeholt ...

Maria schenkte ihrem Gemahl einen Sohn, Philipp den Schönen, und eine Tochter, Margarete. Sohn Franz, der 1481 zur Welt kam, starb noch im selben Jahr. 1482 geschah dann Schreckliches: Bei einer Jagd strauchelte Marias Pferd, die angehende Kaiserin – sie war schon wieder schwanger – wurde im Unterleib schwer verletzt. In zeitgenössischen Berichten heißt es: »Die schamhafteste Stelle ihres Leibes war gar übel zugerichtet.« Sie verlor das Kind. Kurz darauf starb sie an inneren Blutungen.

Welch schmerzlicher Verlust für Maximilian. Doch als zukünftiger Herrscher über ein derart großes Reich galt es, sich erneut zu vermählen. Die Auserwählte war Bianca Maria Sforza († 1510), die Ehe wurde 1493 geschlossen – nachdem man den Dynastien von Bayern, Ungarn, Schottland und Sachsen in puncto Heiratskandidatinnen einen Korb gegeben hatte. Kinder wurden keine geboren. Und 1510 starb die gute Frau, nachdem sie 17 Jahre lang von ihrem Ehemann vernachlässigt worden war. Denn alleine die Tatsache, dass Maximilian seine Gemahlin erst im März 1494 aufsuchte, obwohl sie seit Dezember 1493 in Innsbruck auf ihn wartete, zeigt, dass sich Maximilian nur aus Staatsräson auf diese Vermählung eingelassen hatte. Schließlich benötigte er dringend das Geld, das

Biancas Onkel Ludovico il Moro – er herrschte über Mailand – ihm für die militärischen Unternehmungen zukommen ließ. Bianca sah von der Kohle nicht viel. Im Gegenteil: Wiederholt wurde sie samt ihrem Gefolge von ihren Gläubigern als Pfand (!) festgehalten. Und 1502 musste Maximilian gar Ablasstruhen aufsprengen lassen, um seine Gemahlin auslösen zu können. Skurril, bedenkt man, dass sie zum damaligen Zeitpunkt die Frau des Kaisers des Heiligen Römischen Reiches Deutscher Nation war. Doch im ausgehenden Mittelalter herrschten offensichtlich noch andere, rauere Sitten als zu späteren Zeiten, wo die Frauen zwar betrogen wurden, was das Zeug hielt, sie aber zumindest ausgesorgt hatten und sich keinerlei Sorgen über ihr Auskommen machen mussten.

Doch zurück zu Maximilians »Eskapaden«: Wie bereits oben erwähnt war von mehreren natürlichen Kindern die Rede. So schreibt Ferdinand I. in einem Brief an seinen Bruder Karl V. von »plusieurs enffans« (mehreren Kindern). Er erwähnt neben dem legitimierten Georg noch »trois filz et trois filles« (drei Söhne und drei Töchter). Viele dieser Kinder – kolportierte 70, wie wir bereits wissen – forderten nach Maximilians Ableben bei seinem Enkel, dem späteren Kaiser Ferdinand I., Geld.

Über einige der Kinder wissen wir sogar Bescheid. So ist zum Beispiel über das Schicksal seiner beiden legitimierten Söhne Georg († 1557) und Cornelius (* 1507, kein Todesdatum überliefert) einiges bekannt. Beide stammten von der gleichen Mutter. Über die Identität dieser Frau scheiden sich allerdings die Geister. Gemunkelt wird sowohl von einer ledigen Salzburgerin als auch von einer Adeligen aus dem Hause Brimeu de Meghen. Hingegen liegt die Identität der Mutter der beiden weiteren Söhne Leopold († 1557) und Maximilian bis heute völlig im Dunkeln.

Zurück zu Georg: Er war in seiner Jugend bei seiner Halbschwester Margarete in den Niederlanden, verzog sich 1522 aber mit Karl V. nach Spanien und studierte in Alcalá de Henares Jus. Später wurde er Administrator von Brixen, schlug also eine geistliche Laufbahn ein. Das hielt jedoch Papst Klemens nicht davon ab, Pläne für eine Verheiratung Georgs mit einer seiner Verwandten zu schmieden. Später war er als Diplomat für Königin Maria tätig. Zuletzt wurde ihm der Bischofshut von Lüttich aufs Haupt gesetzt.

Weniger ist hingegen über Georgs jüngeren Bruder Cornelius bekannt. Fix ist nur, dass er zu jener Zeit geboren wurde (nämlich 1507), als Maximilian noch in zweiter Ehe mit Bianca Maria Sforza vermählt war. Da wir allerdings nicht wissen, wann er die Mutter des Knaben kennen und lieben gelernt hat, ist nicht mehr feststellbar, ob auch sein älterer Bruder Georg das Produkt eines allerhöchsten Seitensprungs war. Nach seinem Studium in Padua und verschiedenen gescheiterten Versuchen, an ein Territorium in Italien zu gelangen, tauchte er um 1527 unter. Über seinen weiteren Lebensweg wissen wir nichts.

Der dritte Sohn Maximilians, Leopold († 1557), erschien erst lange nach dem Tod seines Vaters auf der Bildfläche. Er wurde 1541 Bischof von Córdoba.

Was und mit wem es Maximilian allerdings sonst noch trieb, muss an dieser Stelle (vorerst) unbeantwortet bleiben. Zu düster ist die Quellenlage der damaligen Zeit, zu unsicher sind die Fakten. Zu vage die Gerüchte. Auch darf man die kolportierten 70 Kinder, die Maximilian nachgesagt werden, mit großer Wahrscheinlichkeit anzweifeln. Es fehlen schlichtweg die Beweise dafür, dass Maximilian es derart heftig anging ...

Viel fundierter ist unsere Quellenlage hingegen bei den spanischen Habsburgern. Unter dem Motto »Je wärmer das Klima, desto freizügiger die Herrscher« wurde in den folgenden Generationen (mit Maximilians Sohn, Philipp dem Schönen, begann die Herrschaft der Habsburger in Spanien) außerehelich geliebt und »produziert«, was das Zeug hielt.

Lasterhölle Spanien

Mit Karl V., dem Enkel Maximilians I., kamen die Habsburger endgültig auf den spanischen Thron. Der spanische Erbfall war – wie schon zuvor im Fall Burgunds – ein reiner Glücksfall (der sich allerdings – das muss man den Habsburgern zugestehen – in Kombination mit einer vehement betriebenen Heiratspolitik ergab). Durch die Doppelhochzeit der beiden Kinder Kaiser Maximilians mit den Nachkommen des spanischen Königspaares haben sich die Habsburger die Iberische Halbinsel also de facto »erheiratet«.

Mit der Übernahme der spanischen Herrschaft teilte sich das Haus Habsburg in zwei Hauptlinien – die spanische und die österreichische. Während in Spanien Karl V. regierte, übernahm hier zu Lande sein Bruder Ferdinand (I.) die Herrschaft.

Nicht ganz 200 Jahre lang hielten die Habsburger das Szepter auf der Iberischen Halbinsel in der Hand – zumindest symbolisch. Denn nur allzu oft hatten Karl V. und Co. ihre Hände dort, wo sie katholische Könige definitiv nicht haben sollten …

Kaiser Karl V. († 1558)

Ein umtriebiger Herrscher über ein Weltreich

Kaiser Karl V., als Karl I. König von Spanien, war ein glühender Verfechter der katholischen Religion. Sein Kampf gegen den Reformator Martin Luther ist hinlänglich bekannt. Verhindern konnte er freilich nicht, dass die Reformation ihren Lauf nahm. Nebenbei focht er unheilvolle Kriege gegen Frankreich. Und auch mit seinem Bruder, Ferdinand I., der in Österreich regierte, musste sich der Kaiser herumschlagen – öfter, als ihm lieb war.

Kein Wunder also, dass sich der Kaiser nach Entspannung sehnte – die er außerhalb der kaiserlichen Palastmauern auch fand. Doch machen wir uns einmal ein Bild des Kaisers. Der venezianische Gesandte Gasparo Contarini beschreibt die äußere Erscheinung Karls wenig schmeichelhaft: »Der Kaiser ist von mittlerer Statur, weder groß noch klein, weißhäutig, eher blass als rosiger Gesichtsfarbe, von gut proportioniertem Körperbau – er hat schöne Beine und wohlgeformte Arme –, die Nase ist ein wenig adlerförmig gebogen, aber nur ein bisschen, seine Augen sind scharf, sein Ausdruck ernst, jedoch nicht grausam oder streng. Nichts kann man an seinem Äußeren beanstanden, ausgenommen sein Kinn – besser noch die gesamte Unterkieferpartie, die sowohl zu breit als auch zu lang ist und die nicht zum übrigen Aussehen passt, sogar unnatürlich und künstlich wirkt. So kommt es, dass der Kaiser beim Schließen des Mundes die Oberzähne nicht auf die Unterzähne setzen kann, da zwischen den beiden Zahnreihen ein zahnbreiter Zwischenraum verbleibt, wodurch der Kaiser beim Sprechen, besonders gegen Satzende, die Worte verschluckt und man ihn daher oft nicht sehr gut versteht.« (Zit. nach: Kohler: Karl V.) Fesch war er also wahrlich nicht, der große Kaiser Karl.

Karl V. war mit Isabella von Portugal († 1539) verheiratet – eine Verbindung, die für die Habsburger mehr als vorteilhaft war. Immerhin begründete Emanuel I. von Portugal († 1521) die portugiesische Handelsmacht mit Niederlassungen in Indien, Ostasien (Gewürzmonopol), Afrika, Brasilien und mit Lissabon die größte europäische Hafenstadt. Klar, dass es im Interesse der geldgierigen und notorisch bankrotten spanischen Habsburger war, ihre Herrschaft über die gesamte Iberische Halbinsel auszudehnen.

1526 heiratete Karl also die fesche Portugiesin. Zuvor galt es allerdings noch, ein klitzekleines Ehehindernis aus dem Weg zu räumen: Karl war nämlich Isabellas Cousin ersten Grades. Isabellas Mutter, Maria von Kastilien, war eine Schwester von Karls Mutter, Johanna der Wahnsinnigen. Die Lösung des Problems: Ein Ehedispens von Papst Klemens VII., den der päpstliche Nuntius sozusagen als Hochzeitsgeschenk überbrachte.

Die Ehe schien recht glücklich gewesen zu sein, denn im Gegensatz zu seinen Nachfolgern ging Karl zumindest nicht fremd – auch wenn er vor und nach seiner Ehe mit Isabella zahlreiche Liebschaften hatte. Er dürfte seinem Titel »katholischer König« also zumindest in diesem Zusammenhang gerecht worden sein. Von 1526 bis

1539 mit Isabella von Portugal vermählt, wurden Karls illegitime Kinder Margarete von Parma bereits 1522 und Don Juan de Austria erst 1547 geboren. Und zwei weitere Töchter, Doña Juana und Doña Tadea kamen 1522 beziehungsweise 1523 zur Welt. Über deren Mütter und die Beziehung Karls zu den beiden Mädchen ist hingegen nur wenig bekannt. Daher bleibt fraglich, ob es überhaupt intensiven Kontakt gegeben hat. In den Quellen findet sich nicht viel darüber.

Interessant ist vor allem Karls Umgang mit seinen illegitimen Kindern. Er versuchte nicht nur seine drei legitimen Kinder Gewinn bringend an den Mann beziehungsweise an die Frau zu bringen. Auch Margarete von Parma – seine Tochter mit Jeanne van der Gheynst – musste in den sauren Apfel beißen. Und das gleich zwei Mal. Lediglich Don Juan de Austria konnte sich den Anwandlungen des verheiratungswütigen Monarchen entziehen und blieb bis zu seinem Tod 1578 solo.

Doch schön der Reihe nach. Da war zunächst einmal Jeanne van der Gheynst, die Mutter Margaretes. Karl lernte sie wahrscheinlich 1521 in Oudenaarde kennen. Prompt verschaute sich der Kaiser in das fesche Mädchen und beauftragte seine Höflinge, sie diskret in sein Schlafgemach zu bringen. Was dort passierte, kann sich wohl jeder ausmalen. Neun Monate später jedenfalls kam Margarete (von Parma, wie sie später genannt wird) zur Welt. Ende Juli 1522 in Pamele (Flandern) geboren, wurde sie von der Familie de Douvrin in Brüssel erzogen. 1525 übersiedelte sie an den Hof von Mecheln, wo sie zuerst von Margarete von Österreich (einer Tante Karls V.) und später von Karls Schwester Maria, der Königin-Witwe von Ungarn, erzogen wurde. Im selben Jahr – Margarete war also erst drei Jahre alt (!) – hegte Karl schon Pläne, die uneheliche Tochter im Rahmen seiner Italienpolitik einzusetzen, sprich: sie Gewinn bringend zu verheiraten. Konkret: Karl wollte Margarete mit dem Sohn des Herzogs Alfons von Ferrara vermählen. Der machte Karl allerdings einen Strich durch die Rechnung, wechselte die Seiten in Richtung Frankreich. Damit war die geplante Hochzeit auch schon wieder geplatzt, Margarete hatte noch einmal Glück gehabt und blieb vorerst solo.

Margaretes Erziehung kam der einer Fürstentochter aus allerhöchstem Hause gleich. Für den Margarete-Biografen Felix

Rachfahl war aber klar: »Wenn Karl V. Margaretha [Margarete, Anm.] eine fürstliche Erziehung angedeihen ließ und sie in allen Stücken als seine Tochter anerkannte und behandelte, so war dafür schwerlich allein seine väterliche Liebe maßgebend, sondern auch Erwägungen politischer Art.« Denn schließlich war Margarete »dynastisches Kapital«, das gut angelegt werden wollte. Dazu war es allerdings vonnöten, das Töchterchen zu legitimieren, also hoffähig zu machen. 1529 dürfte Karl seiner Tochter ein handgeschriebenes lateinisches Dokument zukommen haben lassen, in dem er sich als ihr Vater deklariert. 1533 wurde Margarete sogar die Erlaubnis erteilt, sich im brieflichen Verkehr mit gekrönten Häuptern »Margarete von Österreich« zu nennen.

Gerade rechtzeitig, denn der nächste Ehekandidat für Margarete scharrte schon in den Startlöchern. Diesmal galt es, die wieder einmal angespannten Beziehungen zwischen Kaiser und Papst aus der Welt zu schaffen. Und womit sollte dies besser geschehen als mit einer Ehe!? Margarete musste sich in ihr Schicksal fügen. Karl versprach sie einem Verwandten des Medici-Papstes Klemens VII. 1533 wurde sie zur Vorbereitung für die Ehe nach Neapel zur Witwe Charles' de Lannoy (ehemaliger Vizekönig von Neapel und Vertrauter des Kaisers) nach Florenz gebracht. Schließlich sollte alles glatt gehen, Margarete eine gefügige Ehefrau werden. 1536 – die Kaisertochter war damals erst 14 –, trat sie mit Alessandro de Medici, dem natürlichen (!), also illegitimen Sohn Laurents II. de Medici und Neffen Klemens' VII. vor den Traualtar. Als Hochzeitsgeschenk gab's für die Medicis den Florentiner Thron. Doch recht beliebt dürfte Alessandro nicht gewesen sein, denn nur ein Jahr nach der Hochzeit wurde er ganz unroyal ums Eck gebracht. Und Margarete? Die war nach dem Ehe-Quickie bereits im zarten Alter von 15 Witwe!

Eine lange Phase der Trauer war ihr allerdings nicht beschert – falls sie diese überhaupt nötig hatte. Denn bereits ein Jahr später, also 1538, wurde das nächste Heiratsprojekt in Angriff genommen. Und erneut sollte sie als historisches Unterpfand für die Versöhnung zwischen Pontifex und Kaiser herhalten. Papst Paul III. aus dem italienischen Geschlecht der Farnese trat als Vermittler zwischen Kaiser Karl V. und dem französischen König Franz I. auf – jedoch nicht ohne dafür eine Gegenleistung zu verlangen. Und dafür musste Margarete herhalten: 16-jährig heiratete sie den erst 13-jährigen (!) Enkel des Papstes, Ottavio Farnese, der schließlich mit Hilfe Karls V. auch noch den Herzogstitel von Parma erhielt. Diesmal hielt die Ehe aber länger, denn niemand trachtete dem Farnese-Sprössling nach dem Leben. Und 1545 schenkte Margarete sogar den Zwillingen Carlo und Alessandro das Leben. Carlo lebte allerdings nur vier Jahre. Der andere, Alessandro, sollte in späteren Jahren als Nachfolger Don Juans de Austria Statthalter der Niederlande werden – eine beachtliche Karriere für den Sohn eines illegitimen Kaiserabkömmlings.

Trotz der beiden Kinder, die Margarete gebar, war die Ehe alles andere als glücklich. Nach anfänglichem Sträuben fügte sich die junge Frau aber offensichtlich in ihr Schicksal – sehr zum Gefallen von Kaiser Karl, der in Briefen an Margarete »seine große Zufriedenheit mit dieser Fügung ausspricht und sie ermahnt, ihren Gemahl zu ehren und zu achten sowie dem Papste und dem ganzen Hause Farnese sich gefällig zu zeigen« (Zit. nach Rachfahl: Margaretha von Parma). Margaretes Lebensaufgabe war es also, ihrem Gemahl und Vater gefügig zu sein und es den beiden Recht zu machen. Kein gar so schönes Leben für jemanden, der eigentlich außerhalb des dynastischen Schoßes das Licht der Welt erblickte und als kaiserlicher (wenn auch illegitimer) Spross ein recht sorgenfreies, weil finanziell abgesichertes Leben hätte führen können.

Über die persönliche Beziehung Karls zu seiner illegitimen Tochter ist nur wenig bekannt – abgesehen von der Tatsache, dass sie offensichtlich gut genug war, Gewinn bringend verheiratet zu werden. Viel von Margarete hielt aber eindeutig ihr Halbbruder Philipp (II.). 1558, nach dem Tod des Kaisers und dessen Schwester Maria, die bis dahin Statthalterin der Niederlande gewesen war, bestellte Philipp Margarete zu deren Nachfolgerin – und er dürfte damit einen guten »Riecher« gehabt haben. Denn die Krise in den Niederlanden – dort wollte man die verhassten Spanier endlich loswerden – meisterte sie bravourös, die Bevölkerung empfand große Sympathien für sie. In einem Anfall geistiger Umnachtung schickte Philipp dennoch den Herzog von Alba dorthin, um mit Gewalt gegen die Aufständischen vorzugehen. Zu Recht fühlte sich Margarete von ihrem Bruder übergangen und ersuchte um ihre Entlassung. 1568 kehrte sie nach Piacenza zurück, 1586 starb sie in Ortona.

Margaretes Leben lässt sich folgendermaßen zusammenfassen: Nicht gut genug für einen Kaiser- oder Königssohn, aber dennoch ein nicht zu unterschätzendes Kapital für Friedensschlüsse zwischen Kaiser und Papst. Ihr Leben unterschied sich also kaum von dem legitimer Töchter der Habsburger – wahrscheinlich auf Grund der politischen Stärke Karls V.

Weitaus besser hat es da Karls zweites illegitimes Kind, Don Juan de Austria, erwischt. Am 24. Februar 1547 unter dem Namen Hieronymus geboren, lässt sich heute mit nahezu hundertprozentiger Sicherheit feststellen, dass die Regensburger Bürgertochter Barbara Blomberg seine Mutter war. Karl soll sie auf dem Reichstag zu Regensburg 1546 kennen gelernt haben. Doch die Gerüchteküche der damaligen Zeit blühte.

Dem Fass den Boden schlug aber folgendes Gemunkel aus: Der Jesuit Famian Strada wusste von diversen Geheimnissen, die Philipp II. (er war Karls ältester Sohn und Thronfolger) seiner Tochter, Infantin Isabella Klara Eugenia, mitteilte. Eines davon beinhaltete folgende Skurrilität: Die bürgerliche Mutter Barbara Blomberg sei nur vorgeschoben worden, um das Geheimnis über die wirkliche Mutter zu vertuschen. Die Schriftsteller Amelot de la Houssaie, Brusle de Montplainchamp und Alexis Dumesnil sprachen dann aber offen aus, was andere nur andeuteten: Don Juan sei das Produkt eines inzestuösen Verhältnisses des Kaisers mit seiner Tochter Margarete oder seiner Schwester Maria gewesen. Doch sind diese Gerüchte wohl eher der »Schwarzen Legende« zuzuordnen, also den anti-spanischen, anti-katholischen und anti-habsburgischen Schriften der damaligen Zeit. Dennoch sorgten sie für Gerede und wir wissen ja: Ist der Ruf erst ruiniert, ...

Unklar ist, wie lange Hieronymus bei seiner Mutter belassen wurde. Einige Historiker sprechen von der sofortigen Übergabe an eine Amme nach der Geburt, andere gehen davon aus, dass das Kind über ein Jahr bei Barbara Blomberg war. Danach allerdings wurde es kurzfristig still um den kaiserlichen Sohnemann.

Drei bis vier Jahre später lässt Don Juan wieder von sich hören. Don Luis Méndez de Quijada, General der spanischen und flandrischen Infanterie, Herr von Villagarcia, Haupt einer altkastilischen Adelsfamilie, war offensichtlich mit der »Organisation« (oder sollte man vielmehr »Vertuschung« sagen?) des weiteren

Kaiser Karl V. hatte gleich mehrere illegitime Kinder mit verschiedenen Frauen.

Die Ähnlichkeit ist verblüffend: Karls illegitimer Sohn Don Juan de Austria.

Lebensweges des Jungen betraut. Ein Flame namens Frans Massi – er war einer der Musikanten des Kaisers – wurde zusammen mit seiner Frau Ana mit der Erziehung des Jungen betraut. Er musste natürlich absolute Verschwiegenheit schwören und erhielt für die Pflege des Knaben jährlich 50 Dukaten. Nach Massis Tod wurde der Knabe der Gattin Quijadas, Doña Magdalena de Ulloa, übergeben, der man allerdings glauben machen wollte, sie erziehe einen unehelichen Sohn ihres eigenen Gemahls. Auch nicht gerade die feine englische Art – noch dazu, wenn man bedenkt, wie sich die gute Frau angesichts dieser pikanten Situation gefühlt haben muss. Ab nun nannte man den »Bastard« Jerónimo Leganés.

Ob zwischen Vater und Sohn eine Beziehung bestand, lässt sich nicht eindeutig nachweisen. Die beiden dürften sich höchstens ein paar Mal über den Weg gelaufen sein. Fakt ist jedoch, dass Karl bereits am 6. Juni 1554 ein Testament verfasste, in dem er veranlasste, dass »sein natürlicher Sohn, den er von Barbara Blomberg habe, entweder in den geistlichen Stand treten solle oder, falls er das weltliche Leben vorziehe, mögen ihm aus den ›Einkünften des Königreichs Neapel 20.000 bis 30.000 Dukaten‹ ausbezahlt werden« (Beeching: Don Juan d'Austria). Das Überraschende, gar Revolutionäre daran: Mussten sich alle Geschwister, Söhne, Töchter, Nichten und Neffen Karls Anweisungen fügen, wurde dem protegierten »Bastard« freigestellt, sich für ein eigenes Leben zu entscheiden. Und sogar die Mutter wurde bedacht – wenn auch nicht gerade fürstlich. Zwar pflegte Karl nach der Geburt von Jerónimo keinen (sexuellen) Kontakt mehr zu ihr, doch verfügte er in seinem Testament, ihr eine kleine Summe zukommen zu lassen. Ihr Körpereinsatz hat sich also durchaus gelohnt.

Doch zurück zu Don Juan oder Jerónimo, wie man ihn nannte: Zwölf Jahre war der Knabe alt, als er offiziell als Kaisersohn anerkannt wurde – Karl V. war zu diesem Zeitpunkt bereits unter der Erde. Zeitgleich nahm er den Namen Don Juan de Austria an. Verantwortlich für Don Juans Aufnahme in die High Society: Karls Sohn Philipp II., der sich im Auftrag seines Vaters am 28. September 1559 mit dem Halbbruder in der Nähe von Villagarcia, wo Don Juan im Kloster San Pedro de la Espina erzogen wurde, traf. Von einem romantischen Treffen inmitten eines pittoresken Waldes ist in der Literatur oft die Rede. Nicht sehr wahrscheinlich, bedenkt man, dass Philipp II. nicht gerade vor Gefühlen für seine Mitmenschen überfloss. Aber egal, wem es gefällt, soll weiter daran glauben. Fakt ist, dass Philipp II. das Geheimnis von Don Juans Abstammung vor dem gesamten Hofstaat in Valladolid lüftete und ihm den Namen Don Juan de Austria gab. Danach sollen sich die beiden in die Arme gefallen sein ...

Dennoch: Don Juans weiterer Lebensweg ist für einen illegitimen – und höchstwahrscheinlich auch ungewollten – Sohn mehr als ungewöhnlich. So wurde er in den Orden des Goldenen Vlieses – ein Orden, der sonst nur Männern aus dem Hochadel und allen ehelich geborenen Habsburgersöhnen vorbehalten war – aufgenommen. Und bereits im Alter von 21 Jahren wurde er General zur See – und hatte damit de facto den Oberbefehl über die spanische Flotte inne. Zu diesem Anlass erhielt er von Philipp einen Brief, in dem es auszugsweise hieß: »[...] wegen der großen Zuneigung, die ich Euch entgegenbringe, und meines Wunsches, dass Ihr in Eurer Stellung, Eurem Leben und Eurer Haltung die

Wertschätzung und den guten Ruf besitzen mögt, den eine Person Eures Standes anstreben sollte, [...]«< (Zit. nach Petrie: Don Juan d'Austria). Skurril: Eigentlich ein habsburgischer Bastard, wurde Don Juan behandelt wie ein spanischer Infant höchster Abstammung. Don Juans größter Erfolg: der Sieg gegen die Osmanen in der Seeschlacht bei Lepanto am 7. Oktober 1571. Kurzfristig sollte er daraufhin sogar König einer Region in Albanien und Morea werden. Und sogar Tunis wollte man zum Königreich mit ihm an der Spitze ummodeln. Welch eine Karriere – aus der letztendlich aber nichts wurde! Stattdessen wurde Don Juan 1576 auf Befehl Philipps Statthalter der Niederlande. Auch nicht schlecht! Doch das Pflaster dort war selbst einem gestandenen Mann wie Don Juan zu heiß, seiner Regierung war kein großer Erfolg beschieden. Nach nur zwei Jahren, am 1. Oktober 1578, starb der kaiserliche Abkömmling. Der wohl beste Beweis für seine nahezu gleichwertige Stellung innerhalb der Familie ist die Tatsache, dass er auf Veranlassung Philipps II. im Pantheon der Infanten im Escorial (der Grabstätte der spanischen Könige, Königinnen und Prinzen und Prinzessinnen) begraben wurde. Das wohl beeindruckendste Detail seines Lebensweges war aber die Tatsache, dass er – obwohl zumindest ein halber Habsburger – nicht verheiratet war und auch niemand Anstalten machte, das zu ändern – nicht einmal er selbst.

Dennoch hat Don Juan, der, wäre es nach Karl V. gegangen, eigentlich Geistlicher hätte werden sollen, sicher nicht zölibatär gelebt. Denn zwei natürliche Töchter Don Juans traten in das Licht der Öffentlichkeit.

Kurz erwähnt werden müssen natürlich auch die beiden illegitimen Töchter Karls, von denen bereits zuvor kurz die Rede war – auch wenn nur spärliche Informationen über sie erhalten sind. Die beiden Mädchen hießen Doña Juana und Doña Tadea. Erstere wurde im Augustinerinnenkloster Madrigal de las Altas Torres in Avila untergebracht. Von der dortigen Priorin ist überliefert, Kaiser Karl V. habe sich am 28. März 1524 erstmalig nach dem Befinden seiner Tochter erkundigt. 1530 – Doña Juana war erst acht Jahre alt – starb das Kind allerdings. Kein Wunder also, dass nicht mehr über sie bekannt ist.

Doña Tadea hingegen sorgte für mehr Gesprächsstoff: Als Mutter wird die Señora Orsolina de la Peña, genannt die schöne Penina

Perusina oder Ursulina delle Rigna aus Perugia, vermutet. Kennen gelernt dürften sich der Kaiser und die Frau in Flandern haben. Kohler zufolge hatte sie »mit Seiner Majestät zu tun, mit der sie oft sprach; und weil er sich in sie verliebte, hatte er Umgang (Verkehr) mit ihr, was zur Folge hatte, dass sie mit der Señora Doña Tadea schwanger wurde«.

Die (illegitime) Tochter der beiden erblickte schließlich 1523 in Bologna das Licht der Welt. Berichten zufolge hat Karl den Kontakt zu seiner Tochter und deren Erzieherin (eine gewisse Doña Juana aus Burgund) nie abgebrochen. Auch soll der Kaiser sein Töchterchen zweimal empfangen haben – einmal 1530 und ein zweites Mal 1532/33 in Bologna. Kohler weiß: »Als der Kaiser 1530 zur Krönung nach Bologna kam, schrieb er der genannten Doña Juana, sie möge ihm seine Tochter, Doña Tadea, bringen; und als sie kam, empfing er sie als solche.« Als sich der Kaiser erneut nach Bologna verfügte, »ließ er abermals nach der genannten Señora Doña Tadea schicken und befahl der genannten Doña Juana, sie weder der Mutter noch sonst irgendjemandem zu übergeben, bis er darüber verfügte«. Es war das letzte Treffen der beiden, denn kurz später starb Doña Juana, die »vor ihrem Tod den Nonnen auftrug, auf Doña Tadea gut aufzupassen, da sie ganz sicher die Tochter der Majestät des Kaisers Karl V. ist«.

Doch das Schicksal hielt für sie kein schönes Leben bereit – trotz ihrer hohen Abkunft. Diesmal war aber nicht der kaiserliche Vater dafür verantwortlich. Vielmehr wurde sie im Alter von zehn Jahren von den Brüdern ihrer Mutter gewaltsam verheiratet. Zeiten waren das! 1550 – Doña Tadea war bereits Witwe – entschied sie sich schließlich, zurückgezogen in Rom zu leben.

Die Berichte über die beiden Töchter sind jedoch mit Vorsicht zu genießen. Denn es ist nur schwer feststellbar, ob es sich hierbei um einwandfreie Fälschungen oder um wirklich zeitgenössische Berichte handelt. Doch für Gerüchte und G'schichterln haben sie sowohl damals als auch heute gesorgt …

Karl V. hatte derweil ganz andere Probleme. Nicht nur, dass er sich mit der sich immer weiter ausbreitenden Reformation herumschlagen musste, bestand seine Hauptaufgabe darin, sein Weltreich zu regieren. Kein leichtes Unterfangen, war er doch gleichzeitig römisch-deutscher Kaiser, König von Spanien, Neapel und Neu-

Spanien (Amerika). In seinem Reich ging die Sonne tatsächlich nie unter.

Nach dem Tod seiner Frau Isabella von Portugal 1539 heiratete der Kaiser kein zweites Mal. Die Nachfolge war mit seinem Sohn Philipp (II.) gesichert. 1556 kapitulierte der Kaiser schließlich. Er dankte ab und zog sich in ein spanisches Kloster zurück. Nur zwei Jahre später, 1558, starb Karl V. Sein Sohn Philipp II. folgte ihm auf den spanischen Thron. Einzig die Krone des Heiligen Römischen Reiches Deutscher Nation blieb ihm verwehrt. Die erhielt Karls Bruder Ferdinand I. Zwar gab es Absprachen, dass nach Ferdinands Tod Philipp die Kaiserkrone erben solle, doch kam es dazu nicht. Die österreichischen Habsburger gaben das Kleinod nicht mehr aus der Hand oder vielmehr vom Kopf. Doch Philipp II. hatte auch ohne die Karlskrone – die Reichskrone ist nach Kaiser Karl dem Großen benannt – alle Hände voll zu tun.

König Philipp II. († 1598)

Ein Bigamist?

Am 21. Mai 1527 erblickte der erste Sohn Karls V. das Licht der Welt – der spätere König Philipp II. Seine Kindheit verbrachte der spanische Infant in der Obhut seiner Mutter, Isabella von Portugal. Recht schnell zeigten sich Philipps Charaktereigenschaften: Er war introvertiert, emotionslos, stark religiös und ein fanatischer Jäger. So fanatisch, dass ihm sein Vater später sogar vorschreiben musste, wie viele Tiere pro Woche er maximal erlegen durfte. Peter Pierson zeichnet ein recht anschauliches Bild des spanischen Monarchen: »Als er den Thron bestieg, sahen ihn die Zeitgenossen als gut gewachsenen, hübschen jungen Mann, etwas kleiner als der Durchschnitt und mit etwas zu dicken Lippen. Ein blonder Bart verdeckte das lange habsburgische Kinn, das aber ohnehin nicht so groß war wie das seines Vaters [Karl V., Anm.]. Die Bürden der Königswürde forderten aber schon bald ihren Zoll: 1575 [...] begann sein Haar sich bereits grau zu verfärben, und seine letzten Porträts, die nach 1589 von Pantoja de la Cruz gemalt wurden, zeigen ihn mit weißem Haar, fahlen Wangen und eingesunkenen geröteten Augen. Wenn er mit Menschen sprach, schien er aufmerksam zuzuhören, auch wenn er wenig sagte. Er selber sprach so langsam, als wiege er jedes Wort. Dabei fixierte er sein Gegenüber, und des Öfteren zeigte sich auf seinen Lippen ein schmales Lächeln, wie es für Herrscher charakteristisch ist, die geübt sind Geheimnisse zu bewahren. Von Philipps Lächeln bis zu seinem Dolch, sagten Zeitgenossen, war die Distanz gering. Seine Kleidung war adrett und modisch. Mit zunehmendem Alter trug er allerdings nur noch Schwarz, ohne jede Verzierung. Sein einziger Schmuck war das Goldene Vlies, das er an einem schwarzen Band um den Hals trug.«

1555 übernahm Philipp von seinem Vater die Regentschaft in den Niederlanden, 1556 folgte die spanische Krone. Mittelpunkt seiner Regentschaft, die vom Kampf gegen den Protestantismus und gegen Frankreich geprägt war, wurde fortan Madrid. Insgesamt viermal war Philipp II. verheiratet – immer zum Wohle der Dynastie. Eine portugiesische Prinzessin, eine englische Königin, eine französische Königstochter und eine habsburgische (österreichische) Verwandte teilten im Laufe ihres Lebens das Bett mit dem spanischen Habsburger. Kein Wunder, hielt sein Vater den Thronfolger doch schon recht früh dazu an, sich zu verheiraten. Bereits am 4. Mai 1543 – Philipp war damals noch nicht einmal 16 Jahre alt – schrieb Kaiser Karl V. Anweisungen an seinen Sohn: »Das erste ist, dass Ihr nunmehr zu beherzigen habt, dass Ihr ein Mann werdet und dass Ihr durch Eure frühe Heirat und durch die Berufung zur Regentschaft, die ich Euch übergebe, der Zeit weit vorausgereift, es zu sein, bevor es noch Eure körperliche Entwicklung und Euer Alter erheischen.« An anderer Stelle heißt es weiter: »Mein Sohn, so Gott will, werdet Ihr Euch bald verheiraten; möge es ihm gefallen, dass er Euch die Gnade gibt, in diesem Stande zu leben, wie es zu Eurem Heil gereicht, und Euch die Söhne zu schenken, von denen er weiß, dass sie nötig – sein werden. [...] Und das ist, mein Sohn, da Ihr von geringem und zartem Alter seid und ich keinen anderen Sohn habe außer Euch, und auch keinen anderen haben will, dass es sehr darauf ankommt, dass Ihr Euch in Acht nehmet und Euch nicht in diesen Anfängen so überanstrengt, [...]« (Kohler (Hg.): Quellen zur Geschichte Karls V.)

Philipp hielt sich freilich nur mäßig daran. Während seiner vier

Ehen landeten auch immer wieder Damen niedriger Stellung unter seiner Bettdecke. Nicht einmal sein exzessiv betriebener Glaube hielten Philipp davon ab, fremdzugehen ...

Philipp II. ging es – glaubt man den Gerüchten – schon relativ früh an. Als der Kaisersproß erst 16 Jahre alt war, erzählte man sich von einem Verhältnis mit der Kammerzofe Isabel de Osorio, der Tochter eines Marquis. Im gleichen Jahr, also 1543, heiratete Philipp dann seine Cousine, Maria Manuela von Portugal († 1545). Nun rankte sich das im Titel erwähnte Gerücht (»Ein Bigamist?«) aber keinesfalls um einen etwaigen Seitensprung des recht hässlichen Prinzen. Vielmehr wurde die Fama in Umlauf gebracht, Philipp habe vor seiner Hochzeit mit Maria Manuela schon die Kammerzofe vor den Traualtar geschleppt. War Philipp II. also wirklich ein Bigamist?

Noch viel schwerer wiegende Anspielungen wurden laut: Philipp vergnüge sich sogar mit seiner Schwester und mit seinen Töchtern im Bett! Wir erinnern uns: Auch seinem Vater wurde ein inzestuöses Verhalten nachgesagt.

Eine Flugschrift des niederländischen Freiheitshelden Wilhelm von Oranien aus dem Jahr 1581 geht noch mehr ins Detail. Der politische Widersacher des spanischen Königs schrieb damals: »[...] Philipp hatte seine leibliche Nichte, die Erzherzogin Anna von Österreich, geheiratet und zu dieser Inzestehe, die dem Schimpf der Verbindung des Geschwisterpaares Jupiter und Juno bedenklich nahe kommt, die Dispens des römischen Papstes erhalten. Gottes Stellvertreter auf Erden hat damit etwas erlaubt, was Gott im Himmel nie und nimmer würde gutgeheißen haben. Philipp hat, um diese blutschänderische Ehe schließen zu können, seine legitime Gattin Isabella [oder Elisabeth, Anm.] von Valois, die Mutter seiner zwei Töchter und Erbinnen, durch Mord beseitigt. Philipp ist auch seine erste Ehe, mit Maria von Portugal, in vollem Bewusstsein einer Doppelehe und damit eines Vergehens der Polygamie eingegangen, denn er war zur selben Zeit bereits in heimlicher, aber gesetzesmäßiger Ehe mit Isabel Osorio verbunden, von der er mehrere Kinder besaß. Philipp hat seinen Sohn und Erben Don Carlos [aus seiner Ehe mit Maria von Portugal, Anm.] durch Mörderhand aus der Welt schaffen lassen, weil er nicht wollte, dass der ihm verhasste Sprössling aus der gesetzwidrigen Doppelehe den Thron seiner Väter besteige. Philipp hat neben seiner legitimen Gattin Isabella von Valois auch noch einen wilden Ehebund mit einer gewissen Doña Eufrasia unterhalten. Als sie von ihm guter Hoffnung wurde, hat er den Fürsten von Ascoli gezwungen, sie zu heiraten und das Kind als seinen Erben anzuerkennen. Sowie der Zweck erreicht und Kebsin und Bastard versorgt waren, hat er den Fürsten durch Gift beseitigen lassen.« (Zit. nach: Andics: Die Frauen der Habsburger)

Schwerwiegende Anschuldigungen, die Wilhelm von Oranien da aufstellte. An dieser Stelle sei noch einmal erwähnt, dass Details aus dem Intimleben der Herrscher immer mit Vorsicht zu genießen sind. Im Fall Philipps II. ist dieser Punkt besonders zu berücksichtigen. Gerade am spanischen Hof war man der Missgunst intriganter Höflinge ausgesetzt. Hinzu kam in Philipps Fall noch die so genannte »Leyenda negra«, die »Schwarze Legende«. Sie war das Produkt verschiedener spanischer Autoren, die anti-spanisch, anti-katholisch und vor allem anti-habsburgisch eingestellt waren. So manche pikante Geschichte ist also eher dem Reich der Lügen zuzuordnen. Demzufolge dürften wohl weder der Vorwurf der Bigamie noch der der Blutschande vor einem heutigen Gericht standhalten. Ebenso wenig ist bis heute bewiesen, dass er seinen eigenen Sohn und andere Familienmitglieder abgemurkst haben soll.

Nichtsdestotrotz war der spanische König Philipp II. alles andere als ein Kostverächter. Immerhin viermal verheiratet, suchte er nebenbei schon die eine oder andere Geliebte heim. »Der Medizinhistoriker C. D. O'Malley«, so Pierson, »kommt nach der Beschäftigung mit Philipps Eheleben und auf Grund der Berichte über seine jugendlichen Affären zu dem Schluss, dass Philipp ein normales und gesundes Sexualleben geführt hat.« Was immer das auch heißen mag ...

Der König schien trotz aller Eskapaden sehr liebesbedürftig gewesen zu sein. Pierson weiß: »In der Tat liegt die Vermutung nahe, dass Philipp sich sehr nach Liebe sehnte und dass diese Sehnsucht nur selten erfüllt wurde. Seine Mutter verlor er mit zwölf und von seinem angebeteten Vater hatte er nur wenig als Kind und Jugendlicher. Die ihm Nächsten blieben somit seine zwei Schwestern, seine erste Frau [Maria von Portugal, Anm.] und sein kleiner Sohn

[Don Carlos, Anm.], den er schon als Achtzehnjähriger bekam. Sein selten gestilltes Zärtlichkeitsbedürfnis erklärt auch die späteren Liebesaffären, auf die er sich nach dem Tod seiner ersten Frau, Maria von Portugal [sie starb 1545, Anm.], einließ. Später schien er alle seine Gefühle auf Isabella, die älteste Tochter seiner dritten Frau, Elisabeth von Valois, projiziert zu haben.«

Doch auch andere Frauen wurden zum Objekt seiner Begierden. Anbrennen ließ er jedenfalls nichts. So hatte der ach so katholische spanische König eine Affäre mit einer Bäckertochter, als er in zweiter Ehe mit der hässlichen englischen Königin Maria Tudor verheiratet war. Philipp versuchte erst gar nicht, seine Abneigung Maria gegenüber zu verheimlichen, lebte die Beziehung zu der einfachen Frau gar so offen aus, dass die Bevölkerung den nicht sehr schmeichelhaften Vers »Better the baker's daughter in her russet gown / than Queen Mary without her crown« (»Lieber eine Bäckerstochter in einem groben Kleid / Als Königin Mary ohne Krone und Geschmeid«) dichtete.

Auch Philipps nächste – die mittlerweile dritte – Ehe hatte mit Anlaufschwierigkeiten zu kämpfen, barg sie doch ein sexuelles »Problem«: Elisabeth (auch Isabella genannt) von Valois war zum Zeitpunkt der vereinbarten Eheschließung gerade einmal 13 Jahre alt. An eine sexuelle Beziehung war also noch nicht zu denken. Philipp hingegen war damals bereits 31 – und in voller Kraft seiner Lenden. Philipp wollte dennoch nicht auf seinen Spaß verzichten. Er organisierte Ausflüge, genauer gesagt: Reisen aufs Land. Sie dienten ihm als Rechtfertigung dafür, von einem Bett ins nächste hüpfen zu können.

Dennoch: Die Zeit mit Elisabeth von Valois schien eine glückliche gewesen zu sein. Die beiden heirateten im Jänner 1560 in Guadalajara. Über Elisabeths Alltag am spanischen Hof führte ihre Hofdame Mme. De Clermont Tagebuch. Pierson beschreibt: »Die junge Königin pflegte sich sehr kostbar in Seide und Samt zu kleiden, das Haar nach spanischer Mode zu frisieren und sich mit Perlenketten und Juwelen zu schmücken. In der Begleitung von Don Carlos und Don Juan sowie Philipps und der Prinzessin Juana besuchte sie des Öfteren die Stierkämpfe. Am schönsten aber müssen die Tage in Aranjuez gewesen sein, wo die Königin mit Philipp und der übrigen königlichen Familie nachmittags unter Pappeln zu speisen pflegte. Sie empfing aber auch ausländische Gesandte und nahm höfische Funktionen wahr. Wenn sie an Migräne litt, blieb sie im Bett und ließ sich von Prinzessin Juana trösten.«

Getröstet werden musste Elisabeth wohl auch aus anderen Gründen. Denn obwohl Philipp seine außerehelichen Matratzenspiele ziemlich diskret betrieben haben dürfte, wissen Zeitgenossen dennoch einiges zu berichten. Eine der bekanntesten Geliebten Philipps II. war Doña Eufrosina de Guzmán. Es kam, wie es kommen musste: Sie wurde schwanger. Eilig verheiratete Philipp seine »Mätresse« mit dem Höfling Don Antonio de Leyva, Fürst von Ascoli. Der Knabe, den Doña Eufrosina zur Welt brachte, wurde – obwohl nie eindeutig bestätigt – als Philipps Sohn angesehen. Weiters ist noch von einer Affäre Philipps mit Doña Ana de Mendoza die Rede. Auch Catalina Lénez, die Tochter eines Sekretärs, soll es dem potenten Kerl angetan haben.

Apropos potent: Während Philipp seine »Landausflüge« genoss, war die Frage nach einem Thronfolger noch lange nicht obsolet. Zwar schenkte ihm Maria Manuela von Portugal den Knaben Don Carlos. Dieser war jedoch nicht gerade das, was man sich unter einem Thronfolger vorstellen würde: Eindeutig schwachsinnig, war er ein Psychopath, aggressiv und sadistisch veranlagt. Nach einer Schädelverletzung blieb er gehbehindert und zeitweise sogar blind. Seine Ausschweifungen gingen sogar so weit, dass ihn der eigene Vater unter Arrest stellte, wo er dann schließlich 1568 erst 23-jährig starb. Um seinen Tod rankten sich die oben erwähnten Mordgerüchte.

Daher blieb Philipp, der von seinem Vater Karl V. immer dazu angehalten wurde, auf den Fortbestand der Dynastie zu schauen, nichts anderes übrig, als hin und wieder doch zu Hause vorbeizuschauen und seine Ehefrau zu beglücken. Doch auch Elisabeth von Valois konnte ihr »dynastische Pflicht« nicht zur Zufriedenheit aller erfüllen. Zwei Töchtern schenkte sie das Leben, der so dringend notwendige Sohn blieb auch in dieser Ehe aus. 1568 schied Elisabeth aus dem Leben.

Der lang ersehnte Thronfolger, Philipp III., entsprang erst Philipps vierter Ehe mit Anna von Österreich († 1580), einer Verwandten des umtriebigen Königs. Damit hatte Philipp II. – nach vier Ehen – die Herausforderung bewältigt, einen männlichen

Nachkommen zu zeugen. Nun konnte er sich ganz seinen Geliebten widmen.

Pierson fasst Philipps Sexualleben folgendermaßen zusammen: »Philipps sexuelles Verhalten betreffend, kann eins mit Sicherheit gesagt werden: Keine der Frauen, mit denen er intimere Beziehungen unterhielt, hat Einfluss auf seine Regierung gehabt. Seine Diskretion in diesen Dingen lässt zudem vermuten, dass er, anders als die meisten europäischen Herrscher, viel Gefühl für das moralische Klima der Reformation und Gegenreformation bewies. Nie hat er eine Liebesaffäre oder ein illegitimes Kind öffentlich bestätigt, und er hat es immer verstanden, sein Sexualleben, so gut er konnte, eine Privatangelegenheit sein zu lassen.« Ein Zeitgenosse Philipps gab zu Protokoll: »acaso Felipe [II., Anm.] pudo no ser un hombre virtuoso pero sí fue asombrosamente discreto« (vielleicht konnte Philipp kein tugendhafter Mann sein, doch war er jedenfalls erstaunlich diskret).

Doch selbst wenn es über Philipps Liebschaften keine fundierten Beweise gibt, ist doch eines sicher: Er hatte zumindest eine illegitime Tochter, die auf den Namen Mariana de Austria hörte. Sie zog sich ins Kloster Descalzas Reales nach Madrid zurück. 1598 schließlich segnete Philipp II. das Zeitliche. Was zurückblieb, war eine Heerschar unstandesgemäßer Damen, die Philipp während seines Lebens mit großer Freude beglückt hatte. Seine ausgeprägte Libido nahm der spanische Lebemann aber mit ins Grab.

Denn sein Sohn und Nachfolger Philipp III. scheint eines von seinem Vater nicht geerbt zu haben – die Vorliebe für außereheliche Beziehungen. Über etwaige Abenteuer außerhalb des königlichen Ehebettes ist de facto nichts zu erfahren.

Offensichtlich übersprang Philipps II. Vorliebe, sich quer durch Spanien zu schlafen, eine Generation. Während Philipp III. also ein braves Eheleben führte, trieb es dessen Sohn, Philipp IV., bunter als je ein anderer (spanischer) Habsburger zuvor ...

König Philipp IV. († 1665)

Im Bett mit halb Spanien

Wenn einer der spanischen Habsburger heutzutage für Schlagzeilen im Boulevard sorgen würde, dann wäre das bestimmt König Philipp IV. Kein Herrscher der Iberischen Halbinsel trieb es bunter als er, kein Rock war vor ihm sicher – egal, ob der nun einer Kammerfrau, einer Schauspielerin, einer Ehefrau oder sogar einer Prostituierten gehörte. Zwischen acht und 32 illegitime Kinder sollen das Ergebnis dieser außerehelichen Betätigungen gewesen sein. Eine Geschlechtskrankheit gab's als Draufgabe noch dazu ...

Wer war dieser umtriebige Aristo? 1605 als Sohn Philipps III. und Margaretes von Österreich geboren, kam er nach dem Tod seines Vaters 1621 auf den spanischen Thron. Bis 1640 war er auch noch König von Portugal. Eigentlich hätte er also alle Hände voll zu tun gehabt, sein riesiges Reich zu regieren. Doch während seiner Regentschaft musste Spanien empfindliche Rückschläge einstecken. Wirtschaftlich befand sich das riesige Weltreich mit seinen Besitzungen in Übersee im Niedergang. An und für sich hatte Philipp sehr gute Voraussetzungen, er beherrschte mehrere Sprachen fließend und interessierte sich für Dichtung, Malerei und Musik. Sein größtes Interesse galt aber eindeutig der spanischen Frauenwelt. Vielleicht sind Philipps sexuelle Eskapaden darauf zurückzuführen, dass der Prinz bereits als Siebenjähriger Opfer der dynastischen Heiratspolitik wurde. Als nämlich 1612 der elfjährige französische König Ludwig XIII. († 1643) der gleichaltrigen spanischen Infantin Anna († 1666) versprochen wurde, wollte man gleich zwei Fliegen mit einer Klappe schlagen. Im selben Atemzug wurde nämlich Philipp der elfjährigen Schwester Ludwigs XIII., Elisabeth (oder Isabella, † 1644), versprochen. Im Jahr 1615 – Philipp war erst zehn – wurde Hochzeit gefeiert.

Zu jener Zeit nahmen die spanisch-französischen Heiraten nahezu überhand. Der Grund hierfür: Die Franzosen spitzten insgeheim darauf, die Herrschaft in Spanien an sich zu reißen. Und der Versuch, dies über gezielte Vermählungen mit den spanischen Habsburgern zu schaffen, sollte später auch gelingen. Die Habsburger ihrerseits versuchten dies mit allen Mitteln zu verhindern und

Philipp IV. von Spanien: Fesch war er nicht, die Frauen lagen ihm trotzdem reihenweise zu Füßen.

schickten sich an, ihre österreichischen Verwandten (!) vor den Traualtar zu schleppen, um ja einen Erbfall Spaniens an die französischen Bourbonen zu vermeiden. Doch der Friede mit Frankreich und die Pflege der zumindest zeitweise vorhandenen guten Beziehungen forderten das eine oder andere politische Opfer in Form einer Ehe. Daher scheint es auch wenig verwunderlich, dass sämtliche spanischen Infantinnen, die gen Norden nach Frankreich zogen, auf alle Ansprüche bezüglich Spanien zu verzichten hatten. Derartige »Renunziationsinstrumente« waren extrem kompliziert und gefinkelt, hielten den später gestellten Ansprüchen der Franzosen allerdings nicht immer stand.

Doch zurück zu Philipp IV. 1620 – Philipp war damals 15, seine französische Gemahlin 17 – wurde die Ehe mit Erlaubnis Philipps III. vollzogen. Ob die Ehe glücklich war, ist nicht überliefert. Betrachtet man die Zahl der Geliebten, die der junge Bräutigam im Laufe der Zeit zustande brachte, darf man diese Vermutung allerdings guten Gewissens anzweifeln.

Philipps erste nachweisbare Bettgespielin war die Tochter des spa-

nischen Granden Conde de Chirel. Um Philipp ja nicht ins amouröse Handwerk zu pfuschen, wurde der Vater der jungen Frau zur
Sicherheit gleich des Hofes verwiesen. Die Liaison begann 1625.
Sogar ein Sohn entsprang dieser Liebschaft. Der königliche Bastard wurde auf den Namen Don Fernando Francisco de Austria
getauft. Nach acht Jahren segnete er das Zeitliche. Die Mutter des
ungewollten Bastards starb auch kurz darauf. Ihr Haus schenkte
der König – versehen mit dem zynischen Namen Concepción Real
(königliche Empfängnis) – dem Orden von Calatrava.

Für Skandale war der umtriebige König immer gut. So soll er sich
in den Bordellen Spaniens herumgetrieben, sich mit einem eifersüchtigen Ehemann geprügelt und sogar einer Nonne nachgestellt
haben. Der Oberin sträubten sich ob der erotischen Avancen des
allzu »katholischen« Königs die Nackenhaare. Einem skurrilen
Gerücht zufolge soll sie einen besonders schlauen Trick ange-
wandt haben, um den sexsüchtigen Monarchen von der keuschen
Ordensfrau fern zu halten: Sie ließ die gute Frau einfach aufbah-
ren, um Philipp bei einem seiner Liebesbesuche vorzuschwindeln,
seine Angebetete habe ins Gras gebissen ...

Für den meisten Gesprächsstoff sorgte allerdings Philipps Beziehung zur Schauspielerin María Inés Calderón, genannt »la Calde-
rona«. Er lernte sie im März 1627 kennen. Der Liaison entsprang
sein bekanntester natürlicher Sohn, Don Juan José de Austria (†
1679). Der illegitime Kaisersprössling residierte bemerkenswer-
terweise in der Real Sitio de la Zarzuela. Die Königin musste ihn
»hijo mio« (mein Sohn) nennen und der schwächelnde Infant
sagte »hermano y amigo mío« (mein Bruder und Freund) zu ihm.
Nach seinem Tod wurde er sogar in der spanischen Prinzengruft
im Kloster Escorial beigesetzt. Offenbar hatte Philipp den »Bastard« offiziell als seinen Sohn anerkannt. Anders lässt es sich nicht
erklären, dass Don Juan José nahezu wie ein königlicher Prinz
behandelt wurde. Wie innig die Beziehung zwischen Vater und
Sohn allerdings war, lässt sich heute nicht mehr nachvollziehen.
Empfindlich aufgestoßen dürfte es Philipp IV. jedenfalls haben, als
Juan José versuchte, sein Recht auf den spanischen Königsthron
geltend zu machen. – Ein aussichtsloses Unterfangen, war er doch
ein illegitimer, wenn auch offiziell anerkannter Sohn des spanischen Monarchen. Naturgemäß hielt auch Philipp IV. nichts von

den Profilierungsversuchen seines Sohnes. 1663 schmetterte er seinen Vorschlag ab. Doch Juan José gab noch immer keine Ruhe. Nur zwei Jahre später überraschte der Revoluzzer seinen Vater mit neuen Plänen: Juan José wollte seine Halbschwester, Margarete Maria († 1673), heiraten. Philipp sagte freilich »Njet«. Mit ihr hatte der Vater Größeres vor, als sie mit dem ungeplanten »Ergebnis« seines Seitensprunges zu vermählen. Margarete Maria sollte später den Austro-Habsburger Kaiser Leopold I. ehelichen. Aus der Sicht Philipps wäre es also geradezu eine Verschwendung gewesen, seine Tochter an einen illegitimen Sprössling zu verscherbeln. Dass die beiden Halbgeschwister waren, schien den König da schon weit weniger gestört zu haben ...

Nachdem Philipps erste Frau bereits 1644 das Zeitliche gesegnet hatte, heiratete er 1649 seine eigene Nichte, Erzherzogin Maria Anna († 1696) aus der österreichischen Linie des Hauses Habsburg. Dieser Verbindung entstammte der spätere Thronfolger Karl II.

Mit dem Tod Philipps IV. im September 1665 wurde auch die Lust nach libidinösen Ausschreitungen auf der Iberischen Halbinsel zu Grabe getragen. Denn das Sexualleben von Philipps Sohn Karl II. (mit ihm starben die spanischen Habsburger 1700 aus) war schlichtweg ein Debakel – langweilig und nicht einmal im eigenen Ehebett existent. Sehr treffend beschreibt ein Spruch, der damals in Madrid kursierte, die Lust auf Bettgeflüster des degenerierten Königs: »Tres vírgenes hay en Madrid, la Almadena, la de Atocha y la reina nuestra señora« (frei übersetzt: »Drei Jungfrauen gibt es in Madrid, die Statue der Jungfrau von Almadena, die Statue der Jungfrau von Atocha und die Königin, unsere Herrin«). Hans-Joachim Neumann bemerkte über Karl II.: »Zwar heiratete Philipps [IV., Anm.] Sohn und Nachfolger, König Karl II. von Spanien, nicht mehr habsburgisch, aber das half ihm nichts mehr. Er musste wohl den Preis zahlen für den hohen Grad an Blutsverwandtschaft – ein körperlich und geistig degenerierter Monarch, unfähig zu regieren, starb 39-jährig kinderlos und beendete die spanische Habsburger Regentenlinie.« Denn obwohl Karl II. zweimal verheiratet war, klappte es mit dem ehelichen Geschlechtsverkehr so ganz und gar nicht. Zu einer außerehelichen Beziehung wäre der impotente König also ohnedies nicht fähig gewesen – selbst wenn er gewollt hätte ...

Da mit Karl II. die Regentschaft der Habsburger in Spanien und damit auch die zahlreichen amourösen Liebschaften ein Ende nahmen, wenden wir uns jetzt der österreichischen Linie des Hauses zu, die zwar lange Zeit nahezu enthaltsam lebte, später jedoch mit einigen – teilweise spektakulären – Seitensprüngen aufwarten konnte.

Sündiges Österreich
Ein (fast) enthaltsames Jahrhundert

Während im Spanien des 17. Jahrhunderts außerehelich geliebt, gelitten und intrigiert wurde, was das Zeug hält, verhielten sich die österreichischen Habsburger in dieser Zeit enthaltsam, fast schon zölibatär (wären sie nicht nach politischem Gutdünken quer über Europa verheiratet worden).

So ist von Maximilian II. († 1576) nur eine voreheliche Beziehung bekannt. Maximilians Bruder Ferdinand von Tirol († 1595, er lebte in morganatischer – also nicht standesgemäßer, aber vom Kaiser genehmigter – Ehe mit Philippine Welser) zeugte zumindest ein uneheliches Kind namens Christof von Hertenberg.

Von den regierenden Habsburgern des 17. Jahrhunderts ist hingegen kein einziger Seitensprung, geschweige denn auch nur ein uneheliches Kind überliefert. Ließen die sich einfach nicht erwischen oder krochen sie wirklich jeden Abend unter die eigene Bettdecke? Ganz auf Skandale wollten die Habsburger dieses Jahrhunderts dennoch nicht verzichten, auch wenn wir hier nicht vom klassischen Seitensprung sprechen können. Kaiser Rudolf II. († 1612) zum Beispiel machte seiner spanischen Verwandtschaft ernsthaft Konkurrenz – nur, dass er nie verheiratet war. Eindeutig belegbar ist zumindest seine langjährige Beziehung zu Katharina Strada, die ihm drei Söhne und drei Töchter gebar (dazu später mehr).

Oder Erzherzog Maximilian III., der Deutschmeister († 1618): Obwohl im geistlichen Stand und daher natürlich nicht verheiratet, hatte er zwei illegitime Nachkommen. Selbst das Zölibat hielt die hohen Herren nicht davon ab, mit der einen oder anderen Dame in die Kiste zu hüpfen. Verständlich, wenn man weiß, dass die Habsburger kirchliche Ämter nicht aus Überzeugung, sondern aus rein finanziellen Überlegungen – solche Posten waren mit hohem Einkommen verbunden – annahmen.

Damit ist dieses Kapitel der Habsburger-Geschichte auch schon wieder erledigt. War das 17. Jahrhundert also nur wenig bis gar nicht für das Thema »Seitensprünge der Habsburger« ergiebig, änderte sich das im 18. Jahrhundert jedoch schlagartig. Doch zuerst machen wir noch einen kleinen Exkurs und wenden uns einem ganz speziellen Exemplar des Hauses Habsburg zu: Kaiser Rudolf II., der zwar nicht verheiratet war, sich aber einen Namen als royaler Sonderling und Schürzenjäger machte.

Exkurs: Kaiser Rudolf II. († 1612)

Ein irrer Hallodri mit noch irreren Nachkommen

Rudolf II. machte es geschickter als seine Vorgänger und Nachfolger – er blieb ganz einfach unverheiratet. Zwar drängte man ihn immer dazu, vor den Altar zu treten und einen Thronfolger zu zeugen. Doch der sture Habsburger weigerte sich zeit seines Lebens. Das Thema interessierte ihn, je älter er wurde, immer weniger. Die bereits 1568 geplante Verheiratung Rudolfs mit der damals erst zweijährigen (!) spanischen Infantin Isabella Klara († 1633), einer Tochter Philipps II., schob der wunderliche Kaiser immer wieder auf die lange Bank – bis die schließlich nach 15-jährigem Hin und Her an Rudolfs Bruder Erzherzog Albrecht VII. († 1621) weitergereicht wurde. Von Seitensprüngen im herkömmlichen Sinn kann man also bei Rudolf nicht sprechen. Im Laufe seines Lebens hatte er aber eine Unzahl von Beziehungen zu verschiedenen Frauen und einige natürliche Kinder – auch wurden ihm mehrmals sogar homosexuelle Neigungen nachgesagt, die sich allerdings nie bestätigt haben. Egal, ob schwul oder nicht: Der Kaiser trieb's ziemlich wild. Friedrich Weissensteiner schreibt über ihn: »Rudolf II. war stark triebhaft veranlagt. Aus den Aufträgen an die Künstler, die an seinem Prager Hof lebten, ist abzulesen, dass er für das Perverse in der Erotik viel übrig hatte. Einer seiner Kammermaler, Bartholomäus Spranger, ein Künstler aus den Niederlanden, den er sehr schätzte, musste für ihn zahlreiche Bilder mit schlüpfrigen und indezenten [unschicklichen, Anm.] Themen malen, Bilder, auf denen sich wollüstige Nymphen mit Greisen paaren, Ölgemälde, die den Beschauer mit Liebesabenteuern und Lüsternheiten in allen möglichen Variationen erfreuen.« Seine Vorlieben dürften sich – in noch viel stärker ausgeprägter Form – auf seinen bekanntesten illegitimen Sohn, Don Julio, übertragen haben. Doch dazu später mehr.

Der Kaiser, der relativ zurückgezogen (fast als Privatmann) am Prager Hradschin lebte und hin und wieder auch regierte, war ein seltsamer Kauz. Okkultismus und Astrologie interessierten ihn bei weitem mehr als die Staatsgeschäfte. Eine zunehmende geistige Umnachtung ließ ihn immer weltfremder werden. 1608 musste er sogar die Herrscherrechte in Österreich, Ungarn und Mähren an seinen verhassten Bruder Matthias abgeben. Bankl bezeichnete die beiden Geschwister als »halbirr«. Vielleicht etwas übertrieben, aber ganz normal dürften sie wirklich nicht gewesen sein. Immerhin unternahm Rudolf am 15. Oktober 1600 mit einem Degen den ersten Selbstmordversuch im Hause Habsburg. In seinem Wahn machte er eine seiner Liebhaberinnen als »Tochter einer Hexe« für seinen desaströsen Zustand verantwortlich. Skurril: Rudolf hatte Angst, verzaubert oder verwünscht zu werden. Geklappt hat der Suizidversuch aber nicht, Rudolf lebte noch weitere zwölf Jahre.

Doch zurück zum eigentlichen Thema dieses Kapitels: Rudolfs zahlreiche Affären. Gleich vorweg: Der Kaiser war zwar verrückt, doch nicht so durchgeknallt, wie oft in der Literatur angegeben wird. So wurde etwa kolportiert, er ließe sich täglich eine Jungfrau bringen, die er dann nach allen Regeln der erotischen Kunst vernaschte. Vocelka strengte die Mathematik an: In den insgesamt 30 Jahren, die Rudolf am Prager Hradschin verbrachte, hätte Rudolf somit fast 11.000 junge Frauen flachgelegt. Relativ unwahrscheinlich, denn selbst der umtriebigste Kaiser hätte schon bei der Hälfte w. o. gegeben. Solche Gerüchte sind also eher in das Reich der Legenden einzuordnen.

Eindeutig belegbar ist hingegen Rudolfs Beziehung zu seiner langjährigen Geliebten Katharina Strada, der Tochter eines italienischen Kunsthändlers. Sogar von sechs Kindern – drei Töchtern und drei Söhnen – ist die Rede.

Traurige Berühmtheit erlangte aber nur einer: Rudolfs ältester Sohn Don Julio. Er wurde 1585 geboren und war offensichtlich völlig geistesgestört. Sogar Psychiater setzten sich mit seinem dubiosen Leben auseinander. Dabei schien anfangs alles normal gelaufen zu sein. Erst im Alter von 21 Jahren sorgte der irre Habsburger-Sprössling für Aufsehen. Er verletzte seine Geliebte, die Tochter des Baders, schwer. In zeitgenössischen Quellen wird erzählt, wie es danach weiter ging – und glauben Sie mir: Im Horror-Movie »Das Schweigen der Lämmer« wurde »familienfreundlich« gemordet im Vergleich zu dem, was Don Julio trieb. Doch lesen Sie selbst: »Hierauf gab er der Baderstochter seinen Schlafpelz anzuziehen, gebot ihr, sich auf sein Lager zu legen, und hat sie dann mit vielen Hieb- und Stichwunden am ganzen Körper verstümmelt und umgebracht. Er hat ihr die Ohren abgeschnitten, ein Auge ausgeschlagen, die Zähne samt dem Zahnfleisch in den Mund gestoßen, die Hirnschale gespalten, sodass das Hirn heraustrat und ein Stück Degen im Kopf stecken blieb, die Hände waren so grässlich zerhauen, geradezu tranchiert, und überall lagen Stücke Fleisch umher. Drei Stunden dauerte das Gemetzel. Hierauf rief er seine Prager Wirtschafterin und einen Wärter, verband der Pragerin die Augen und durchbohrte die Tote noch einmal. Dann befahl er, die Leiche in einem Leintuch hinauszutragen. Früh kniete er an der Leiche nieder, bohrte die Finger in die Wunden und trug unendliche Reue zur Schau. Darauf ließ er den Leichnam in das Leintuch einnähen und in seiner Gegenwart in zwei Särge legen, vernageln und begraben.« (Zit. nach: Vocelka/Heller: Die private Welt der Habsburger)

Doch der Wüstling gab auch später keine Ruhe. Der Wahnsinn schien endgültig von ihm Besitz ergriffen zu haben. In den zeitgenössischen Quellen heißt es weiter: »Die Bettfüße hat er herausgeschraubt und zerbrochen; zwei Zinnschüsseln allein hat er sich behalten und bewahrt darin die harten unaufgezehrten Semmeln auf, die er um keinen Preis herausgeben will, sondern er streut sie auf dem Boden herum; ab und zu rüttelt er am eisernen Gitter; mitunter bohrt er in der Nase, bis Blut kommt, und betrachtet dann den blutigen Finger, hüpft vor Freude und pfeift und will kein Ende finden. Er wäscht sich kein Gesicht und kleidet sich nicht um und schläft in seinen Kleidern; er hält seinen Raum sehr unrein. [...] Don Julio zerreißt Leib- und Bettwäsche und hat die Federn in den Abort geschüttet, seine Armbänder auch dazu geworfen, auch seinen neuen damastenen Schlafpelz hat er zerrissen, Zobel- und Marderverbrämung abgetrennt und mit unter die Federn geworfen, auch das Hemd, sodass der Abort ganz voll ist und einen unausstehlichen Gestank verbreitet. Er geht nur mehr mit unbedeckter Scham; er erklärt, nicht früher Kleider anzulegen, bevor man ihn nicht aus dieser Haft entlasse. Wenn er schlafen will, hüllt er sich in die Matratze und den türkischen Teppich und schläft sehr gut, ab und zu lacht er im Wachzustande wie geistesabwesend, mitunter spricht er aber wieder ganz vernünftig und wundert sich, warum er so lange eingesperrt bleiben müsse. Er hat alle Glasscheiben zerbrochen, sodass das Heizen vor dem Gitter ganz wirkungslos ist, zumal er stets nackt geht.« (Zit. nach: Vocelka/Heller: Die private Welt der Habsburger)

Am 25. Juni 1609 schließlich war der Spuk vorbei, Don Julio starb – angeblich ist er an »ekelhaftem Unrat« erstickt.

Offensichtlich hat Don Julio an Jugendirresein gelitten. Die Todesursache dürfte im Endeffekt ein Abszess im Rachen gewesen sein. Da mütterlicherseits keine Geisteskrankheiten bekannt sind, ist wohl davon auszugehen, dass die erbliche Belastung von seinem Vater, also von Kaiser Rudolf II., ausging. Vocelka weiß: Dessen spanische Mutter Maria zeigte schizothyme Züge. Außerdem war seine Urgroßmutter – von beiden Seiten der Familie – Johanna die Wahnsinnige (ein Name, der Bände spricht). Eine Ahnenreihe also, auf die man wahrlich nicht stolz sein musste. Kurzum: Julio war irr. Ging sein Vater noch als wunderlicher Kauz durch, halfen bei seinem Sohn alle Beschwichtigungsversuche nichts mehr: Der Knabe war vollkommen durchgeknallt. In diesem Fall reichte es schon, dass der leicht irre Vater wahnsinnige Vorfahren hatte – auch wenn die bürgerliche Geliebte offensichtlich stinknormal war. »In Rudolfs Adern floss das schwere Blut seiner spanischen Ahnen«, bemerkte Friedrich Weissensteiner treffend: »Seit der Heirat von Maximilians I. Sohn Philipp mit der psychisch labilen, geistig abnormen Johanna, der Tochter der katholischen Könige Ferdinand und Isabella von Kastilien und Aragón, haben manche Mitglieder des Hauses Habsburg ein schweres seelisch-geistiges Erbe zu tragen gehabt. Die inzüchtigen Eheverbindungen zwischen der spanischen und der österreichischen Linie der Dynastie haben dieses belastende Erbe noch verstärkt. Auch Kaiser Maximilian II., der lebensfrohe, leutselige, gebildete und kunstsinnige

Vater Rudolfs, war mit einer Spanierin verheiratet, und zwar mit Maria, einer Tochter Karls V.« Inzucht, wohin man nur blickte. Die Folgen waren fatal. Doch die Habsburger wurden einfach nicht schlauer ...

Kaiser Joseph I. († 1711)

Der Grabstein der Dynastie?

Kaiser Joseph I., der Sohn Leopolds I., war ein ganz außergewöhnlicher Spross der Habsburger-Dynastie. Auf ihm ruhte die gesamte Last, die Linie der österreichischen Habsburger weiterzuführen, während sein Bruder Kaiser Karl VI. († 1740) die Herrschaft in Spanien nach dem Tod Karls II. übernehmen sollte. So lautete der Plan. Doch die Realität sah anders aus: Joseph war mitverantwortlich dafür, dass Spanien für die Habsburger endgültig verloren ging. Warum, wird später noch ausführlich erläutert.

Anhand der Ehe Leopolds I. – er war Josephs Vater – lässt sich sehr anschaulich darstellen, unter welchem Druck das Haus Habsburg zur damaligen Zeit stand – und wie wichtig es war, eine für die Habsburger (politisch) gute Partie an Land zu ziehen und gleichzeitig auch noch überlebensfähige Nachkommen in die Welt zu setzen. In den 1660er-Jahren spitzte sich die dynastische Lage im Hause Habsburg nämlich stark zu, der Tod zog eine Spur des Grauens durch die kaiserlichen Gemächer: Bereits 1654 starb Leopolds älterer Bruder, Ferdinand (IV.), der eigentlich an seiner statt Kaiser hätte werden sollen. 1664 starb Leopolds jüngerer Bruder, Erzherzog Karl Joseph, 1665 folgten ihnen Erzherzog Sigismund Franz von Österreich-Tirol – diese Seitenlinie wäre im Fall des Aussterbens der österreichischen Haupt- und der spanischen Seitenlinie erbberechtigt gewesen – und Philipp IV. von Spanien ins Grab. Drei weitere Brüder Leopolds segneten noch im Kindesalter das Zeitliche. Abgesehen von dem degenerierten Karl (II.) von Spanien – er war zu dieser Zeit knapp fünf Jahre alt – war Leopold nun überhaupt der einzige männliche Habsburger, der »politisch und dynastisch noch handlungsfähig war« (Hansert: Welcher Prinz wird König?).

Leopold war sich des drohenden Endes der spanischen Verwandtschaft offensichtlich bewusst. Seine einzige Rettung (so dachte er): eine weitere Verbindung zwischen einem österreichischen Habsburger (also ihm) und einer spanischen Infantin. Kurzerhand heiratete er seine Nichte UND (!) Cousine Margarita Teresa von Spanien († 1673). Durch diese Eheschließung versuchte er, seine Erbansprüche auf Spanien gegenüber den französischen Bourbonen, die ebenfalls auf das südliche Nachbarland spitzten, zu festigen. Leopold ließ seine Ahnenforscher die Stammbäume durchforsten und stellte fest: Alle spanischen Könige seit Philipp dem Schönen († 1506, ein Habsburger) gehörten zu den direkten Vorfahren seiner Zukünftigen. Leopold war sich also sicher, die besten und stärksten Ansprüche auf Spanien zu haben, falls der spanische Zweig mit Karl II. ausstürbe.

So weit, so gut. Die Kehrseite der Medaille: Drei der vier Kinder aus Leopolds inzestuöser Ehe mit Margarita Teresa starben im Kindesalter, das vierte, (Maria) Antonia, schied 1692, erst 23-jährig, dahin. Betrachtet man den Aszendenten-, also Vorfahrenbaum dieser vier Kinder, so lässt sich feststellen, dass durch diese letzte Verwandtenheirat zwischen spanischen und österreichischen Habsburgern eine extrem hohe Ausdünnung ihres Baumes, also ein extrem hoher Aszendentenimplex (der Aszendentenimplex gibt die Differenz zwischen den arithmetisch berechneten verschiedenen Vorfahren und den tatsächlichen verschiedenen Vorfahren an) erreicht wurde: In der vierten Vorfahrengeneration fehlten von 16 Vorfahren zehn (Implex: 62,5 Prozent), in der fünften fehlten von 32 bereits 22 Vorfahren (Implex: 67,75 Prozent) und in der sechsten von 64 schließlich 52 (Implex: 81,25 Prozent). (Hansert: Welcher Prinz wird König?)

Es zeigt sich, dass in dieser Phase der habsburgischen Herrschaft die Mortalität rasch anstieg. Der mit Verwandtenehen verbundene Rückgang der Fertilität führte zu einem dynastischen Engpass. Schließlich starb auch noch Leopolds Frau Margarita Teresa 1673.

Bereits ein halbes Jahr später trat Leopold wieder vor den Traualtar. Und wieder stand ihm eine Verwandte gegenüber: Claudia Felicitas von Österreich-Tirol. Sie war seine Großcousine. Damit hatte Leopold ein Bravourstück vollbracht: Mit Claudia Felicitas hatte er die letzte zu dieser Zeit noch verfügbare Habsburgerin aufgeheiratet. »Sinn« hatte diese Ehe keine. Zum einen war sie politisch nicht relevant, zum anderen überlebten die beiden Töchter Anna Maria Sophie und Maria Josepha Klementine kein Jahr. 1676 schließlich starb auch Claudia Felicitas.

Erst Leopolds dritte Ehe brachte ihm die so dringend benötigten männlichen Erben. Eleonore Magdalena von Pfalz-Neuburg († 1720, eine Wittelsbacherin) gebar zwei Söhne – Joseph I. und Karl VI. Damit waren die Habsburger vorerst aus dem Schneider. Der eine – Joseph – sollte die römisch-deutsche Kaiserkrone auf sein Haupt setzen, der andere – Karl – war für das spanische Erbe vorgesehen.

Diese beiden so hoffnungsvollen Habsburger (Joseph I. und Karl VI.) schafften es schließlich auch, Kinder in die Welt zu setzen. Joseph, der mit Wilhelmine Amalie von Braunschweig-Lüneburg († 1742) verheiratet war, gelang es sogar, einen männlichen Nachkommen zu zeugen. Leopold Joseph – so hieß der heiß ersehnte Knabe – wurde 1700 geboren, verstarb jedoch ein Jahr später. Zwei Töchter überlebten zwar, doch blieben weitere Kinder aus. Warum? Joseph hatte seine Frau mit einer Geschlechtskrankheit infiziert, die er sich bei einem seiner zahlreichen Seitensprünge eingehandelt hatte.

Das Prekäre an dieser Situation: Hätte Joseph I. einen überlebenden Sohn gehabt, dem er die Herrschaft über Österreich sowie die Kaiserwürde hätte übertragen können, wären die europäischen Großmächte möglicherweise dazu bereit gewesen, seinen Bruder Karl (VI.) in Spanien nach dem Tod Karls II. als legitimen Herrscher zu akzeptieren. Doch daraus wurde letztendlich nichts, Spanien ging für die Habsburger für immer verloren.

Doch zurück zu Josephs fatalem Seitensprung, der das Grab für die Dynastie schaufelte. Schon als Jugendlicher war Joseph ein potentes Kerlchen. Er trieb sich mit den unterschiedlichsten Frauen Wiens herum. Die Ehe mit Wilhelmine Amalie von Braunschweig-Lüneburg sollte das Liebesleben des umtriebigen jungen Mannes – die beiden heirateten 1699, Joseph war damals 21 Jahre alt – eigentlich in geregelte, monogame Bahnen lenken. Doch weit gefehlt! Bereits nach kurzer Zeit suchte der junge Monarch schon wieder Zuflucht in fremden Betten. Eine seiner zahlreichen Liebschaften war Marianne Pálffy, die Tochter des Befrieders von Ungarn, die vor allem nach Josephs Tod 1711 unter der folgenschweren Liaison litt. Mutter und Witwe Josephs I. demütigten die Frau und setzten ihr sehr zu.

Noch schlimmer war es allerdings, dass Joseph seine Frau offensichtlich mit einer venerischen Krankheit (Geschlechtskrankheit), vermutlich Syphilis, angesteckt hatte. Die fatale Folge: Wilhelmine Amalie wurde unfruchtbar, konnte nach der Geburt des Sohnes (er starb nach einem Jahr) und der beiden Töchter keine weiteren Kinder mehr bekommen. Der so heiß ersehnte (überlebensfähige) Thronfolger blieb aus. Joseph I. war also maßgeblich für das Aussterben der männlichen Habsburger 1740 mitverantwortlich. Ein Seitensprung konnte eine ganze Dynastie in den Abgrund stürzen.

Karl VI. erging es später ähnlich: Nachdem er erfolglos versucht hatte, sich in Spanien als König Karl III. zu etablieren, musste er nach Josephs Tod – Karl war damals der einzige männliche Habsburger überhaupt – wieder zurück nach Wien, um sich zum Kaiser des Heiligen Römischen Reiches Deutscher Nation krönen zu lassen. Da sein Bruder bei der Aufgabe, einen überlebensfähigen männlichen Thronerben zu zeugen, kläglich versagt hatte, sollte nun also er Abhilfe schaffen. Karl war mit Elisabeth Christine von Braunschweig-Wolfenbüttel († 1750) verheiratet und die beiden wurden 1716 sogar Eltern eines Sohnes – Erzherzog Leopold. An ihm hingen nun – ähnlich wie an Josephs Sohn Leopold Joseph – sämtliche Hoffnungen, die österreichische Linie doch noch im Mannesstamm fortführen zu können. Doch auch diesmal war das Glück den Habsburgern nicht hold: Bereits ein Jahr nach der Geburt segnete der Junge das Zeitliche. Damit waren alle Hoffnungen geschwunden, das Haus Habsburg in männlicher Linie weiterleben zu lassen.

Selbst Karls durchaus den ehelichen Pflichten angepasstes Leben half der Dynastie nichts mehr. Von ihm sind keinerlei außereheliche Aktivitäten (zumindest nicht mit Frauen; dazu später mehr) überliefert. Dazu hätte er wohl auch nur wenig Zeit und Muße gehabt, denn dank der Umtriebigkeit seines Bruders Joseph I. war Karl tagaus, tagein damit beschäftigt, die Erbfolge seiner Tochter Maria Theresia († 1780) zu regeln. Wahrlich eine Lebensaufgabe, wie sich herausstellen sollte ...

Doch sie lohnte sich, denn dank Maria Theresias Fruchtbarkeit sollte dem Hause Habsburg-Lothringen – so nannte sich das Erzhaus nach Maria Theresias Heirat mit Franz Stephan von Lothringen – nie mehr ein dynastischer Engpass drohen. Immerhin schenkte sie 16 Kindern – darunter auch fünf Söhnen – das Leben. Ein Wunder, bedenkt man, dass Franz Stephan kein Kostverächter war und nur sporadisch im theresianischen Ehebett einkehrte.

Kaiser Franz I. Stephan von Lothringen († 1765)

Der Mann im Schatten und in fremden Betten

Er machte Karriere, weil er auf das richtige »Pferd« setzte. 1736 heiratete Erbprinz Franz Stephan von Lothringen die habsburgische »Erbtochter« Maria Theresia. Diese Hochzeit dürfte wohl eine der wenigen Liebesheiraten im Hause Habsburg gewesen sein. Und wegen der politischen Brisanz war sie auch nicht ganz unumstritten. Denn immerhin ehelichte Franz Stephan nicht irgendjemanden, sondern eine der begehrtesten Erbinnen Europas. Als Bedingung für die Akzeptanz dieser Heirat durch Frankreich musste Franz Stephan auf sein Stammland Lothringen verzichten. 1737 erhielt er dafür das durch das Aussterben der Medici »frei gewordene« Großherzogtum Toskana zugesprochen, wo die Habsburger eine so genannte Sekundogennitur, also eine Nebenlinie des Hauses, einrichteten.

Ungewöhnlich an dieser Verbindung war vor allem, dass sich die beiden Ehepartner schon länger kannten. Denn bereits 1723 kam der 15-jährige Prinz an den Wiener Hof – und zwischen den beiden Aristo-Kids dürfte es heftig geknistert haben. Auch Kaiser Karl VI. fand an dem Knaben Gefallen.

Obwohl die Ehe zwischen Franz Stephan und Maria Theresia durchaus glücklich war und sie ihren Gemahl sogar kurz nach Karls Tod 1740 zu ihrem Mitregenten in Österreich machte, waren ihre Anschauungen über die Art der Regierung sehr unterschiedlich. Sie hielt ihn an der kurzen Leine. Die Folge: Franz Stephan zog sich mehr und mehr zurück, suchte Glück und Ablenkung in außerehelichen Beziehungen.

Zu diesem Zweck besaß Franz Stephan sogar ein eigenes Stadtpalais, genannt »Kaiserhaus«, in der Wallnerstraße mit diskreten Zugängen, das er 1740 erworben hatte. Viel wurde darüber gemunkelt. So soll ein unterirdischer Gang Franz Stephans Geliebten dazu gedient haben, ohne Umwege direkt ins Bett des Kaisers zu gelangen. Man vermutete sogar ein uneheliches Kind in den Kellergewölben, das später zu Zieheltern nach Krems gegeben wurde. Wohl eher ein Gerücht, das sich bis heute nicht bestätigte.

Auch kurze Ausflüge des Kaisers in umliegende Schlösser dienten oft als Vorwand für amouröse Rendezvous. Maria Theresia war freilich nicht so naiv zu glauben, ihr Ehemann sei ihr über alle Maßen treu – auch wenn sie sich das natürlich gewünscht hätte. Aber die gute Frau versuchte Franz Stephans Liebschaften zu ignorieren, obwohl sie sehr eifersüchtig war. Graf Podewil, der Gesandte Preußens am Wiener Hof, schrieb einmal über Franz Stephan: »Er hat einen Hang zu Frauen [...] Er veranstaltet heimlich galante Soupers mit ihnen, aber die Eifersucht der Kaiserin nötigte ihn, sich darin zu beschränken. Sobald sie bemerkt, dass er irgendeiner Frau den Hof macht, schmollt sie und macht ihm das Leben so unangenehm wie möglich.« (Bankl: Die kranken Habsburger) Geholfen hat ihr diese Reaktion offensichtlich nichts.

Von einer Hofdame wurde ihr einmal sogar der Spottvers »Frau Reserl, gib Acht auf dein Franzl! Der geht gern zur Kathl aufs Schanzl!« zugetragen. Maria Theresias kaiserlich-lapidarer Kommentar dazu: »Merk Sie sich das, meine Liebe! Die G'schicht von mein Franzl am Schanzl, das is nur a Tratsch von an Gansl!« Zwar ist diese Konversation wohl eher dem Hoftratsch zuzuordnen, doch trieb's der Kaiser wirklich ziemlich bunt. Denn Franz Stephans Vorliebe für Damen der feinen Gesellschaft ist unbestritten. So finden sich prominente Frauen wie die Gräfin Colloredo oder die Gattin des Reichskanzlers Pálffy auf seiner Abschussliste.

Den eindeutig größten Stellenwert im außerehelichen Liebesleben des Kaisers hatte aber die schöne Fürstin Maria Wilhelmine von Auersperg inne. Die beiden lernten einander vermutlich im Juni 1756 während einer gemeinsamen Kutschenfahrt anlässlich der Hochzeit von Khevenhüllers Tochter Peperl näher kennen. Franz Stephan war damals 48, Maria Wilhelmine 19!

Laut Karl Vocelka spielte sie im Leben des Kaisers eine ähnlich große Rolle wie Madame Pompadour oder Madame Dubarry am französischen Hof. Die Affäre hatte sogar halboffiziellen Charakter und die Auersperg teilte vor allem Franz Stephans Vorliebe für das Glücksspiel. So soll sie an einem einzigen Abend ein Vermögen von 12.000 Dukaten in den Sand gesetzt haben.

Zum Tratschthema der Stadt avancierten vor allem die gemeinsamen Theaterabende, die der Kaiser gerne in der Loge der Fürstin Auersperg verbrachte. Zwar war das Liebesnest durch einen dicken Vorhang vor neugierigen Blicken geschützt, und ein »Bodyguard« vor der Tür wachte darüber, dass keiner die beiden Turteltauben störte. Trotzdem wussten alle Besucher des Hoftheaters darüber Bescheid, was in der »Liebesloge« vor sich ging. Da Franz Stephan unter einem chronischen Katarrh litt, war das kaiserliche Husten im ganzen Theater zu vernehmen. Ein Beobachter der skurrilen Szenerie berichtete: »[...] wenn die Kaiserin nicht in der Vorstellung war, begab er [Franz Stephan, Anm.] sich jederzeit in die Loge der Fürstin. In der Oper stand er gewöhnlich hinter ihr, den Zuschauern verborgen, und die Loge war verschlossen, damit niemand hereinkomme. Aber trotz dieser Vorsichtsmaßregeln verriet der Husten, dem er unterworfen zu sein pflegte, seine Gegenwart und verriet das Geheimnis der Welt.« (Zit. nach: Andics: Die Frauen der Habsburger)

Dass der Kaiser der feschen Fürstin verfallen ist, war für viele Zeitgenossen nur allzu verständlich. Nathaniel Wraxall beschreibt die Dame recht anschaulich: »Ihre Schönheit war so groß, dass niemand mit ihr zu konkurrieren wagte, ihre Liebenswürdigkeit so einschmeichelnd, dass ihr niemand widerstehen konnte. [...] Ihre Spielwut [...] war groß [...] ihre Verschwendungssucht beispiellos. Nur ein kaiserlicher Liebhaber konnte solchen Begehrlichkeiten Genüge leisten [...] Sein Rang, seine Aufmerksamkeiten, seine Geschenke räumten die ersten Hindernisse weg, aber ihre Unbeständigkeit schloss ihn vom alleinigen Besitz ihres Herzens aus. Nichtsdestoweniger blieb ihr (der Kaiser) fortwährend zugetan.« (Leitner: Die Männer im Schatten) Der Kaiser überschrieb den Auerspergs – Maria Wilhelmine heiratete im Alter von 19 Jahren den Kammerherrn Fürst Johann Adam Auersperg – 1759 sogar ein Haus in der Nähe des Schlosses. Maria Theresia kaufte es nach Franz Stephans Tod wieder zurück. Sie wusste also all die Jahre über Franz Stephans Affäre Bescheid.

Lange sah Maria Theresia Franz Stephans Treiben dennoch taten-los zu, doch irgendwann platzte selbst ihr der Kragen. Kurzer-hand rief sie die berühmt-berüchtigte Keuschheitskommission ins Leben. Auf diese Weise versuchte sie, den Bettgeschichten ihres Angetrauten einen Riegel vorzuschieben. Die Kommission sollte aber alle Eheleute überwachen und sämtliche Liederlichkei-ten der Haupt- und Residenzstadt ausmerzen. Bereits mit ihrem Gesetzeskonvolut »Constitutio Criminalis Theresiana« wollte Maria Theresia dem Treiben in Wien ein Ende bereiten. Im Mittel-punkt ihres Interessen standen die Dirnen, die für ihre Vergehen hart bestraft wurden. Bestahlen sie beispielsweise einen Freier oder steckten sie diesen mit Syphilis an, wurde ihnen das Haar abgeschnitten, ihr Schädel geteert und sie wurden vor der Kirche ausgepeitscht. Franz Stephans Frau führte auch die »Temesvarer Wasserschübe« ein: Huren wurden zusammen mit Kriminellen und anderen »Asozialen« auf der Donau in den Banat deportiert.

Die bereits oben erwähnte Keuschheitskommission ging ebenfalls brutal gegen Prostituierte und ihre Freier vor. Allein, Männer der höheren Gesellschaft hatten die Möglichkeit, sich »freizukaufen«. Giacomo Casanova erinnerte sich mit Schaudern an die strengen Sittenwächter: »Schändliche Spione, die man Keuschheitskommis-sare nannte, waren die unerbittlichen Quälgeister aller hübschen Mädchen; die Kaiserin hatte alle Tugenden, nicht aber die Duld-samkeit, wenn es sich um unerlaubte Liebe zwischen Mann und Frau handelte.« Casanova schrieb weiter: »Wegen der Bigotterie der Kaiserin war es außerordentlich schwer, besonders für Frem-de, sich Freuden zu schaffen. Eine Legion gemeiner Spitzel, die man mit dem schönen Namen Keuschheitskommissäre schmück-te, waren die unerbittlichen Verfolger aller Mädchen.« (Bankl: Die kranken Habsburger)

Die Arbeit der umstrittenen Kommission blieb allerdings ohne nennenswerten Erfolg, denn bereits nach kurzer Zeit wurde den Mitgliedern dieser Einrichtung – rund 500 Schnüffler streiften durch ganz Wien – wieder der Weisel gegeben. Nur allzu oft hat-ten die übereifrigen Schergen Maria Theresias Männer aus dem Hochadel wegen »ungebührlichen Verhaltens« verhaftet. In einem Bericht aus dieser Zeit heißt es außerdem, die »Erotikpolizisten« hätten die Aufgabe gehabt, »jedes allein gehende Frauenzimmer zu verhaften – es sei denn, es trage einen Rosenkranz in der Hand«. (Bankl: Die kranken Habsburger)

Zurück zur Auersperg: Sogar bei der Reise des Hofes nach Innsbruck anlässlich der Hochzeit von Franz Stephans zweitgeborenem Sohn Leopold mit Maria Ludovica von Spanien war das Ehepaar Auersperg zugegen. Die Fürstin wollte unbedingt in der Nähe ihres geliebten Kaisers sein. – Wohlweislich, denn am 18. August 1765 verschied Franz Stephan in der Tiroler Landeshauptstadt. Vielleicht hatte sie eine Vorahnung und wollte selbst in der Stunde seines Tode an der Seite ihres Gönners sein.

In ihrer Verzweiflung und wohl auch, um jedes Aufsehen zu vermeiden, bezahlte Maria Theresia nach Franz Stephans Tod sogar die Auersperg'schen Spielschulden. Und eine nur allzu schöne Legende weiß davon zu berichten, dass die Habsburgerin am Sterbebett des geliebten Kaisers zu ihrer Nebenbuhlerin gesagt haben soll: »Meine liebe Fürstin, wir haben beide wahrlich viel verloren.« So gedemütigt und doch so versöhnlich – genau dieses Bild wird von der guten »Kaiserin Maria Theresia«, die offiziell übrigens nie Kaiserin war, noch heute gezeichnet. Viel weniger schmeichelhaft waren hingegen die Berichte über ihren Sohn Joseph.

Kaiser Joseph II. († 1790)

Stammgast in den Bordellen Wiens

»Durch dieses Thor im Bogen ist Kaiser Joseph II. geflogen.« – Dieser Spruch findet sich noch heute über dem Torbogen eines Hauses in der Gutenberggasse 13 am Wiener Spittelberg. Wo heute pittoreske Gässchen, gemütliche Lokale und im Winter der wohl schönste Christkindlmarkt Wiens sich befinden, trieben sich im 18. Jahrhundert noch Prostituierte und verruchtes Gesindel herum. Und mittendrin: Kaiser Joseph II., der eines schönen Tages aus einem der dubiosen Häuser – so will es zumindest die Fama – hinausgeworfen wurde, weil er zu knausrig war um die Damen für ihre Liebesdienste ausreichend zu belohnen. Die Frau, die für Josephs unaristokratischen Abgang verantwortlich zeichnete, war die »Sonnenfels-Waberl«.

»Bierhäuselmenscher« oder »Spittelbergnimpfen« wurden die leichten Mädchen damals genannt. Und Kaiser Joseph II. suchte sie mit schöner Regelmäßigkeit auf. Zu einem seiner Minister, der vorgeschlagen hatte in Wien konzessionierte Bordelle zu errichten, soll der umtriebige Spross Maria Theresias einmal gesagt haben: »Spannen Sie nur ein großes Tuch über Wien und eine Vorstadt, dann haben Sie gleich ohne Mühe – ein privilegiertes Hurenhaus.«

Dabei ließ sich die Sache mit den zahlreichen Liebschaften anfangs eigentlich gar nicht so gut an. In seiner Jugend war Joseph Frauen gegenüber eher unbeholfen und abweisend. Viele vermuten: Kein Wunder bei dieser übermächtigen Mutter. In Hofkreisen nannte man den keuschen Jüngling sogar »ägyptischer Joseph«. Hintergrund: Schon der biblische Joseph schaffte es, der schönen Potiphar gegenüber standhaft zu bleiben, und ergriff mit »eingezogenem Schwanz« die Flucht.

Beim habsburgischen Joseph sollte sich dies allerdings bald ändern. Spätestens seit seiner Ehe mit Isabella von Parma, die, wie wir später noch erfahren werden, kein großes Interesse an dem erzherzöglichen Spross zeigte, trieb's der Kaisersohn bunt und bunter.

War Josephs Vater, Franz Stephan von Lothringen, den Damen der höheren Gesellschaft zugetan, interessierte sich der junge Kaiser nicht dafür, aus welcher Schicht sich seine Bettgespielinnen rekrutierten. Leisten konnte es sich der Monarch allemal. Und gratis dazu gab's – wie schon bei seinem Namensvetter Joseph I. – noch eine Geschlechtskrankheit, vermutlich Gonorrhöe ... Seine erotischen Probleme vertraute er einmal seinem Bruder Leopold (II.) an: »Ich habe auch die Lösung versucht und bin den öffentlichen Mädchen nachgelaufen. Aber diese Lösung schließt so viele körperliche Unannehmlichkeiten ein und sie erniedrigt den Geist so sehr, dass sie mich mit Ekel erfüllt!« (Bankl: Die kranken Habsburger)

Wohl deshalb griff der durchlauchte Hallodri auch auf Damen der Hautevolee zurück. Besonders erwähnenswert ist hier seine Liaison mit der Frau des Grafen Joseph Niklas Windischgrätz. Das Außergewöhnliche an der Dame: Aller Wahrscheinlichkeit nach delektierte sich auch Josephs Bruder Leopold (II.) an der adretten Aristokratin. Obwohl sich die beiden unterschiedlichen Brüder nie ganz grün waren, schienen sie zumindest bei Frauen den gleichen Geschmack gehabt zu haben. Denn Josepha Windischgrätz war wunderschön und überaus intelligent.

Doch nicht nur, dass sich Joseph mit seinem Bruder die Geliebte teilte und sich in den Bordellen der Residenzstadt herumtrieb, tauchten später auch noch mindestens zwei illegitime Kinder – ein Sohn und eine Tochter – des Kaisers auf, die Ansprüche erhoben. Bei dem Knaben handelte es sich um einen durchaus bekannten Mann, und zwar um Joseph Gottfried Pargfrieder, der den Heldenberg bei Kleinwetzdorf errichten ließ, wo unter anderem Feldherr Radetzky begraben liegt.

Als angeblicher Sohn Josephs und einer schönen Jüdin schien Pargfrieder selbst davon überzeugt, ein illegitimer Abkömmling des hohen Herrn gewesen zu sein. Vocelka zum Beispiel deutet die auf seinem Grab angebrachte Inschrift K.I.S.I.P.F.V.F. mit »Kaiser Josephs Sohn, Joseph Pargfrieder, vivi fecit« (hat es zu Lebzeiten machen lassen).

Auch von einer Tochter ist die Rede. Sie trat aber erst lange nach dem Ableben Josephs ins Licht der Öffentlichkeit. Aus den Akten ist nämlich ersichtlich, dass ein gewisser Wenzel Wewerka mit seiner Gattin Anna Maria am 22. November 1814 eine Audienz bei Kaiser Franz II./I. in Wien erwirkte. Bei diesem Treffen machte er Ansprüche geltend und gab vor, dass seine Ehefrau eine natürliche Tochter von »Wailand Kaiser Joseph II.« sei. Dass an den erhobenen Ansprüchen auch etwas dran zu sein schien, beweist die Tatsache, dass Kaiser Franz – der damals sicher nicht senil oder gutgläubig war – den beiden Recht gab und dem Ehepaar 400 Gulden zur Begleichung gemachter Schulden und für die Rückreise nach Mähren überwies. Außerdem sorgte der »gute Kaiser Franz« dafür, dass der Mann einen Job bekam.

Ob die Forderungen der »Wewerkas« aber wirklich gerechtfertigt waren, lässt sich bis heute nicht feststellen, denn nirgends in den Dokumenten findet sich auch nur der Hauch einer Andeutung auf die hohe Abkommenschaft Anna Marias. Doch am Wiener Hof wusste man offensichtlich von Josephs außerehelichen Bettspielen. Warum sonst hätte man den vagen Andeutungen der Familie Wewerka Glauben schenken sollen? Kaiser Franz war über die Umtriebigkeit seines Onkels anscheinend bestens informiert.

Über die Gründe für Josephs ausschweifendes Leben lässt sich nur spekulieren, doch ist wahrscheinlich, dass ihm seine zweite Frau Josepha Maria von Bayern schlichtweg zu hässlich war. Angeblich soll die Ehe nämlich nicht einmal vollzogen worden sein. Und das will im Hause Habsburg wahrlich was heißen, war dies doch ein öffentlicher Akt, der die Verbindung eigentlich erst rechtsgültig machte.

Doch schön der Reihe nach: 1760 heiratete Joseph II. in erster Ehe Isabella von Parma. Sie wird in weiterer Folge noch einen prominenten Platz in diesem Buch einnehmen. Ihr wurden nämlich lesbische Neigungen nachgesagt. Joseph störte dies wenig (oder er hat es gar nicht erst mitbekommen), denn er liebte die wunderschöne Prinzessin, die am Hof ihres Großvaters, König Ludwigs XV., in Versailles aufwuchs. Sie hingegen verabscheute ihren Gemahl – so wie sie alle Männer verabscheute. Nach der Geburt ihrer ersten Tochter am 20. März 1762 erlitt sie noch zwei Fehlgeburten und eine Frühgeburt. Am 27. November 1763, ein paar Wochen vor ihrem 22. Geburtstag, starb sie an den Pocken.

Joseph war untröstlich und klagte dem Schwiegervater in Parma sein Leid: »Ich habe alles verloren [...] meine anbetungswürdige Gattin, den Gegenstand all meiner Zärtlichkeit, meine einzige Freundin ist nicht mehr [...] Betrübt und bedrückt weiß ich kaum, wie ich weiterleben soll. Welche entsetzliche Trennung. Werde ich überleben können? Wenn ja, so nur, um mein ganzes Leben hindurch unglücklich zu sein.« (Zit. nach: Weissensteiner: Liebeshimmel und Ehehöllen)

Maria Theresia war Josephs Trauer freilich egal. Machte sie sich doch vielmehr Gedanken darüber, was das Beste im Sinne der Dynastie war. Und bereits nach kurzem Überlegen und in Ermangelung eines potenziellen Thronfolgers, war für sie klar: Joseph musste erneut unter die Haube. Lag die gute Isabella also gerade einmal unter der Erde, wurde am Wiener Hof schon emsig überlegt, von wo man die nächste Braut für Joseph herankarren könnte.

In seinem Wahn überlegte Joseph allen Ernstes, die jüngere Schwester Isabellas, Luise, zur Frau zu nehmen. Die war jedoch bereits anderweitig vergeben, sollte den spanischen Kronprinzen ehelichen. Selbst Josephs Interventionen, die Verlobung zu lösen, waren nicht erfolgreich.

Also musste eine andere her. Zwei Kandidatinnen standen damals zur Auswahl: Kunigunde von Sachsen und Josepha Maria von Bayern. Das Problem dabei: So schön Isabella von Parma war, so hässlich waren die beiden deutschen Prinzessinnen. Doch Aussehen war in der habsburgischen Heiratspolitik noch nie ein Entscheidungskriterium für oder gegen eine Hochzeit gewesen. Joseph verlangte von seiner Mutter, die beiden Prinzessinnen selbst in Augenschein zu nehmen, bevor er sich für eine von beiden entscheiden musste. Nachdem Kunigunde von Sachsen – sie wurde als Erste begutachtet – dem Kaiser so ganz und gar nicht zusagte, blieb also nur mehr die bayrische Prinzessin.

Auch sie musste sich den kritischen Blicken Josephs aussetzen. Der erschrak freilich, als er die unansehnliche Wittelsbacherin zu Gesicht bekam. An seinen Ex-Schwiegervater in Parma schrieb er: »Ihr Alter ist sechsundzwanzig Jahre [...] Der Umstand, dass sie die Blattern noch nicht gehabt, eine kleine und dicke Gestalt, hässliche Zähne, alles das konnte mich nicht versuchen, zu einem Ehestand zurückzukehren, in dem ich gerade das Gegenteil gefunden hatte ...« (Zit. nach Weissensteiner: Liebeshimmel und Ehehöllen) Und später schrieb er: »Ich besitze eine vorwurfsfreie Frau, die mich liebt und die ich um ihrer guten Eigenschaften willen schätze. Aber gewohnt, meine Gattin [Isabella, Anm.] anzubeten, leide ich für sie, dass ich sie [Josepha, Anm.] nicht liebe. Die Zuneigung des Herzens lässt sich durch Vernunftgründe nicht herbeiführen und Komödie zu spielen, liegt ganz außer meiner Natur.« (Zit. nach: Kutschera: Maria Theresia und ihre Kaisersöhne) Die gestrenge Mutter in Wien interessierten Josephs Ansichten über das Aussehen der Bayerin herzlich wenig. Vielmehr ließ sie sich von der politischen Überlegung leiten, sich Bayern einzuverleiben. Denn der dort regierende Kurfürst Maximilian III. Joseph hatte keine männlichen Erben. Und die Möglichkeit, sich das nahe liegende Bayern unter den Nagel zu reißen, war für die Habsburger mehr als verlockend. Die Hochzeitsverhandlungen wurden geführt, die beiden Parteien einigten sich überaus schnell. Und auch der kirchliche Dispens von Papst Clemens XIII. wegen der im dritten Grade bestehenden Blutsverwandtschaft war fix erteilt (wie immer, wenn es um Heiraten im allerhöchsten Erzhaus ging). Joseph II. war dies alles ziemlich gleichgültig. Wie schon oben erwähnt dürfte die Ehe nie vollzogen worden sein. Auf Gerüchte, Josepha Maria sei schwanger, erwiderte der Kaiser nur zynisch, das müsse er wohl am besten wissen. Das gemeinsame Schlafzimmer mied er wie der Teufel das Weihwasser. Und sogar der gemeinsame Balkon im Schloss Schönbrunn wurde abgeteilt – der Kaiser wollte seine verhasste Frau unter keinen Umständen zu Gesicht bekommen.

Zwei Jahre nach der Hochzeit starb die ungeliebte Bayerin am 28. Mai 1767 an den Pocken. Das Begräbnis ging ohne Joseph über die Bühne. Wieder einmal fand eine unglückliche, aufgezwungene Habsburgerehe ein jähes Ende.

Doch einen Zweck erfüllte diese Heirat trotzdem: Dank dieser Ehe konnte Joseph II. später Ansprüche auf Bayern geltend machen. Die Folge: der bayerische Erbfolgekrieg 1778/79. Anhand dieses Krieges soll nun kurz erläutert werden, welchen Zweck habsburgische Heiraten oft erfüllten – nämlich die Durchsetzung von Erbansprüchen, selbst wenn sie noch so absurd waren.

Die Protagonisten in diesem Streit um die wittelsbachischen Lande waren Joseph II. und Friedrich II. von Preußen. Spielball der beiden Großmächte war Karl Theodor von Pfalz-Sulzbach, der Erbe des wittelsbachischen Bayerns. Ausgelöst wurde der Erbfolgekrieg durch den Tod Kurfürst Maximilians III. Josephs von Bayern am 30. Dezember 1777. Mit ihm starb die bayerische Linie der Wittelsbacher aus, die wittelsbachische Seitenlinie Pfalz-Sulzbach, genauer gesagt Karl Theodor von Pfalz-Sulzbach, war erbberechtigt. Doch Joseph II. hatte andere Pläne: Er wollte sich das bayerische Territorium krallen. Unter Androhung von militärischer Gewalt zwang sein Staatskanzler Fürst Kaunitz den bayerischen Gesandten in Wien, Heinrich Joseph von Ritter, Josephs Forderungen zu akzeptieren. Am 3. Jänner 1778 kam es daher zur so genannten »Wiener Konvention«. Hintergrund: Der Habsburger wollte die weitab vom Schuss liegenden österreichischen Niederlande gegen das Kurfürstentum Bayern tauschen. Karl Theodor hielt von diesem Plan aber nur wenig. Am 6. Jänner 1778 marschierten die österreichischen Truppen daher in Bayern ein. Der neue Kurfürst hatte keine Wahl, er musste – wohlgemerkt: gegen seinen Willen – klein beigeben.

Maximilians III. Josephs Bemühungen, Bayern in wittelsbachischer Hand zu halten, waren wie vom Tisch gefegt.

Josephs Ansprüche auf Bayern gründeten sich vorrangig auf zwei Punkte:

Staatskanzler Kaunitz forschte in den Archiven und fand schließlich einen Lehensbrief aus dem Jahr 1462, mit dem einst Kaiser Sigismund den damaligen österreichischen Herzog Albrecht VI. († 1463), der mit Mathilde von der Pfalz († 1482) vermählt war, mit Niederbayern belehnt hatte. Diese Belehnung wurde allerdings kurz darauf wieder zurückgenommen, was Joseph II. nicht sonderlich zu interessieren schien.

Zum anderen berief sich Joseph II. auf seine 1765 geschlossene Ehe mit der Tochter Kaiser Karls VII. Albrechts, Josepha Maria, die jedoch kinderlos blieb (klar, wenn Joseph II., wie wir oben schon erfahren haben, die Ehe nie vollzogen haben dürfte, die Zeiten der unbefleckten Empfängnis waren schließlich vorbei). Dieser Grund war nur mehr als dürftig, mussten doch alle Prinzessinnen – egal aus welchem Haus sie stammten – eine Verzichtsurkunde auf ihre Erbansprüche unterschreiben.

Wenn Josephs Ehe mit Josepha Maria also einen Sinn haben sollte, dann diesen. Irgendetwas Gutes musste diese unfreiwillige Heirat ja mit sich gebracht haben. Vielleicht stimmte Joseph auch nur deshalb dem von seiner Mutter eingefädelten Projekt zu. Josepha Maria drehte sich ob dieser Willkür des Kaisers wahrscheinlich im Grab um.

Josephs Problem: Friedrich II. von Preußen, der die ganze Angelegenheit anders betrachtete. Aus Angst vor einer habsburgischen Gebietserweiterung in Richtung Bayern verweigerte er die Anerkennung dieser oben genannten Wiener Konvention und verwies auf den nächsten Erben nach Karl Theodor von Pfalz-Sulzbach – Herzog Karl von Pfalz-Zweibrücken, Vertreter einer weiteren, erst 1569 gegründeten wittelsbachischen Nebenlinie. Friedrich ließ den Pfalz-Zweibrücker beim Reichstag Protest einlegen. Joseph II. blieb jedoch unnachgiebig, obwohl mittlerweile sogar Maria Theresia auf Verhandlungen drängte – ohne Erfolg.

Die Konsequenz: Am 3. Juli 1778 erklärte Preußen Österreich den Krieg, der so genannte »Bayerische Erbfolgekrieg« begann. Wegen der geringen Feindseligkeiten, die zumeist die Erbeutung von Lebensmitteln zum Ziel hatte, wurde dieser Krieg von den Preußen »Kartoffelkrieg« und von den Österreichern »Zwetschkenrummel« genannt. Trotzdem: Ungeachtet aller Verharmlosungen forderten die Kämpfe Zehntausende Tote und Verstümmelte. Ein Bericht aus einem Feldlager, das von der Ruhr heimgesucht wurde, beschreibt die Grausamkeit dieses Krieges sehr deutlich: »Die neben dem Lager angelegten Abtrittsgruben und der Boden zwischen diesen und den Zelten waren ganz rot vom Blut der Leute, die sich hin- und herschleppten. Unzählige große Fliegen tanzten über diesem schrecklichen Ort. Wir hatten vielleicht zehntausend Kranke, von denen eine ungeheure Menge starb.« (Leidinger/Moritz/Schippler: Schwarzbuch der Habsburger) Die Kämpfe dauerten bis März 1779.

Am 13. Mai dieses Jahres wurde der Friede von Teschen geschlossen. Das Ergebnis war für Österreich jedoch äußerst ernüchternd: Lediglich das 2000 Quadratkilometer große Innviertel (Oberösterreich) mit seinen rund 60.000 Einwohnern wurde Österreich zugesprochen. Die Grenzflüsse dieses Gebietes (Donau, Inn und Salzach) wurden bayerisch-österreichischer Gemeinschaftsbesitz.

Angesichts dieses Ergebnisses scheint es fast so, als wollte der Habsburger Joseph II. mit diesem Krieg lediglich seine Vormachtstellung beweisen. Denn im Grunde genommen waren seine Erbansprüche auf die bayerischen Gebiete mehr als weit hergeholt. Joseph II. hätte aus der Ehe mit der bayerischen Prinzessin rein rechtlich keinerlei Ansprüche geltend machen können. Lediglich ein gemeinsames Kind der beiden wäre erbberechtigt gewesen. Doch dazu hätte Joseph erst einmal mit Maria Josepha schlafen müssen.

Anhand dieses Beispieles zeigt sich recht deutlich, wohin die Heiratspolitik der Habsburger führen konnte. Zwei Menschen wurden gegen ihren Willen miteinander verheiratet. Der einzige Zweck dieser Ehe: Nachkommen auf die Welt zu bringen. Ergab sich nebenbei die Möglichkeit, mit Hilfe einer solchen Vermählung auch noch sein eigenes Herrschaftsgebiet zu erweitern, war das den Habsburgern – aber auch allen anderen europäischen Herrschergeschlechtern; das muss der Richtigkeit halber erwähnt werden – durchaus recht. Was hätte so mancher Habsburger und so manche Habsburgerin für ein glückliches Leben haben können, wäre er oder sie nicht in das Ränkespiel europäischer Großmachtpolitik gezogen worden. Wie harmlos wären Ehen mit Bürgerlichen gewesen, aus denen sich keinerlei politische Konsequenzen ergeben hätten. Aber die Geschichte wollte es eben anders.

Doch zurück zu Josephs Privatleben: Da in Liebesdingen mittlerweile recht erfahren, trat Joseph II. 1777 sogar die Reise nach Frankreich zu seinem Schwager Ludwig XVI. – er war mit Josephs Schwester Maria Antonia (Marie Antoinette) verheiratet – an, der sich mit einem recht pikanten körperlichen Problem herumschlagen musste. Josephs Aufgabe: Ludwig in Sachen Sex zu unterrichten. Denn auf nichts warteten die Franzosen sehnsüchtiger als auf einen Thronfolger – selbst wenn ihn die verhasste Österreicherin auf die Welt bringen müsste. Worin genau Ludwigs Problem lag, lässt sich bis heute nicht eindeutig herausfinden. Die am häufigsten genannte Version: Ludwig litt unter Phimose (Vorhautverengung). Ein kleiner chirurgischer Eingriff hätte dieses Problem sofort lösen können. Doch der große französische König hatte Angst vor der Operation und den damit verbundenen Schmerzen. Erst Joseph konnte Abhilfe schaffen und den verzweifelten Franzosen zu dem nötigen Eingriff überreden. Nach vollbrachter Tat schrieb Joseph im Oktober 1777 seinem Bruder Leopold: »Wie Sie wissen, hat der König von Frankreich bei dem großen Werk endlich Erfolg gehabt und die Königin kann schwanger werden. Sie haben es mir alle beide geschrieben und bedanken sich bei mir, da sie es meinem Rat zuschreiben. Es ist wahr, ich habe diese Angelegenheit in meinen Gesprächen mit ihm gründlichst behandelt, ich hatte vollkommen richtig erkannt, dass Faulheit, Ungeschicklichkeit und Gleichgültigkeit die einzigen Hindernisse waren.« (Zit. nach Fink: Joseph II.)

Und eine weitere – recht witzige – Anekdote aus dem Leben des Kaisers ist anlässlich seiner Russlandreise zu Katharina der Großen überliefert: Auf der Krim verguckte sich der Monarch kurz nach seiner Ankunft in Cherson in eine Magd, also eine Leibeigen und machte sie zu seiner Geliebten. Dumm nur, dass sich die beiden in flagranti vom Gutsherrn (also dem »Besitzer« des Mädchens) erwischen ließen. Da der Kaiser wie immer inkognito unter dem Decknamen »Graf von Falkenstein« durch die Lande zog, erkannte ihn der gute Mann nicht. Joseph entkam nur knapp einer handfesten Prügelei. Dank der Intervention des Fürsten De

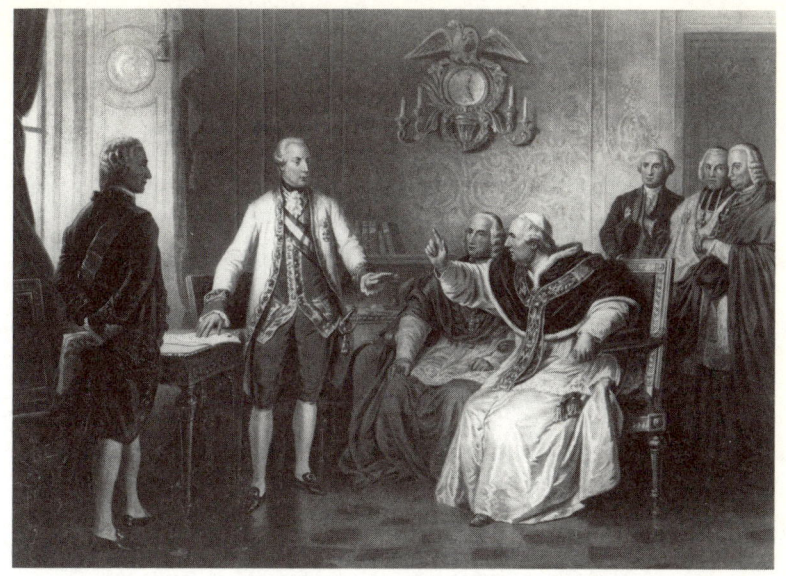

Josephs II. Leben rief sogar Papst Pius VI. auf den Plan.
Allerdings nicht wegen seines lasterhaften Lebens, sondern wegen
seiner »unbeliebten« Kirchenreformen.

Ligne konnte ein veritabler Skandal verhindert werden, doch zum Tratschthema Nummer eins am russischen Hof wurde die für Joseph mehr als peinliche Episode allemal.

Bevor Joseph 1790 seinen letzten Atemzug tat, galt es noch, sich von fünf für ihn so wichtigen Frauen zu verabschieden. Ob sie mit dem Habsburger auch intime Beziehungen hatten, ist nicht überliefert, doch lässt die Innigkeit, mit der die Herr- und Frauschaften miteinander umgingen, einige Rückschlüsse zu. Jahrelang sorgten die beiden verwitweten Fürstinnen Liechtenstein, die Fürstin Kinsky, die Fürstin Clary und die Gräfin Kaunitz für private Zerstreuung und gesellschaftliche Ablenkung im tristen Kaiseralltag Josephs. Wie die wohl ausgesehen haben mag?

Kaiser Leopold II. († 1792)

Heiße Nächte in Florenz

Da Joseph II. 1790 ohne männliche Nachkommen starb, lag es an Leopold II., sich die Kaiserkrone aufs Haupt zu setzen. Davor führte er ein recht beschauliches Leben in der Toskana, wo er nach Franz Stephans Tod 1765 die Regentschaft als Großherzog übernommen hatte.

Schon im zarten Alter von sechs Jahren wurde Leopolds Leben verplant. Er wurde der zukünftigen Erbin von Modena, Maria Beatrix d'Este († 1829), versprochen. Doch 1761 machte der Sensenmann höchstpersönlich dieser Planung einen Strich durch die Rechnung: Leopolds älterer Bruder, Karl Joseph, starb und Leopold rückte an seine Stelle. Damit bekam er auch die Hand der eigentlich Karl versprochenen Zukünftigen – Maria Ludovica von Spanien. So schnell kann's gehen. Bevor man sich neue, politisch attraktive Heiratskonstellationen überlegte, tauschte man einfach die Personen aus, ohne auch nur einen Gedanken an die leidtragenden Personen zu verschwenden.

Die modenische Erbprinzessin wurde daraufhin Gewinn bringend an Leopolds jüngeren Bruder, Ferdinand († 1806), »verscherbelt«. Vielleicht war damals für Leopold schon klar, dass er aus der starren Etikette und dem Korsett des vorgegebenen erzherzöglichen Lebensweges ausbrechen wollte – und das schließlich auch tat.

Doch zuvor musste erst einmal standesgemäß Hochzeit gefeiert werden. Bereits seit Mai 1762 liefen zwischen Wien und Madrid die Verhandlungen auf Hochtouren mit dem Ziel, Leopold mit der Tochter des spanischen Königs Karl III., Maria Ludovica († 1792), zu verheiraten. Am 16. Februar 1764 wurde per pocurationem, also stellvertretend, geheiratet. Leopold war damals 17 Jahre alt.

Die Ehe war kinderreich, 16 Habsburger-Sprösslinge ließen die Furcht vor einem erneuten Aussterben der Dynastie im Mannesstamm, wie es 1740 geschah, endgültig vergessen. Doch trotz des mehrmaligen Vollzugs der Ehe mit Maria Ludovica suchte Leopold II. auch immer wieder andere Frauen in ihren Gemächern heim. Wie bereits oben erwähnt, dürfte er sich mit seinem Bruder Joseph II. die Geliebte Josepha Windischgrätz geteilt haben. Doch reichte dies offensichtlich nicht aus. Eine seiner weiteren Gespielinnen war die Gräfin Wolkenstein. Die gute Frau war für ihn ähnlich wichtig wie die Fürstin Auersperg für seinen Vater Franz Stephan.

Leopolds prominenteste Geliebte war jedoch die Tänzerin Livia Raimondi. Die beiden lernten sich wahrscheinlich 1786 in Pisa kennen. Das Verhältnis der beiden war sehr innig. Er richtete ihr an der Ecke Piazza San Marco und Via degli Arazzieri in Florenz sogar ein Palais ein, um sie ungestört besuchen zu können.

Das kaiserliche Geplänkel blieb freilich nicht ohne Folgen: 1788 brachte Livia Leopolds illegitimen Sohn zur Welt. Er erhielt den Namen Ludwig (oder Luigi). Als Leopold nach dem Tod seines Bruders 1790 nach Wien übersiedeln musste, schrieb er kurz vor seiner Abreise von Florenz einen herzzerreißenden Brief an seine Geliebte: »Den Kummer, den ich empfinde, da ich abreisen muss, kann ich Euch nicht genügend erklären; ich sehe den Euren aus Euren Gesprächen und aus den beiden Briefen von heute. Ich habe daraus genügend gesehen, was ich schon wusste und glaubte, nämlich wie sehr Ihr mich lieb habt; ich kenne Euer so gutes Herz und die Zuneigung zu mir, ich werde Euch dafür bis zum Tode dankbar sein. Ich kann für Euch nichts anderes machen, als Euch zu versichern, dass mein Herz, meine Zuneigung und Freundschaft immer Euch und nur Euch gehören werden, dass Ihr deshalb niemals irgendeinen Verdacht oder Kummer haben werdet. Seid nicht so betrübt, achtet auf Eure Gesundheit – auf die Gesundheit von Luigi, damit ich ihn gewachsen und gesund wiedersehe –, denkt an mich, seid meiner sicher, gebt mir oft Nachrichten von Euch, ich werde immer das Gleiche tun.«

Doch wozu der Abschiedsschmerz? Immerhin schien damals schon geplant gewesen zu sein, dass Livia und ihr Sohn dem Kaiser nach Wien folgen werden. Denn Leopold fährt fort: »Schreibt mir, was Ihr für Wien wollt, oder alles, was Ihr für dort braucht, denkt an die Zeit, in der ich die Freude haben werde, Euch dort wieder zu sehen. – Bringt Eure Angelegenheiten in Ordnung, entsprechend den Punkten, die ich Euch gegeben habe, kommt frei und ohne Furcht zu mir nach Wien, dort werdet Ihr niemals Kränkungen erfahren, Ihr werdet in allen Punkten, die Ihr mir angegeben habt, zufrieden gestellt werden, und ich werde das Glück und die für mich große Befriedigung haben, in meiner Nähe zu haben und sehen zu können Livia und Luigi, zwei Menschen, denen ich so viel verdanke und die mir so am Herzen liegen. Von mir könnt Ihr sicher sein, dass ich mit keinem Gedanken und an keinem Ort der Welt Euch jemals wieder Kummer verursachen könnte, und glaubt, dass ich immer und jeden Augenblick für immer an die Zuneigung, Freundschaft und Anhänglichkeit denke, mit denen ich Euch lieb habe und bis zum Tode immer lieb haben werde als meine liebe und beste Livia, für die ich bin und immer sein werde in treuer Liebe Euer treuer Liebhaber, ich umarme Euch.« (Zit. nach: Peham: Leopold II.)

Livia tat, wie ihr Leopold aufgetragen. Mit ihrem Sohn, ihren Eltern und Brüdern zog sie nach Wien, wo ihnen der Kaiser ein Haus am Kohlmarkt 44 einrichtete. Der kaiserliche »Bastard« wurde später Ludwig von Grünn genannt. Er studierte an der Wiener Universität und wurde Konzeptspraktikant in der Wiener Hofkammer. Leopold II. sorgte selbst für das leibliche Wohl seines illegitimen Sohnes. Nach dem Tod des Kaisers wurde Livia der Sohn allerdings entrissen. Fortan sorgte Leopolds legitimer Sohn und Nachfolger, Kaiser Franz II./I. für seinen Halbbruder. Am 2. Juli 1814 starb Ludwig schließlich in Wien-Währing an Tuberkulose.

Doch was wurde aus Livia? In Wien schien sie ihr Glück nicht gefunden zu haben. Schon bald nach ihrer Ankunft wandte sich Kaiser Leopold II. anderen Frauen zu. Offensichtlich plante sie daher, die Residenzstadt wieder in Richtung Florenz zu verlassen. Das zumindest geht aus einem weiteren Brief hervor, den Leopold kurz vor seinem Tod an seine Geliebte verfasste: »In dem Augenblick, da ich das Unglück habe, vielleicht für immer Eure Gesellschaft und jene Luigis zu verlieren, dem ich seit fünf Jahren so sehr zugetan bin, und im Augenblick Eures Glücks, das, wie ihr mir oft geschrieben habt, in der Trennung von mir und von meinen Belästigungen besteht, habe ich Euch diese Verse geschrieben aus Ehren- und Freundespflicht, entschuldigt mich wegen dieser Belästigung und denkt, dass Ihr bald befreit sein werdet, lest das beigefügte Blatt, macht Euch Aufzeichnungen daraus, wenn Ihr wollt, aber schickt es mir dann zurück, zusammen mit meinen drei oder vier letzten Billetts, die Ihr noch habt. Denkt daran, wie Ihr abreist, warum Ihr mich verlasset und wie ich zurückbleibe – ich sage nichts mehr und will Euch auch keine Vorwürfe machen. Lebt wohl! Ihr glaubt das Vergnügen zu finden, und vielleicht werdet Ihr weder die Ruhe noch die Freundschaft finden, die du bei mir hattest.« (Zit. nach: Peham: Leopold II.) Der Kaiser starb 1792. Obwohl Livias Sohn kurz darauf in die Hände Kaiser Franz' II./I. übergeben wurde, blieb sie noch eine Weile in Wien – sehr zum Missfallen des strengen Biedermeier-Kaisers. Der wollte die Mätresse seines Vaters nämlich so schnell wie möglich loswerden und postwendend zurück nach Florenz verfrachten. Aber erst nach mehrfacher Aufforderung des neuen Kaisers setzte sie sich mit ihrer Familie – jedoch ohne ihren Sohn – wieder in die Toskana ab.

Drehen wir das Rad an dieser Stelle zurück: Schon vor Livia Raimondi führte Leopold ein sorgenfreies und lasterreiches Leben im schönen Florenz. Zahllose Liebschaften und eine relativ große Menge unehelicher Nachkommen sind das beste Zeugnis seines fröhlichen Lebenswandels. Seine Ehefrau wusste von seinen außerehelichen Eskapaden – fügte sich aber in ihr Schicksal und ertrug die Demütigungen mit Anstand. Eine seiner Geliebten war Lady Anne Cowper, die der Großherzog im vertrauten Briefwechsel »Miledi« (wahrscheinlich »Mylady«) nannte. Sie musste allerdings in Florenz zurückbleiben, zählte nicht zur kaiserlichen Entourage, als der gesamte Hof nach Wien übersiedelte.

Eine weitere Langzeitgeliebte des lebensfrohen Erzherzogs war die Kammerfrau am Florentiner Hof, Madeleine Bianchi. Im Gegensatz zu Lady Anne Cowper übersiedelte sie mit in die österreichische Hauptstadt, bekam sogar ein Appartement in der Burg zugeteilt. Da sie allerdings nicht wirklich hoffähig, weil nur Kammerfrau war, blieb sie verborgen, durfte sich nicht mit dem Kaiser in der Öffentlichkeit zeigen. Bemerkenswert an dieser Affäre beziehungsweise dieser Dame ist die Tatsache, dass sie nach dem Tod Leopolds 1792 eine Vertraute der Kaiserinwitwe blieb. Demzufolge dürften sich die beiden Damen in ihr Schicksal gefügt und arrangiert haben – obwohl Leopold II. beiden die Hörner aufgesetzt hatte …

In zeitgenössischen Berichten über sie sind folgende Zeilen enthalten: »Kaum dort angelangt [als Kammerfrau von Leopolds Frau am Florentiner Hof, Anm.], wußte sich Madeleine das Vertrauen [Maria Ludovicas, Anm.] [...] zu erwerben [...] [und es gelang ihr sogar,] den flatterhaftesten aller Männer, den damaligen Großherzog und späteren so ausgezeichneten Kaiser Leopold, zu fesseln, der sich leidenschaftlich in sie verliebte. Sie war klug genug, seine Nebenliebschaften zu dulden, sie allein aber beherrschte ihn ganz [...] Als nach dem Tod Kaiser Josephs Leopold mit seiner ganzen Familie nach Wien zog, verrichtete Madeleine keinen Dienst mehr in der Kammer der Kaiserin. Sie erhielt ein Appartement in der Burg und wollte ganz die Rolle einer Pompadour spielen. Die Minister machten ihr die Aufwartung, doch wurde sie nicht hoffähig, und dadurch wurde erreicht, daß ihre Ausnahmestellung vor der großen Welt verborgen blieb. Dabei war sie nach wie vor die Vertraute der Kaiserin und Trösterin der eifersüchtigen Spanierin, die ja so viel Ursache dazu hatte und nur merkwürdigerweise gerade auf Madeleine nicht eifersüchtig war.«

Wie schon erwähnt, starb Leopold 1792 nach nur zweijähriger Regentschaft. Die nächsten beiden Generationen der Habsburger – Kaiser Franz II./I. und dessen Sohn, Kaiser Ferdinand I. von Österreich – führten ein unspektakuläres Sexualleben – sowohl ehelich als auch unehelich. Während Franz zumindest viermal verheiratet war, schaffte sein schwer epileptischer Sohn und Nachfolger, Ferdinand, gerade einmal eine Ehe – Nachkommen exklusive. An einen Seitensprung war also gar nicht erst zu denken.

Erst Kaiser Franz Joseph – Ferdinand dankte 1848 zu seinen Gunsten ab – sorgte am Wiener Kaiserhof wieder für den einen oder anderen Skandal. Vieles darüber ist bekannt, einiges wird für erstaunte Gesichter sorgen. Denn für viele war Franz Joseph – nicht zuletzt dank der weinerlichen »Sissi«-Filme mit Romy Schneider und Karlheinz Böhm – ein nur allzu guter Ehemann und Monarch, der unter der Fuchtel seiner ach so bösartigen Mutter (Erzherzogin Sophie) stand, die selbst Opfer des einen oder anderen Gerüchtes wurde. Doch dazu später mehr. Wenden wir uns zunächst einmal dem am längsten regierenden Habsburger-Kaiser, Franz Joseph I., zu.

Kaiser Franz Joseph I. († 1916)

Unglücklich verheiratet

Über keinen anderen Kaiser der Habsburger-Dynastie wurde mehr geschrieben, getuschelt und gelästert als über Kaiser Franz Joseph I. Alleine seine Ehe mit der bayerischen Prinzessin Elisabeth aus dem Hause Wittelsbach, genannt »Sisi«, sorgte für Schlagzeilen, Gerüchte und romantisch verklärte Bücher und Filme. Wie sich jedoch in Wahrheit alles zutrug, wie glücklich die Ehe war und wer wen mit wem betrog, wissen nur die wenigsten. Und eines sei gleich zu Beginn dieses Kapitels garantiert: Ich werde mich hüten, die derart hochstilisierte Beziehung der beiden zu verklären und in dieselbe Kerbe zu schlagen. Vielmehr wird sich zeigen, dass Elisabeth eine egozentrische Frau war, die am starren Zeremoniell des Wiener Hofes zerbrach, und dass ihr Gemahl, der Kaiser, mehr als einmal fremdging. Denn obwohl es Kaiser Franz Joseph als einem der wenigen Monarchen Europas gestattet war, mehr oder weniger aus Liebe zu heiraten, stand die Ehe von Beginn an unter keinem guten Stern. Zwei völlig unterschiedliche Charaktere krachten hier aufeinander und sie verbrachten nur wenige Jahre in Harmonie und Zweisamkeit. Elisabeth reiste lieber als mit ihrem Gemahl das eheliche Bett zu teilen.

Dabei begann alles wie in einem Märchen. Fürstin Nora Fugger, eine Zeitgenossin Franz Josephs, die am Hof verkehrte, erinnert sich an das erste – romantische – Zusammentreffen der beiden: »Im Sommer 1853 wurde vereinbart, dass die Herzogin [Ludovica in Bayern, Franz Josephs Tante, Anm.] mit ihren zwei Töchtern, Helene und Cissi, mittels Reisewagens von München nach Ischl kommen sollte. Als sie dort eintrafen, war Kaiser Franz Joseph noch in Wien. Erst einige Tage später kam er in Ischl an, um am 18. August daselbst seinen dreiundzwanzigsten Geburtstag zu feiern. Erzherzogin Sophie [Franz Josephs Mutter, Anm.] wünschte, dass er sich an diesem Tage mit seiner Cousine Helene verlobe. Doch es kam anders. Als er am Vormittag nach seiner Ankunft durch den Garten ging, begegnete ihm ein reizendes Mädchen, von großen Hunden umringt, das sich als seine Cousine Cissi herausstellte. Er war sofort von ihrer Schönheit und Anmut fasziniert und sprach einige Worte mit ihr. Doch sie musste eilen. ›Auf Wiedersehen beim Essen!‹, rief ihr der Kaiser zu. ›Ich darf ja doch nicht mitessen!‹, kam es zurück und in raschem Lauf war sie verschwunden. Franz Joseph bat nun seine Tante, sie möge doch gestatten, dass auch Cissi an der Tafel teilnehme. Und da hatte Franz Joseph nur mehr für seine reizende Cousine Cissi Auge und Ohr. Erzherzogin Sophie war anfangs etwas enttäuscht, dass ihr Wunsch nicht respektiert wurde. Sie machte Einwendungen und Vorstellungen; doch es half nichts. Kaiser Franz Joseph erklärte kurz und klar: ›Diese oder keine!‹ Man wusste noch nichts von der Wendung, die die Sache genommen hatte, als sich am Morgen des 17. August die kaiserliche Familie zur Frühmesse in die Kirche begab. Da ereignete sich etwas ganz Außergewöhnliches: Beim Kircheneingang trat die stolze Erzherzogin Sophie, die erste Dame des Kaiserhauses, die Mutter des Kaisers, zurück und ließ der sechzehnjährigen Elisabeth den Vortritt. Damit gab sie zu erkennen, dass sie in ihr die künftige Kaiserin, die Gemahlin ihres Sohnes, sehe.«

Doch mit der Ehrerbietung war schnell Schluss. Erzherzogin Sophie tyrannisierte Elisabeth fortan und trieb sie oft zur Weißglut. Kein Wunder, hatte sie doch Elisabeths ältere Schwester, Helene, zur Gemahlin ihres Sohnes auserkoren. Doch er höchstpersönlich machte der willensstarken Sophie einen Strich durch die Rechnung und entschied sich für die lebensfrohe Elisabeth, die so ganz und gar nicht zur Kaiserin erzogen worden war, bevor sie den schweren Weg nach Wien – die Hochzeit fand am 24. April 1854 statt – antrat. Die Folge: Elisabeth entzog sich dem Einfluss der bösen Schwiegermutter, flüchtete in eine Fantasiewelt und immer öfter ins Ausland, unter anderem auch nach Ungarn – ein Land, das sie zusehends lieben lernte.

Außerdem setzte Elisabeth immer wieder ihre Weiblichkeit als Druckmittel gegenüber Franz Joseph ein. Stellte sich der Kaiser im Streit mit der Schwiegermutter nicht auf Elisabeths Seite, wurde er aus dem gemeinsamen Schlafzimmer ausgesperrt. Er litt darunter wie ein Hund, ihr war's freilich egal, konnte sie doch der körperlichen Liebe zeit ihres Lebens nicht viel abgewinnen. Immer wieder schob sie sogar ihre Menstruation vor, um sich jeglicher Repräsentations- und Ehepflicht zu entziehen.

Franz Joseph suchte derweil Zuflucht bei anderen Frauen. Und

Elisabeth soll diese Verbindungen auch noch gefördert haben um nicht selbst herhalten zu müssen. Bevorzugt vergnügte sich Franz Joseph mit jungen Adeligen, Schauspielerinnen und Dienstboten. Am bekanntesten ist wohl die Verbindung Franz Josephs mit der Aktrice Katharina Schratt, die bis zum Tod des Kaisers an seiner Seite war. Doch dazu später mehr.

Eine »Auswahl seiner kolportierten Liebschaften« (Bankl: Die kranken Habsburger) zeigt, dass sich der Kaiser bereits seit Regierungsantritt 1848 immer wieder recht unstandesgemäß amüsierte. So stand im ersten Regierungsjahr die Hofdame Elisabeth Gräfin Ugarte im Rampenlicht (sie soll den Kaiser bei einem Ball im Palais Kinsky im Wintergarten sogar »entjungfert« haben). 1850 soll der Kaiser ein Pantscherl mit Helene Baltazzi begonnen haben, das bis in seine Verlobungszeit mit Elisabeth hinein währte. Besonders pikant daran: Jene Helene Baltazzi war niemand Geringere als die Mutter von Mary Vetsera, die 1889 gemeinsam mit Kronprinz Rudolf, dem Sohn Franz Josephs, Selbstmord beging.

Ebenfalls 1850 hüpfte die Balletteuse Katharina Abel nicht nur auf der Bühne, sondern auch im kaiserlichen Bett herum – genauso wie die Tänzerin Margit Libenyi, die 1852 aufs Tapet trat. 1870 vergnügte sich der Kaiser mit Rosa Moskowitz, einer Weißnäherin im Hofdienst. Deren Tochter Margarete Braun soll sogar ein Kind des Kaisers gewesen sein.

Bereits mit 14 war Franz Joseph zum ersten Mal verliebt – in das Fräulein Berta von Marwitz. Sie war Hofdame der Königin von Preußen. Passiert ist damals freilich noch nichts, ein paar Rendezvous später war das Geplänkel wieder beendet. Doch Franz Josephs Mutter Sophie bekam schon damals – als ihr Sohn noch ein Teenager war! – bereits Panik, er könnte sich ihrem Einfluss entziehen. In ihrem Tagebuch notierte sie: »Franzi ist in zarter Art und Weise mit dem Fräulein von Marwitz beschäftigt. Es ist dies das erste Mal, dass solch ein Gefühl in ihm erwacht. Dieser Bub, den ich noch immer für ein Kind hielt, geht nun zu den Neigungen eines jungen Mannes über. Es scheint mir, als gehöre er mir nicht mehr so wie bisher!« (Zit. nach: Stadtlaender: Habsburg Intim)

Bis heute wenig bekannt, dafür aber länger andauernd ist Franz Josephs Beziehung zu Anna Nahowski. Er lernte die damals erst 15-Jährige 1875 im Schlosspark von Schönbrunn kennen. Nachdem es gleich zu Beginn gefunkt hatte, besuchte der Kaiser die Geliebte immer wieder in ihrem Haus in der Nähe von Schönbrunn – natürlich nur dann, wenn ihr eifersüchtiger Ehemann, der bei der Eisenbahn arbeitete, außer Haus war – meist noch im Morgengrauen. Die intimen Treffen könnten sogar eine Tochter zur Folge gehabt haben. Denn immer wieder wurde gemunkelt, Annas Tochter Helene sei eine illegitime Tochter des österreichischen Kaisers. Helene heiratete später übrigens den Komponisten Alban Berg.

Nach 13 Jahren war für Anna aber Schluss mit lustig. Franz Joseph hatte offensichtlich das Interesse an der jungen Frau verloren – und ließ sich das auch einiges kosten. 200.000 Gulden Abfindung wurden der nunmehrigen Ex-Geliebten des Kaisers mit auf den Weg gegeben. Zumindest für Anna hat sich die Liaison also in jedem Fall ausgezahlt. Wie sie ihrem Ehemann allerdings den neu gewonnenen Reichtum erklärte, ist bis heute nicht überliefert.

Erhalten ist hingegen ihr Tagebuch, das mit einer Eintragung am 15. Februar 1874 beginnt und mit einem Vermerk am 23. Jänner 1902 endet. Dazwischen gibt's detaillierte Informationen über ihr (Liebes-)Leben mit Kaiser Franz Joseph. Darin erfahren wir zum Beispiel, dass Anna mit Franz Nahowski bereits ihren zweiten Mann ehelichte, nachdem sie sich von ihrem ersten Gemahl Johann Heuduck nach drei Jahren scheiden ließ. Ein Umstand übrigens, der Franz Joseph wahrscheinlich nicht gerade entzückt haben dürfte. Doch angesichts des zarten Alters der jungen Maid sah selbst ein so hoher, katholischer Ehrenmann, der gerade dabei war, recht schnell zu altern, darüber hinweg.

Und auch einige Andeutungen auf die hohe Abkommenschaft ihrer Tochter Helene finden sich in dem geheimen Büchlein. Denn wie sonst lässt sich erklären, dass Helene selbst verfügte, dass das Buch frühestens drei Jahre nach ihrem eigenen Tod geöffnet werden dürfe. Sie starb am 30. August 1976. Interessant ist in diesem Zusammenhang vor allem Annas Eintrag, dass alle Kinder ihren Vätern nachgeraten seien – nur Helene sei ihr selbst wie aus dem Gesicht geschnitten ...

Bemerkenswert an der ganzen Geschichte ist, dass sich die Historiker bis jetzt bei weitem nicht so ausführlich mit Franz Josephs Liaison mit Anna Nahowski beschäftigten, sondern vielmehr seine Beziehung zu Katharina Schratt in den Vordergrund stell-

Mit Anna Nahowski erlebte Kaiser Franz Joseph unbeschwerte Stunden. Ihre »Dienste« wurden mehr als fürstlich entlohnt.

ten. Dabei war das Verhältnis Franz Josephs und Annas ähnlich beständig. Überdies ist eine ganze Hand voll Personen überliefert, die von der geheimen Verbindung wusste. Da wäre zum Beispiel Freiherr von Mayr, der »Generaldirector der Allerhöchsten Privat und Familien Fonde«. Immerhin war er derjenige, der Anna Nahowski das Abschiedsgeschenk im Auftrag Franz Josephs überreicht hat. Außerdem dürften die engsten Vertrauten Annas – allen voran ihre Mutter, ihre Schwester Betti und das Dienstmädchen Lini – zum Kreis der Eingeweihten gezählt haben.

Doch wie kam's überhaupt zu der Lovestory? Der Kaiser und »die Nahowski« lernten einander bei einem seiner täglichen Morgenspaziergänge durch den Schlossgarten bei Schönbrunn kennen. Anna Nahowski führte gewissenhaft Tagebuch. Und so ist das erste Treffen der beiden gut überliefert. Über den 8. Mai 1875 schrieb

Anna also: »Unter andern Wegen gingen wir [Anna und das Dienstmädchen, Anm.] auch nach Schönbrunn. Um 6 Uhr früh waren wir im Park u. begegneten einen Offizier der bei meinen Anblick verwundert auf mich starrte u. sich nicht satt sehen konnte u. unzählige Male nach mir sich drehte. Mein Dienstmädchen sagte mir dies sei der Kaiser. Wirklich frug ich u. alles Blut drängte sich zum Herzen. Der Kaiser auf den ich einen großen Eindruck gemacht haben muß suchte mich von allen möglichen Seiten zu begegnen. Im Anfang freute es mich, ich hilt es für Zufall, und da ich Ihn noch nie in meinen Leben gesehen hatte, konnte ich ihm jetzt genau sehen, was ich auch mit geröthetem Antlitz that. Doch was bemerkt' ich, Er verfolgt mich ja, das geht so fort, Er ist mir gewiß ein dutzendmal schon entgegen gekommen, nun kehrt Er um, und kommt mir nach, ich eile, was ich kann, es regnet, auch dies hindert Ihm nicht.

Ich eilte gegen das Jägerhaus in der Meinung, wenn ich beim Thürl hinein gehe wo der Weg zum Jägerhaus führt, bin ich vor ihm sicher, so weit wagt Er mir nicht nach zulaufen. Ich eile hinein bin meinen Mädchen weit voraus, laufe noch ein Stückchen Weg wie ein Schulkind, u. bleib um Luft zu schöpfen stehen. Ich blick mich nach der Lini um u. sehe o Entsetzen auch den Kaiser hier. Also von neuem laufen, doch ich höre seinen Tritt immer näher, jetzt ist Er knapp hinter mir, – – da von entgegengesetzter Seite kommt ein Burgwächter ich bin erlöst, der Kaiser verschwindet.« (Saathen (Hg.), Anna Nahowski und Kaiser Franz Joseph; Hinweis: alle folgenden Auszüge aus Nahowskis Tagebüchern stammen aus diesem Buch.)

Der Kaiser schien es also recht hartnäckig auf die junge, ansehnliche Anna abgesehen haben – wie sonst erklärt sich wohl diese Verfolgungsjagd quer durch den Schönbrunner Schlosspark? Das nächste Treffen ließ nicht lange auf sich warten. Anna schrieb: »Den 24. Juni 75 rechne ich zu meinen glücklichsten Tagen!

Ich saß auf einer Steinbank mit Lini im Wald, der Kaiser kam des Weges u. setzte sich auf die nächste Bank. Nach einigen Minuten stand Er auf u. kam auf mich zu. Mein Herz schlug hörbar. Er blieb vor mir stehen, salutierte u. sagte: ›Sie gehen aber fleißig spazieren.‹ Ich stand von der Bank auf während Röthe mein Gesicht überflog. Ja Majestät, es ist so schön, sagte ich in meiner Verwirrung. ›Sie wohnen gewiß am Land, hier in der Nähe?‹ frug Er weiter.

Nein, in Wien sagte ich. Was? so weit frug Er, da müssen Sie ja schrecklich früh aufstehen? Um 4 Uhr das bin ich schon gewöhnt, ich gehe immer sehr früh spazieren. Wo wohnen Sie? fragte Er. Am Neubau, meine Antwort. Sie werden alle Tage hier sein? Ja täglich wenn es schön ist. Er nickte mit dem Kopf, salutierte u. ging. Nun hab ich seine blauen Augen genug gesehen u. sie gefallen mir! Wie dumm ich doch bin, sollte ich in Ihm verliebt sein, nein, es ist eben der Kaiser der mir gefällt. Es schmeichelt mir, daß ich Ihm gefalle. 25. Sprach ich auch längere Zeit mit Ihm, wo Er mich bat nächsten Tag zu kommen.«

Bereits einen Tag später kam es zum ersten körperlichen Kontakt zwischen Anna und dem Kaiser: »[...] Nun stand Er sinnend in meinen Anblick versunken, auch ich sah ab u. zu in sein Gesicht u. wagte nicht zu sprechen. Plötzlich reicht Er mir seine Hand, ich legte die meine hinein, Er beugte sich herab u. küßte die Hand. Ich stand verwirrt, u. wußte nicht wie mir geschah. Schönes Mädchen, Frau, oder Kind, was Sie sind, geben sie mir, einen Kuß. Ich wagte Ihm nicht anzublicken, die Bäume tanzten vor meinen Augen. Er wiederholte die Bitte immer dringender, beugte sich herab, hob meinen Kopf empor, u. ich habe Ihm wahrhaftig geküßt. Ich fühle es noch, denn der Bart war von Regen naß. Er reichte mir zum Abschied die Hand u. ging.«

So schnell kann's also gehen: Kaum erst kennen gelernt, schon legte der Kaiser den nächsten Gang ein und preschte vor. Offensichtlich konnte er es kaum erwarten, die junge Anna herumzukriegen. Knapp drei Wochen später wurde der Kaiser noch zudringlicher, wie Anna schreibt: »15. Juli führt Er mich in einen abgeschlossenes Theil des Parks ›Tirolergarten‹ genannt, den ich mit einer Bangigkeit betrat, da Er der Lini mit einer Handbewegung bedeudete zurück zubleiben, u. sagte, warten Sie hier. Er führte mich zu einer Bank wir setzten uns, Er wurde nicht müde mich zu bewundern, u. zu küssen, wurde immer stürmischer, ich bekam Angst hier mit Ihm allein, u. bat Ihm mich wieder hinaus zu lassen. Er tröstete mich, es geschehe mir nichts, u. bat mich, lassen Sie mich, ich bin so glücklich! Er sagte dies seien seine glücklichsten Stunden doch ich blieb standhaft bat Ihn mit aufgehobenen Händen mich zurück zu führen, was Er auch mit einen Seufzer, wobei Er mir die Kette welche Er mir von Hals genommen wieder befestigte, u. mir mein Kleid am Rücken wieder schloß. Er nahm Abschied für längere Zeit.«

Obwohl sich die beiden Turteltauben immer näher kamen, ließ das erste private Techtelmechtel in Annas Wohnung aber noch einige Zeit auf sich warten. Erst am 8. Oktober 1878 war es schließlich so weit. Tags zuvor wurde das intime Treffen vereinbart. Der Kaiser stellte recht ungewöhnliche Bedingungen: »[...] Beim Abschied hielt Er mich noch zurück, u. sagte: Wenn ich komme, werden Sie das lästige Mieder nicht haben. Wenn Sie es wünschen werde ich keines anziehen. Wissen Sie was, fuhr Er fort, wenn Sie mich lieb haben, erwarten Sie mich im Bett [...]« Die folgende Nacht war für Anna verständlicherweise mehr als unruhig. Um zwei Uhr nachts schrieb Anna in ihr Tagebuch: »Geschlafen fast nichts. Ich stehe auf wasche mich mache Toilette, koche mir Thee, den die ebenerdige Wohnung ist im Herbst sehr kalt. Meine Carola, sowie der große Hund wurden ins obere Zimmer gebracht die Lini blieb beim Kind. Ich ging zum Fenster um Ihn kommen zu sehen, es war aber eine Unmöglichkeit, da es stockfinster war. Die Lampe stellte ich in mein Schlafzimmer, damit es im Salon finster ist wenn die Thüre auf die Straße aufgemacht wird.

Es ist ½ 5 Uhr, ich höre Schritte, u. ein rasches Klopfen an der Thüre. Ich eilte Ihm zu öffnen, u. zog ihn in's Zimmer, reichte ihm die Hand, u. wünschte Ihm einen ›guten Morgen‹. Verschloß Thür und Fenster gut, u. brachte Licht aus meinen Schlafzimmer. Der Kaiser ging unruhig u. aufgeregt von einen Zimmer in's andere, wobei Er alles einer genauen Musterung unterzog. Endlich setzten wir uns auf's kl. Sopfa, gab mir seine Hände welche eisig kalt waren. Ich rieb Ihm die Hände heftig um sie zu erwärmen. Majestät ich glaube Sie sind erschrocken? frug ich ihn. Ja sagte Er, ich glaubte Sie seien nicht allein. Ich sah es ihm an. Er hatte Angst überrascht zu werden frug mich wie lange ich noch am Land bleibe. Ich sagte bis Ende diesen Monat.

Ich fragte ihn ob Er wiederkommen werde. Er sagte: Ja, aber Er weiß noch nicht wann. Vielleicht erst nächsten Sommer. Ich beschrieb Ihm den Weg den Er gehen sollte, löschte das Licht aus, u. ließ Ihn noch in völliger Dunkelheit zur Thür hinaus. Gott sei Dank

Alles gut abgelaufen, auch mich hatte die Sache aufgeregt, ich war todmüde, legte mich zu Bett, konnte aber kein Auge schließen.«

Der Kaiser besuchte Anna fortan öfter. 1879 aber lernte sie ihren künftigen Mann Nahowski kennen. Als sie 1882 entdeckte, dass sie von ihm schwanger war, fiel sie aus allen Wolken: Einerseits musste sie den Vater ihres Kindes nun natürlich heiraten, andererseits wollte sie die Gunst des Kaisers nicht verlieren. Also bat sie Franz Joseph, ihr seinen Segen zu erteilen.

Bemühen wir erneut ihr Tagebuch: »Es ist Herbst [1882, Anm.]. Ich setze mich zu Schreibtisch u. schreibe einen Brief an den Kaiser, worin ich Ihn bitte mir zu gestatten, daß ich heirathe, aber nur dann, wenn Er mir seine Gunst nicht entzieht! Denn Nicht's in der Welt würde mir die ersetzen! Ich gab Ihm auch darin bekannt wer Derjenige ist, den ich heirathen will. Schon beim nächsten Besuch gebe ich Ihm den Brief mit der Bitte um Antwort.

Nach zwei Tagen kam der Kaiser. Ich lag zu Bette um meinen Zustand zu verbergen. Es ist kalt, u. es regnete schon die ganze Nacht. Der Kaiser kam total durchnäßt zu mir, setzte sich am Bettrand und sagte: Ich habe überlegt es ist das Beste für Sie, wenn sie heirathen. Eine größere Summe werde ich Ihnen zum Frühjahr mitbringen. Thränen treten mir in die Augen. Ich fasse nach seiner Hand um dieselbe zu küßen. Majestät, fragte ich zitternd, sind mir nicht böße? Bleiben mir gut?

Er fuhr mir mit der Hand über das Haar, wobei Er sagte: O nein, wir bleiben uns gut, wir sind ja alte Bekannte. Majestät frage ich, sagen Sie mir, nur ein einzigesmal, ob Sie mich lieb gehabt haben. Er schwieg eine Weile, dann sagte Er: Das kann u. darf ich Ihnen nicht sagen. Ich darf Sie ja nicht lieben. Ich darf Sie nun auch nicht mehr küßen, wenn Sie verheirathet sind, aber wir bleiben gute Freunde u. können, wenn Sie hinüber kommen zusammen spazierengehen u. plaudern. Nach diesen erhielt ich noch einige Besuche, dann verließ der Kaiser Schönbrunn.«

Eindeutig ist anhand der Aussage »Ich darf Sie ja nicht lieben« belegbar, dass der Kaiser sich in die junge Frau verguckt hatte. Auch ist in Annas Tagebuch penibel genau vermerkt, wann sich die Kaiserin in Wien aufhielt und wann sie die Stadt wieder verließ. Offensichtlich waren beide – der Kaiser und seine Geliebte – darauf bedacht, die Liaison so geheim wie möglich zu halten.

Eine schlagartige Wendung erfuhr das Verhältnis der beiden, als Anna am 28. Mai 1884 Nahowski heiratete. Fortan besuchte sie der Kaiser nicht mehr. Und auch die geheimen Treffen im Schönbrunner Schlossgarten fielen von da ab züchtiger aus. So schreibt Anna in ihrem Tagebuch etwa: »[...] Am 8. Juni [1884, Anm.] gehe ich hinüber [zum Kaiser, Anm.]. Er begrüßt mich herzlich, frägt ob ich verheirathet bin. Da ich dies bejae, reicht Er mir den Arm u. geht mit mir in Maxing spazieren. Ich ging fröhlich an seiner Seite, u. sah Ihm verstohlen an. Kein Blick traf mich. Majestät, sagte ich Ihm, warum sehen Sie mich gar nicht an? Ich kann sie nicht ansehen sagte Er, sonst müßte ich Sie küßen. Nun das wäre ja nicht so schrecklich, es sieht's ja Niemand. O sagte Er das darf nicht mehr sein. Gut, dachte ich mir, bin neugierig, wie lange.«

Offensichtlich war es dem Kaiser aber völlig egal, ob er selbst verheiratet war oder nicht. Denn immerhin hielt ihn die Ehe mit »Sisi« nicht davon ab, Anna Nahowski immer wieder aufzusuchen. Doch dass die Nahowski nun verheiratet war, schien dem erzkonservativen Monarchen stark zuzusetzen. Allerdings: Lange hielt's der Monarch offensichtlich nicht ohne seine Geliebte aus. Denn bereits am 21. August kam es erneut zu einem Treffen, bei dem der Kaiser mit all seinen guten Vorsätzen zu brechen drohte: »21. August. Ich gehe hinüber. Er trifft mich in Maxing u. monirt in Tirolergartern wird mann doch weniger gesehen. Ich stimme Ihm bei u. wir gehen seit meiner Verheiratung zum erstenmal hinein. Am Rückweg zum Thürl frage ich Ihn, ob Er mich gar nicht mehr besuchen will? Es wäre schön, wir könnten im Trokenen sitzen u. rauchen, an einem Tag wo mein Mann im Dienst ist. Er ist unschlüssig, lächelt, u. sagte, es soll aber doch nicht sein. Ich frage Ihm: Majestät nicht wahr, Sie kommen? Er sieht mich fort an, ohne mir eine Antwort zu geben, plötzlich zieht Er mich nahe an sich, sieht mir lange in die Augen, küßt mich leidenschaftlich, u. sagte ich komme! Wo sind die guten Vorsätze? Majestät, fragte ich Ihn darf ich Ihnen mit etwas aufwarten? Ja, wenn Sie mir etwas geben, sagte Er. Wünschen Sie Kaffe, oder Thee zum Frühstück? Kaffee sagte Er. Schwarzen oder mit Milch? Mit Milch.
Morgen?
Gut, morgen!«
Und so geschah es dann auch. Der Kaiser kam wirklich. Um Franz

Joseph künftig die Entscheidung zu erleichtern, überredete Anna letztendlich sogar noch ihren Mann, ein Haus in Hietzing, in der Hetzendorferstraße 46 (später Maxingstraße) zu erwerben, da sie es für »die Besuche des Kaisers sehr geeignet« fand. Dem Kaiser schien es ebenfalls zu gefallen.

Am 29. Juli 1885 wurde Anna erneut Mutter. Das Töchterchen erhielt den Namen Helene. Sie wurde vorhin schon kurz erwähnt. Das Gerücht, die Kleine sei eine illegitime Tochter des Kaisers, hält sich eisern. Doch gibt es dafür keine eindeutigen Beweise. Überhaupt dürfte die Beziehung zu der Zeit schon leicht abgekühlt gewesen sein.

Denn bereits 1883 kam's zu einer schlagartigen Wendung: Der Kaiser traf zum ersten Mal Katharina Schratt. Die Kaiserin forcierte die Bekanntschaft offensichtlich, von Eifersucht war keine Spur. Elisabeth-Biografin Brigitte Hamann geht sogar so weit, folgende Theorie aufzustellen: »Ja, es ist sogar wahrscheinlich, dass diese bisher harmlose Schwärmerei des Mittfünfzigers [Kaiser Franz Joseph, Anm.] für die um mehr als zwanzig Jahre jüngere verheiratete Frau [Katharina Schratt, Anm.] niemals mehr geworden wäre ohne Elisabeths energische Unterstützung.« (Hamann: Elisabeth) Fürstin Fugger weiß zu berichten: »Mit jedem Jahr wuchs die Reisepassion der Kaiserin. Um den Kaiser wurde es stiller und einsamer. Da erkannte die Kaiserin die Notwendigkeit, eine Zerstreuung und eine anregende Gesellschaft für ihn zu suchen. Frau Katharina von Kiss-Schratt war schon am Hofburgtheater engagiert, war auch schon einmal in einer Familienangelegenheit beim Kaiser in Audienz gewesen, ohne dass sie die Aufmerksamkeit des Kaisers besonders erweckt hätte, als sie im Jahre 1885 auf dem Industriellenball vom Kaiser angesprochen wurde.«

Als Grund für Elisabeths Handeln wird immer wieder angegeben, sie wollte zusehends in die Einsamkeit flüchten – jedoch nicht, ohne ihre Lieben (Franz Joseph und ihre Tochter Marie Valerie) versorgt zu haben. Hamann fährt fort: »Die Wahl Katharina Schratts wurde nach langer sorgfältiger Überlegung von niemand anderem als der Kaiserin getroffen. Sicherlich – Franz Joseph hatte sich in die Schratt verliebt. Aber das war auch schon bei etlichen anderen Frauen vorgekommen, ohne dass die Kaiserin helfend und wegbereitend eingegriffen hätte. Jedenfalls übernahm Elisabeth im Mai 1886 die Initiative und beschloss, dem Kaiser ein Porträt Katharina Schratts zu schenken – eine recht eindeutige Geste. Der Maler Heinrich von Angeli wurde beauftragt, und die Kaiserin arrangierte ein Treffen in dessen Atelier.« (Hamann: Elisabeth) Anna Nahowski bemerkte derweil, dass etwas im Busch war. Sie bekam von Franz Josephs neuer »First Lady« Wind und schrieb daraufhin in ihr Tagebuch: »Über ein Verhältnis zwischen den Kaiser u. der Schratt wird überall gesprochen. Mann sagt auch, daß der Kaiser bei keiner Vorstellung fehle, wo Sie auftritt. Mir wird sehr unbehaglich, es vergeht der Jänner des Jahres 1887, u. der Februar, auch der März kommt, u. ich sehe Ihn nicht. Es wäre abscheulich, niederträchtig, wenn nach 12 Jahren dies mein Lohn wäre, daß man mich einfach stehen läßt, ohne ein Wort des Abschied's.«

Die Frage, die sich augenscheinlich stellt: Ging es Anna wirklich so nahe, ihren »geliebten« Kaiser zu verlieren, oder fürchtete sie vielmehr, künftig nicht mehr auf seiner Begünstigtenliste aufzuscheinen? Denn nicht erst einmal hatte Franz Joseph ihr und ihrer Familie einen schönen »Batz'n« Geld zukommen lassen.

Einen interessanten Eintrag machte Nahowski über einen Besuch Franz Josephs am 20. April 1887: »Er ist liebenswürdig, u. gerade dadurch schloß ich daß Er etwas verbergen will. Er entschuldigt sich daß Er alt werde, u. der heutige Besuch nur den Zweck mich zu sehen habe ...« Aha! Diesmal wurde also nur geplaudert. Was passierte bei all den anderen zahlreichen Besuchen des Kaisers? Stand Sex auf der Tagesordnung? Fand der Kaiser bei Anna die Befriedigung, die ihm seine Frau verwehrte? Der Schluss liegt nahe. Warum sonst schrieb die Nahowski diesmal explizit, der Kaiser hätte »nur« die Absicht gehabt sie zu sehen?

Nur kurz später liefert uns die junge Frau den nächsten Hinweis, der darauf schließen lässt, dass sich die beiden auch ohne Kleidung gut verstanden haben. Über den Besuch Franz Josephs am 1. Oktober 1887 schreibt sie nämlich: »Wenn ich Ihm beim Ankleiden helfe, sagt Er: Sehen Sie nur die Kleider nicht viel an, ist alles abgeschabt u. alt ich trage meine Kleider 20 u. 30 Jahre. Die Beinkleider werden gewendet, u. schließlich für Pantalons gerichtet. [...] Einmal machte ich Ihm aufmerksam, daß sein Wollunterleibchen neben den eingesetzten Fleck, ein Loch habe.«

Warum half Anna Franz Joseph beim Anziehen und warum bekam sie sein Wollunterleibchen zu Gesicht? Eindeutige Rückschlüsse lassen sich hier kaum vermeiden, denn wegen der großen Hitze in Annas Haus wird sich der Kaiser wohl nicht seiner Kleider entledigt haben …

Am 29. Dezember 1888, also 13 Jahre, nachdem sich die beiden kennen gelernt hatten, trafen sie sich zum letzten Mal. Nach dem Selbstmord Kronprinz Rudolfs in Mayerling 1889 brach der Kaiser den Kontakt zu Anna Nahowski ganz ab – allerdings nicht, ohne sie für ihre »Dienste« fürstlich zu entlohnen. Am Donnerstag, den 14. März 1889 war Nahowski bei Fridrich Freiherr von Mayr, dem Generaldirector der Ah. Privat und Familien Fonde, in der Hofburg vorgeladen. Das Ergebnis der geheimnisvollen Unterredung: Anna Nahowski erhielt 200.000 Gulden (fast zwei Millionen Euro) als »Abfindung«. Im Gegenzug musste sie folgendes Schreiben unterfertigen: »Ich bestätige hiermit daß ich am heutigen Tag 200.000 fl als Geschenk von Seiner Majestät den Kaiser erhalten habe. Ferner schwöre ich, daß ich über die Begegnung mit Seiner Majestät jederzeit schweigen werde. Anna Nahowski. Wien, 14. März 1889.« Genau darin lag der Unterschied zwischen der Beziehung Franz Josephs zu Schratt und der zu Nahowski: Während die Schratt Zeichen der Zuneigung bekam (wie Briefe oder teuren Schmuck), wurde die Nahowski mit Barem abgefunden.

Dieser – durchaus lukrativen – Demütigung sollten aber noch weitere folgen: Nicht nur, dass Katharina Schratt bei Anna Nahowski anfragen ließ, ob ihr Haus in der Maxingstraße zu verkaufen sei (was Anna verneinte), nistete sie sich schließlich in der Gloriettegasse, in der Nähe der Maxingstraße, ein und spazierte mit dem Kaiser seelenruhig an Nahowskis Fenster vorüber. Damit war dieses Kapitel endgültig beendet – zumindest für Anna Nahowski. Denn die nächste Geliebte des Kaisers – Katharina Schratt – hatte bereits die Oberhand gewonnen.

Doch wer war »die Neue«? Die Schratt, wie Katharina Schratt später auch spöttisch genannt wurde, erblickte am 11. September 1853 in Baden bei Wien das Licht der Welt. Am 24. März 1873 feierte sie in dem Stück »Das Käthchen von Heilbronn« am Stadttheater Premiere. Anlässlich einer Galavorstellung der »Widerspenstigen Zähmung« – die Schratt gab darin das Käthchen – zum 25-jährigen Regierungsjubiläum Franz Josephs im Dezember 1873 sah der Kaiser die junge Frau zum ersten Mal auf der Bühne.

Am 25. September 1879 heiratete Katharina Schratt Nikolaus Kiss von Ittebe, der, wie sich später noch herausstellen sollte, ein leidenschaftlicher Spieler war und dementsprechend viel Geld benötigte. Gemäß dem Motto »Glück im Spiel, Pech in der Liebe« hielt die Ehe allerdings nicht lange. Die beiden trennten sich – ohne sich jedoch scheiden zu lassen.

Der Kaiser und die Schauspielerin standen sich 1883 zum ersten Mal leibhaftig gegenüber. Der Anlass war eine Audienz beim Kaiser, in der die Schratt für eine Restitution der 1848/49 enteigneten Güter der Familie von Kiss eintrat. Erfolglos übrigens!

Danach herrschte Funkstille. Erst zwei Jahre später, 1885, trafen die beiden erneut aufeinander. Beim Industriellenball plauderten sie angeregt miteinander, genauer gesagt: Franz Joseph ließ die schöne Aktrice gar nicht mehr aus den Augen und verwickelte sie in ein langes, ausführliches Gespräch. Fürstin Fugger beobachtete: »Von da an war er ein häufiger Besucher des Burgtheaters. Er versäumte keine Vorstellung, wenn Frau Schratt auftrat. Die Kaiserin begleitete ihn meist ins Theater, teilte sein Interesse und förderte die kleine Unterhaltung, die solche Abende dem Kaiser bereiteten.« Die Kaiserin bemerkte offenbar, dass die Chemie zwischen den beiden stimmte, und setzte fortan alles daran, dem Kaiser die Schratt als »Seelenfreundin« zukommen zu lassen.

Es folgte der Liebesaffäre erster Akt: Elisabeth beauftragte den Maler Heinrich von Angeli, ein Porträt der jungen Schauspielerin anzufertigen. Als die letzte Sitzung anstand, verfügten sich die Majestäten höchstpersönlich in das Atelier Angelis. Dort trafen sie auch Katharina Schratt, die erst an diesem Tag erfuhr, für wen das Porträt bestimmt war. Fürstin Fugger weiß: »Kaiser und Kaiserin kamen, besichtigten das wohlgelungene Porträt und als sie hörten, dass sich Frau Schratt im Nebenzimmer befinde, riefen sie sie ins Atelier zurück und unterhielten sich mit ihr in angeregter Weise.«

Kurz nach diesem Treffen richtete Franz Joseph am 23. Mai 1886 seinen ersten Brief an Katharina Schratt mit dem folgenden Wortlaut: »Meine gnädige Frau, Ich bitte Sie, beifolgendes Andenken als Zeichen meines innigsten Dankes dafür anzunehmen, daß Sie

Sich der Mühe unterzogen haben, zu dem Angelischen Bilde zu sitzen. Nochmals muß ich wiederholen, daß ich mir nicht erlaubt hätte, dieses Opfer von Ihnen zu erbitten, und daß daher meine Freude über das theure Geschenk nur umso größer ist. Ihr ergebner Bewunderer.« (Bourgoing (Hg.): Briefe Kaiser Franz Josephs) Damit begann ein Briefwechsel, der 30 Jahre andauern sollte. Übrigens: Das »beifolgende Andenken« war ein wertvoller Smaragdring.

Vom »ergebenen Bewunderer« war es später allerdings nicht mehr weit zu »Ihr Sie innigst liebender Franz Joseph« oder »Denken Sie manchmal an Ihren sich nach Ihnen sehnenden, Sie innigst liebenden Franz Joseph« oder »Adieu, theuerste Freundin und herzliche Grüße [...] von Ihrem, sich nach Ihnen sehnenden Franz Joseph«. Die Beziehung der beiden wurde im Laufe der Zeit immer inniger. Wie weit sie jedoch letztendlich ging, werden wir aber nie erfahren. Denn obwohl man sexuellen Kontakt zwischen den beiden nicht ausschließen kann, gibt es keinerlei eindeutige Beweise dafür.

Doch der Hoftratsch wusste damals davon zu berichten, dass die Schratt in Liebesangelegenheiten durchaus großzügig gewesen sein dürfte. In Wien zirkulierte folgender Witz: »Haben S' schon g'hört? Die Schratt ist narrisch worden!« – »Ja, wieso denn?« – »Sie hat dem Franz Joseph g'sagt, er ist der Erste!«

Und noch eine lustige Anekdote ist überliefert: Die Lokalpresse verfolgte den Kaiser auf Schritt und Tritt, berichtete über jede Aktivität. Dabei passierte dem Ischler Wochenblatt ein kleines Missgeschick. Nach einer Bergtour des Kaisers auf die Hohe Schrott war in dem Blatt zu lesen: »Seine Majestät bestieg gestern in bester Verfassung die Hohe Schratt.« Ob Absicht oder nicht – die Gerüchteküche brodelte permanent.

Im Juli 1886 war der Kaiser zum ersten Mal zu Besuch in Schratts Villa Frauenstein bei St. Wolfgang. Selbst darüber war Elisabeth informiert. Mehr noch: Nur acht Tage später reiste sie ihrem Mann in Begleitung der gemeinsamen Tochter Marie Valerie hinterher. Die schrieb später in ihrem Tagebuch über die Schauspielerin: »Sie zeigte uns das hübsche Haus, das sie gemietet [...] herzig und natürlich und sprach sehr unburgtheaterlich furchtbar wienerisch. Mit Geld, das wir von Frau Schratt ausgeliehen, fuhren wir im

Dampfschiff zurück.« (Zit. nach: Hamann: Elisabeth) Noch öfter kamen »Kaisers« zu Besuch. Marie Valerie hatte zu diesem Zeitpunkt noch keine Ahnung, welche »Funktion« die Schratt wirklich ausübte. Sie wusste nicht, dass die Schauspielerin mehr als eine flüchtige Bekannte des Kaiserpaares war. Katharina Schratt spielte ihre Rolle perfekt.

Auch die Schratt suchte die Nähe des Kaisers – egal, ob in Wien oder in Ischl: Sie hatte immer Häuser in der Nähe Franz Josephs. Der liebestolle Monarch dankte es ihr, indem er ihre immensen Spielschulden bezahlte, ihr wertvollen Schmuck schenkte und sie sogar in seinem Testament mit einer halben Million Gulden bedachte.

Immer wieder kam es zu heimlichen Treffen der beiden. Dabei dürfte die Schratt öfter die Vermutung geäußert haben, Elisabeth würde sie verachten. Denn warum sonst hätte der Kaiser seine Freundin mit folgenden Worten beruhigen sollen: »Die Kaiserin hat sich [...] wiederholt auf das günstigste und liebevollste über Sie ausgesprochen, und ich kann Ihnen die Versicherung geben, dass sie Sie sehr lieb hat. Wenn Sie diese herrliche Frau näher kennen würden, würden Sie gewiss von gleichen Gefühlen erfüllt werden.« (Zit. nach: Hamann: Elisabeth) Außerdem: War die Schratt krank, erkundigte sich Elisabeth ungeduldig nach ihrem Wohlbefinden. Franz Joseph an Katharina Schratt: »Die Kaiserin ist sehr bekümmert wegen Ihnen, sie behauptet sogar, mehr wie ich, was aber positiv nicht wahr ist. So oft ich ihr Zimmer betrete, fragt sie mich nach neuen Nachrichten von Ihnen und da kann ich allerdings nicht immer mit solchen dienen, da ich doch nicht so unbescheiden und zudringlich sein kann, beständig bei Ihnen fragen zu lassen.« (Zit. nach: Hamann: Elisabeth) – Ein weiterer Beleg dafür, dass die Kaiserin nichts gegen die Bekanntschaft der beiden einzuwenden hatte.

Doch bei all den Sympathiebekundungen, die Elisabeth der Geliebten ihres Mannes zuteil werden ließ, war noch genug Platz für Häme und Spott. Ihr Gedicht »Gespräch auf dem Schönbrunner Parterre«, in dem sich zwei Statuen – Ceres und Perseus – über ein Liebespaar unterhalten, das ständig im Schönbrunner Schlosspark lustwandelt, spricht Bände:

»›Pst!‹ ruft plötzlich freudig Ceres,
›Sieh das Paar, das sich dort naht,
So viel Glut, beim Zeus, ich schwör' es,
Ein verliebtes Aug' nur hat.

Liebe leiht dem Alter Schwingen,
Ist das Haupt auch glatt und kahl;
Amors Pfeile tiefer dringen
In ein altes Herz zumal.

An den weissen Backenhaaren
Streift er mit der Hand entlang,
Jugendlich ist sein Gebaren
Und elastisch leicht sein Gang.

Doch in ihrem Aug' zu lesen
Fällt mir schwerer schon fürwahr ...‹«
(Zit. nach: Hamann: Elisabeth)

1889 erfuhr endlich auch Marie Valerie, was Sache war. Sie war ge-
schockt, dass Elisabeth ihr nicht schon früher reinen Wein einge-
schenkt hatte. Später gab sie zu Protokoll: »O, warum hat Mama
die Sache selbst so weit getrieben! [...] aber ändern kann und darf
man jetzt natürlich nichts daran, ich muss, obwohl es Franz [ihrem
Verlobten, Anm.] peinlich ist, wieder mit ihr [der Schratt, Anm.]
zusammen kommen und darf mir nichts anmerken lassen.« (Zit.
nach: Hamann: Elisabeth) Über die zahlreichen Abendessen, die
die Schratt in der Hofburg zusammen mit Franz Joseph, Elisabeth
und Marie Valerie zu sich nahm, notierte die Tochter des Kaisers:
»Frau Schratt dinierte mit uns (zu viert), machte mit uns einen
Spaziergang und blieb bis Abend. Ich kann nicht sagen, wie peinlich mir solche Nachmittage sind, wie unbegreiflich, dass Mama
dieselben eher gemütlich findet.« (Zit. nach Hamann: Elisabeth)
Zusehends bekam natürlich auch die Öffentlichkeit von der skurrilen Dreiecksbeziehung Wind. Graf Hübner schrieb 1889: »Alle
großen und kleinen Übel scheinen sich auf der Kaiserfamilie zu
vereinen und auch über unser armes Österreich herabzukommen.
Der Kaiser ist nach wie vor unter dem Charme einer Schauspie-

lerin vom Burgtheater. Die Schratt, schön und blöd, die, wie man behauptet, anständig lebt in der Intimität des Kaisers. Die Kaiserin, die, wie man sagt, diese Liaison arrangiert hat, die man platonisch nennt, die aber in der Öffentlichkeit keineswegs so beurteilt wird und die auf jeden Fall lächerlich ist – und die junge Erzherzogin Valerie. Diese dumme Geschichte schadet dem Kaiser sehr in der Meinung der Bourgeoisie und des Volkes.« Und Fürst Philipp Eulenburg, der deutsche Botschafter, meinte: »Psychologisch ist die hiesige Kaiserfamilie allerdings interessant. Wer die Persönlichkeiten nicht alle in ihrer Eigenart kennt, wird dieses eigentümliche Verhältnis zwischen Kaiserpaar, Schauspielerin und Töchtern nicht begreifen.« (Zit. nach: Hamann: Elisabeth)

Die Gerüchteküche begann schließlich nach dem Tod der Kaiserin Elisabeth 1898 überzukochen. Angeblich soll der Kaiser nämlich den Plan gehegt haben, die »gnädige Frau« Schratt morganatisch zu heiraten. Vor noch gar nicht allzu langer Zeit wurde gar die Behauptung aufgestellt, die beiden hätten es wirklich gewagt und wären vor den Traualtar getreten. Beweise hierfür sind aber bis heute ausgeblieben. Bereits 1890 forderte Elisabeth ihre Tochter auf »falls sie stürbe, [...] Papa auszureden, Schratt zu heiraten«. (Zit. nach: Hamann: Elisabeth)

Überhaupt ist es mehr als unwahrscheinlich, dass der Kaiser diesen Schritt gewagt hätte. Denn wenn man bedenkt, welchen Aufstand er anlässlich der morganatischen Hochzeiten seiner eigenen Verwandten machte, hätte ein solcher Schritt seine majestätische Autorität derart untergraben, dass er als Familienoberhaupt fortan untragbar gewesen wäre. Hinzu kam, dass Schratts Mann Nikolaus Kiss erst im Mai 1909 das Zeitliche segnete. Die Angehörigen Katharina Schratts hielten eine geheime Hochzeit auch für mehr als unwahrscheinlich ...

Dennoch war der Kaiser bis zu seinem Ende im November 1916 eng mit der Schratt befreundet – auch ohne Trauschein. Sie war ihm wahrlich eine Seelenfreundin geworden, die selbst in der Stunde seines Todes bei ihm ausharrte.

Kaiser Maximilian von Mexiko († 1867)

Selbst Südamerika war vor ihm nicht sicher

Am 6. Juli 1832 erblickte Erzherzog Ferdinand Maximilian als zweiter Sohn Erzherzog Franz Karls und Erzherzogin Sophies das Licht der Welt. Wohlgemerkt: als *zweiter* Sohn! Diese Stellung innerhalb der Familie sollte – wie wir später noch sehen werden – immer ein Problem für den willensstarken Prinzen bleiben.

Im Gegensatz zu seinem älteren Bruder, Franz Joseph, dürfte Ferdinand Maximilian eine recht unbeschwerte Kindheit geführt haben – fernab von militärischem Drill. Dementsprechend offen und locker reagierte er auch auf die zahlreichen Verehrerinnen, die sich schon bald bei Hofe einfanden und um den feschen Prinzen zankten. Allein, seine Stellung als Zweitgeborener machte ihm zu schaffen. Immer wieder versuchte er, Kaiser Franz Joseph nach seiner Regierungsübernahme 1848 hilfreich unter die Arme zu greifen und sich in die Geschäfte einzumischen – sehr zum Missfallen des Kaisers. Denn auch die Wiener Bevölkerung hatte einen Narren an Ferdinand Maximilian gefressen. Dem Kaiser waren die Sympathiebekundungen des Volkes für seinen Bruder zuwider. Daher wurde schnell der Plan gefasst, den nervigen Bruder so weit wie möglich vom Wiener Hof zu entfernen. Und was hätte sich da Besseres angeboten als die Marine? Der Job wiederum gefiel aber auch dem Jungspund und als 22-Jähriger war Ferdinand Maximilian bereits Oberkommandierender der Kriegsmarine.

Bei seinen Reisen zu den Höfen Europas landete Ferdinand Maximilian auch in Paris bei Kaiser Napoleon III. und seiner schönen Frau Eugénie von Montijo, die ihrerseits Gefallen an dem jungen Habsburger fand – eine Bekanntschaft, die später zum tragischen Schicksal für Ferdinand Maximilian werden sollte.

Doch zuvor galt es noch, den ungestümen Erzherzog unter die Haube zu bekommen. Die Wahl fiel auf Charlotte von Belgien, die Tochter des 1831 inthronisierten belgischen Königs Leopold I. aus dem Hause Sachsen, Coburg und Gotha. Die Brautwerbung war schnell erledigt, die Hochzeit im Jahre 1857 noch viel schneller gefeiert. Unklar ist, wie sehr sich Ferdinand Max wirklich zu seiner Zukünftigen hingezogen fühlte. Vielmehr dürfte den jungen

Erzherzog auch der gigantische Reichtum des belgischen Königshauses geblendet haben. Aber egal, Liebe war ja im Hause Habsburg noch nie Voraussetzung zur Eheschließung. Und immerhin landete dank dieser Verbindung eine immense Mitgift in der Kasse der finanzschwachen Habsburger. Welch schwieriges Verhältnis der Erzherzog allerdings zu Frauen hatte, soll weiter unten noch erklärt werden. Vorher jedoch zu seiner kläglichen politischen Karriere.

Das Problem, das sich nun nach der Hochzeit nämlich stellte: Der Schwiegersohn des belgischen Königs brauchte eine offizielle Aufgabe, konnte nicht nur durch die Welt reisen und das Leben genießen. Der Meinung war zumindest Leopold von Belgien. Franz Joseph schlug in dieselbe Kerbe und reagierte prompt: Er bestellte seinen kleinen Bruder zum Generalgouverneur des Königreichs Lombardei und Venetien – eine Region wie ein Pulverfass, das im Rahmen der italienischen Einigungsbestrebungen jederzeit zu explodieren drohte. Und niemand Geringerer als Napoleon III. hielt das Streichholz an die Lunte. Die Situation eskalierte schon bald und vorübergehend musste Ferdinand Maximilian sogar seine Frau Charlotte zu ihrem Vater in Sicherheit bringen. 1859 schließlich war der junge Habsburgerspross seinen Job in Italien los und stand wieder ohne Aufgabe da.

Frustriert zog er sich mit seiner Frau auf Schloss Miramare bei Triest zurück. Dort hielt er es aber nicht lange aus und beschloss zu einer Forschungsreise nach Südamerika aufzubrechen. Während er also in wärmeren Gefilden weilte, forcierten die Exilmexikaner in Paris mit Unterstützung Napoleons III. ihr Vorhaben, in Mexiko wieder einen Kaiser auf den Thron zu hieven. Denn Diktator Benito Juárez – seit 1861 Präsident – war nicht nach jedermanns Geschmack. Also zerbrach man sich in Paris nächtelang die Köpfe, wer denn als perfekter »Schattenkaiser« von Frankreichs Gnaden in Frage käme. Die Wahl fiel letztendlich auf Ferdinand Max, der dem französischen Kaiserpaar freundschaftlich verbunden war – jetzt wissen wir auch, warum sie sich so um ihn bemüht haben ...

Also unterbreitete man Maximilian den Vorschlag. Der war davon begeistert. Denn nie hätte er sich träumen lassen, als Zweitgeborener doch noch einen Thron besteigen zu können – wenn auch in einem fernen Land.

selbe stolze Barttracht wie sein vermeintlicher Vater. Und auch das Ende der beiden war gleich: 1917 wurde Sedano wegen seiner Spionagetätigkeit hingerichtet – erschossen wie der Herr Papa. Ob diese Geschichte zu 100 Prozent wasserdicht ist, lässt sich allerdings nicht eindeutig beweisen. Vielleicht hatte Sedano von langer Hand geplant den kaiserlichen Abkömmling zu spielen und glich daher sein Äußeres dem glücklosen Kaiser von Mexiko an ...

Charlotte schien von den Eskapaden ihres Ehemannes gewusst zu haben, schluckte aber sämtliche Demütigungen hinunter, als es darum ging, den mexikanischen Thron und ihren Ehemann gegen die Aufständischen zu verteidigen. Nicht mehr ganz bei Sinnen kam sie am 8. August 1866 nach Europa zurück, wo sie unter anderem bei Papst Pius IX. um Hilfe für ihren Gemahl und den mexikanischen Kaiserthron bat. Zusehends befiel sie die Angst, jemand trachte ihr nach dem Leben. Sie hatte wahnsinnige Angst davor, vergiftet zu werden. Während eines erneuten Besuches im Vatikan drehte sie dann völlig durch: Sie weigerte sich zurück ins Hotel zu gehen. Also wurde ihr ein Nachtlager in der päpstlichen Bibliothek zugewiesen. Charlotte war damit die erste Frau, die in den Privaträumen des Pontifex übernachtete – offiziell zumindest. Gebracht hat's ihr im Endeffekt nicht viel. Der mexikanische Thron ging verloren, sie starb 1927 – in völliger geistiger Umnachtung.

Kronprinz Rudolf († 1889)

Er suchte sein Glück in fremden Betten und im Tod

Es gab wohl keinen unglücklicheren Zeitgenossen als Rudolf, den Sohn Kaiser Franz Josephs und Elisabeths, den so lange erwarteten Thronfolger der Donaumonarchie. Alle Hoffnungen ruhten auf ihm. Eine schwere Bürde, die ihm zusehends zu schaffen machte. Zeit seines Lebens im Clinch mit seinem Vater, dessen konservative Grundhaltung dem liberalen Erzherzog arg widerstrebte, flüchtete er in eine außereheliche Liebschaft nach der anderen und letztendlich sogar in den Freitod.

Rudolfs Verhältnis zur Frauenwelt dürfte zeit seines Lebens gestört gewesen sein – obwohl man ihm gestattete, selbst auf Brautschau zu gehen. Ziemlich ungewöhnlich, wollte man doch für den künftigen Thronfolger die beste Partie Europas finden und eigentlich sämtliche Risiken ausschalten. Der Thronfolger hätte sich ja auch falsch entscheiden können. Doch dazu kam's Gott sei Dank nicht; er entschied sich für Stephanie von Belgien, die Tochter König Leopolds II. aus dem Hause Coburg-Gotha. Im März 1880 wurde in Brüssel Verlobung gefeiert. Allerdings ließen die Hochzeitsfeierlichkeiten noch ein Jahr auf sich warten. Schließlich war die Auserwählte noch keine 16 Jahre alt und man musste die erste Menstruation der zukünftigen Kronprinzessin von Österreich erst einmal abwarten. Zeit genug also für Rudolf, sich in diesen 365 Tagen noch einmal so richtig auszutoben und seinem Ruf als Schürzenjäger gerecht zu werden. Absurdes Detail am Rande: Rudolf soll zu den Feierlichkeiten in Brüssel sogar seine Geliebte mitgenommen haben! Das zumindest berichtete Stephanie später in ihren Erinnerungen.

Erstmals die Hörner abgestoßen hat sich der frühreife Rudolf aber bereits als 14-Jähriger – bei leichten Mädchen. In seinem ersten Tagebuch notierte er akribisch sämtliche Annäherungsversuche und vermerkte die damit einhergegangenen Ausgaben: »300 fl. [Gulden, Anm.] pfutsch, 500 fl. pfutsch. Alles Gute nicht möglich wegen verschiedenen Verhältnissen, nur eine Blondine angepirscht (sic!), von Ehre sie gesprochen, um mehr als 5 fl. aus mir herauszudrücken, ich nicht eingegangen, abgeschlossen.« Über ein anderes Tete-a-tete berichtete er: »Heute abends am Beginn der Kastanienallee, ein blondes Fräulein lang gesprochen. Sie endlich angepackt. Sie mir entwischt. Ich habe Kleider aufgehoben etc. 5 fl. ihr heute gezahlt. Sie für morgen ½ 8 abends wieder vor den Stall bestellt. Morgen! Für 20 Gulden tut sie alles!« (Zit. nach: Stadtlaender: Habsburg Intim) Auch von einer »Balldirne von Profession« und der Tochter eines Fiakers mit Namen Leopoldine Pus ist in Rudolfs pikantem Tagebuch die Rede.

Am 10. Mai 1881 ging die Hochzeit mit Stephanie schließlich über die Bühne – und lieferte prompt neuen Stoff für den Hoftratsch. Vor allem Stephanies Aussehen sorgte für Erregung. So gab Fürst Franz Xaver Khevenhüller-Metsch emotionslos zu Protokoll: »An der Kronprinzessin ist nicht viel, fadblond, wenig Haare, Gesicht ohne Ausdruck, Nase lang.« Klar, dass sämtliche Jugendlieben des Kronprinzen, die vor Stephanies Ankunft das kaiserliche Bett mit Rudolf teilten, insgeheim Luftsprünge machten. War von der »Neuen« am Kaiserhof doch keine ernsthafte Konkurrenz zu erwarten. Gräfin Larisch, »Skandalnudel« Nummer eins zur damaligen Zeit, lästerte: »Die zahlreichen Damen, die ihn [Kronprinz Rudolf, Anm.] kannten und liebten, waren überglücklich. Denn bei der Braut stand nicht zu befürchten, dass jemals ein vorbildlicher Ehemann aus ihm werden würde.«

Und Stephanies Schwester, Louise von Coburg, wusste über die Ehe der beiden zu berichten: »Die beiden Naturen passten nicht zusammen, beide herrschsüchtig, unversöhnlich, und so fasste die Entfremdung bald tiefe Wurzeln. Jähzornig waren sie beide und so spielten sich bald unerquickliche Szenen ab. Die Haltlosigkeit, die Unzufriedenheit mit sich selbst, der Drang sich zu betäuben trieb den Kronprinzen in der letzten Zeit zum Alkoholgenuss; in so einem Zustande war er geradezu gewalttätig.« (Zit. nach: Stadtlaender: Habsburg Intim)

Anfangs schien es aber dennoch so, als ob sich das Paar arrangieren könnte. 1883 war Stephanie sogar schwanger. Doch bereits kurz danach zeigte sich, wie unterschiedlich die Eheleute waren. Während Stephanie Rudolfs Anwesenheit akzeptierte, zog es der Hallodri vor, sich mit seinen Freunden – Wissenschaftler und Journalisten – zu besaufen. Und während die gute Ehefrau zu Hause auf die Rückkehr des Mannes wartete, vergnügte der sich lieber im Vollrausch mit dem einen oder anderen leichten Mädel – mit bösen Folgen. Denn wie schon sein Onkel, Kaiser Maximilian von Mexiko, fing auch er sich eine Geschlechtskrankheit – nämlich Gonorrhöe – ein, mit der er zu allem Überdruss auch noch seine Frau Stephanie ansteckte. Die Folge: Stephanie wurde unfruchtbar, an die Geburt eines Thronfolgers – das 1883 geborene Kind war eine Tochter – war fortan nicht mehr zu denken. Stephanie wusste, wem sie dieses Desaster zu verdanken hatte. Im unveröffentlichten Originalmanuskript ihrer Memoiren schrieb sie: »Ich selbst ahnte den Grund meines Leidens nicht. Auf hohen Befehl wurde alles vertuscht, die Ärzte auf Schweigen beeidigt. Erst später entdeckte ich und erfuhr ich, dass der Kronprinz an meinem Leiden schuld war. Auch ihn hatte die furchtbare Seuche erfasst, die noch vor niemandem, sei er geringen Standes oder auf den Höhen des Throns geboren, Halt gemacht, sofern ihr Leichtsinn oder fluchwürdiges Erbe Tür und Tor öffnet ...« (Weissensteiner: Frauen um Kronprinz Rudolf)

Stephanie zog die Konsequenzen und verbannte den Ehemann Anfang 1886 vorerst aus dem gemeinsamen Schlafzimmer. Doch statt den Kronprinzen dadurch stärker an sich zu binden und von seinen Eskapaden abzuhalten, erreichte sie genau das Gegenteil. Durch ihre Aktion trieb sie Rudolf erst recht in die Wirtshäuser und Bordelle der Stadt. Denn scheinbar konnten ihm nur die Prostituierten die Zuneigung geben, nach der er sich sehnte.

Irgendwann wurde es schließlich auch Stephanie zu bunt. Auf einer Reise durch Galizien im Frühsommer 1887 lernte sie Graf Artur Potocki kennen und ging mit ihm eine Affäre ein. Dazu aber später mehr.

Rudolf dürfte von alledem nichts mitbekommen haben – oder er wollte es nicht wahrhaben. Er trieb sich weiter in den einschlägigen Lokalen Wiens herum. Bei einem seiner Streifzüge lernte er 1886 auch die Edelprostituierte Mizzi Caspar kennen, die ihm scheinbar den Kopf verdrehte. Gemeinsam zogen sie durch die Lokale und verbrachten den Rest der Nacht stets gemeinsam.

Über Mizzi Caspar ist nicht viel bekannt, war sie doch keine kaiserliche Mätresse im herkömmlichen Sinn, sondern ein leichtes Mädel ohne Glanz und Glamour. Geboren wurde sie am 28. September 1864 in Graz. Im Alter von 18 Jahren übersiedelte sie mit ihrer Mutter nach Wien. Nur wenig später landete sie – trotz der offiziellen Berufsbezeichnung »Tänzerin« oder »Soubrette« – im Horizontalgewerbe. Kronprinz Rudolf lernte die junge Frau über Vermittlung der »stadtbekannten Kupplerin« Wolf kennen, die in ihrem Wiener Bordell die schönsten Damen der Stadt beschäftigte. Rudolf erwarb für Mizzi Caspar sogar ein dreistöckiges Bürgerhaus im vierten Wiener Gemeindebezirk (Heumühlgasse 10), das fortan zum exklusiven Liebesnest für den Habsburgerspross und die Edelhure avancierte. Zusätzliche Schmuck- und Geldgeschenke sollten Mizzi auch nach dem Tod des Thronfolgers ein erfülltes und sorgenfreies Leben ermöglichen. Sie bescherte ihm dafür unbeschwerte Stunden. Gegenüber den Polizeiagenten, die beide ständig überwachten, gab Mizzi allerdings später recht uncharmant zu Protokoll, dass der Kaisersohn alles andere als eine Granate im Bett war: »K. R. [Kronprinz Rudolf, Anm.] war impotent u. nur dann zum Coitus fähig, wenn er Champagner getrunken hatte.«

Obwohl die Liaison mit Mizzi nahezu bürgerlichen und damit festen Charakter annahm, konnte der Kronprinz seine Finger nicht von anderen jungen Mädeln lassen. Oder waren die Mädchen verrückt nach ihm? So vergnügte er sich im Frühsommer 1888 mehrere Wochen mit der Hoteliersgattin Annie Kuranda. Rudolfs Frau bekam auch davon Wind, nannte sie Rudolfs Gespielin doch nach dessen Tod in Mayerling eine »kleine Vetsera«. (Zit. nach: Stadtlaender: Habsburg Intim)

An Absurdität jedoch nicht zu übertreffen ist folgende Geschichte, die vom Hormon-gesteuerten Rudolf überliefert ist: Der Habsburger-Thronfolger und der deutsche Kronprinz Wilhelm (der spätere Kaiser Wilhelm II., Rudolf und er vergnügten sich regelmäßig in Wiener Bordellen) sollen sich die Mätressen geteilt haben. Und das kam so: 1887 vermittelte Rudolf bei einem Jagdbesuch Wilhelms dem deutschen Prinzen zwei Wienerinnen. Chris Stadtlaender weiß Folgendes zu berichten: »Die Freundin Rudolfs, eine gewisse Ella Scopicz, verkuppelte die hübsche Anna Homolatsch, Tochter einer Kammerfrau der Königin von Württemberg, mit Wilhelm. Dieser schlitterte prompt in eine Falle, denn die flotte Anna war bereits von einem russischen Diplomaten schwanger [...]« (Zit. nach: Stadtlaender: Habsburg Intim)

Das erste Rendezvous im Schlosspark Schönbrunn schlug allerdings fehl. Als Nächstes wollte man sich in Mürzsteg treffen. Doch auch dieser Versuch misslang. Schließlich bestellte man die zwei Auserwählten nach Eisenerz. Dort allerdings fielen die beiden herausgeputzten »Damen« auf wie die bunten Hunde. Fast wären sie verhaftet worden, hätte der Kammerdiener des Prinzen nicht eingegriffen. Ein Intimus des Kaiserhofes beobachtete die skurrile Szene: »Ein Gendarm wollte sie ausweisen, doch im letzten Moment kam der Kammerdiener des Prinzen [Wilhelm, Anm.] und erklärte, die Damen seien für seinen Herrn. Sie blieben und hatten des Nachts beide in einem Zimmer ein Rendezvous mit demselben, wobei so ein Lärm gemacht wurde, dass alle Hausbewohner sich darüber aufhielten [...]« (Zit. nach: Stadtlaender: Habsburg Intim)

Der Rest der Geschichte ist schnell erzählt; es kam, wie es kommen musste: Die Familie Homolatsch verlangte später vom deutschen Kaiserhaus, das Kind, das von dem russischen Diplomaten war, anzuerkennen. Monatelang wurde gefightet, was das Zeug hielt. Letztendlich wurde die Tochter (sie hieß Wilhelmine) anerkannt und bekam eine einmalige Abfindung von 100.000 Mark. Später hatte Rudolf nichts Besseres zu tun, als die Affäre des deutschen Kronprinzen mit der Homolatsch publik zu machen. Brühwarm erzählte er alles einem Zeitungsreporter, der dadurch zu der Story seines Lebens kam.

Doch wenden wir uns nun der wohl bekanntesten Geliebten Kronprinz Rudolfs zu: der Baronesse Mary Vetsera. Sie stellte Rudolf richtiggehend nach, wollte ihn unter allen Umständen (und mit allen Mitteln) kennen lernen. Ihr Name sollte im Zusammenhang mit dem Tod Rudolfs noch große Bedeutung erlangen.

Wer aber war diese rätselhafte Baronesse? Zeitgenössische Erzählungen beinhalten nur wenig Schmeichelhaftes über das junge Mädchen: »Die Baronesse war nicht eigentlich, was man eine Schönheit nennt [...] am wenigsten eine edle, vornehme Schönheit; das Wort Schopenhauers vom ›Knalleffekt der Natur‹ passt selten so gut wie hier; von der üppigen, früh erblühten Gestalt, dem hübschen Gesichtchen mit den zuckenden Lippen, dem kecken Stumpfnäschen, den feuchtschimmernden blauen Augen ging ein Hauch heißer Sinnlichkeit aus, welcher um so mehr auf die Männer wirkte, je sinnlicher ihre eigene Natur war [...] Sie war mäßig begabt [...] Sie hatte keinerlei, und zwar buchstäblich keinerlei geistige Interessen und interessierte sich, außer für ihre Toilette, nur für den Rennsport.« (Weissensteiner: Frauen um Kronprinz Rudolf)

Den ersten Blick auf den Kronprinzen dürfte Mary im April 1888 bei einem Rennen in der Freudenau erheischt haben. Ihr Französischlehrer und Vertrauter Gabriel Dubray schrieb in einem einleitenden Artikel in der »Pariser Matin«: »Die Baronesse scheint sich im Frühjahr 1888 in den Kronprinzen verliebt zu haben, denn von dort ab trat in ihrem Benehmen und in ihrer Stimmung eine auffallende Veränderung zu Tage. Sie sprach von ihm mit großer Begeisterung, aber ich, der ich darüber berichte, hielt die Sache für ungefährlich; sie werde sich schon wieder verflüchtigen, hoffte

Kronprinzen unter sich: Wilhelm und Rudolf hatten zwar
unterschiedliche politische Ansichten, doch sie teilten sich
die Bettgespielinnen.

ich, wenn einmal ein ernster Bewerber um das schöne, damals 17-jährige Mädchen auftrete.« (Swistun: Mary Vetsera)
Verflüchtigt hat sich allerdings rein gar nichts – ganz im Gegenteil. Von diesem Tag an sollte es der Mittelpunkt ihres Lebens werden, den Kronprinzen für sich zu gewinnen. Fast könnte man den Eindruck gewinnen, sie mutierte zu einem kaiserlichen Groupie. Täglich las sie die Berichte der Klatschpresse über den kaiserlichen Spross, sammelte Fotos und zog Erkundigungen über ihn ein. Natürlich blieben auch ihrer Mutter die Schwärmereien nicht verborgen. Kurzerhand packte sie die junge Adlige und schleppte sie

auf eine Reise nach England. Doch auch das nützte nichts. Wieder zurück in Wien, ging das ganze Theater von vorne los.

Wochenlang verfolgte Mary den Kronprinzen zu allen nur erdenklichen gesellschaftlichen Ereignissen. Eines Tages schließlich fasste sie allen Mut zusammen und bat den Prinzen im Oktober 1888 schriftlich um ein Treffen. Was genau Inhalt dieses ominösen Schreibens war, ist leider nicht überliefert, da der Brief nicht erhalten ist.

Rudolf zögerte nicht lange und bot dem Mädchen ein harmloses Treffen im Wiener Prater an. Da es in der damaligen Zeit für ein junges Mädchen allerdings unmöglich war, alleine mit einem Mann zusammenzutreffen, bat sie eine Freundin ihrer Mutter sie zu begleiten. Das Pikante daran: Marys Vertraute war niemand Geringere als die Gräfin Marie Larisch-Wallersee, die eine Cousine Kronprinz Rudolfs war. Der konnte sie zwar nicht wirklich riechen, hatte aber keine Wahl und musste ihr Kommen akzeptieren. Denn nur so konnte er einen Blick aus der Nähe auf die Baronesse werfen.

Offensichtlich verlief das erste Rendezvous hervorragend, denn fortan traf sich der Kronprinz immer häufiger mit Mary Vetsera. Bereits beim zweiten Date nahm der Kronprinz die junge Baronesse mit in seine Junggesellenwohnung in die Wiener Hofburg. Ein Brief Marys an ihre Freundin Hermine Tobis schildert, was bei diesem Treffen geschehen ist: »Liebe Hermine! Heute bekommen Sie einen glückseligen Brief, denn ich war bei ihm! Marie Larisch nahm mich mit, Kommissionen zu besorgen, dann gingen wir zur ›Adele‹ [damaliger Hoffotograf, Anm.], um uns fotografieren zu lassen, für ihn natürlich, und dann gingen wir hinter das Grand Hotel, wo uns Bratfisch erwartete. Wir hüllten unsere Gesichter fest in unsere Boas und fort gings in sausendem Galopp in die Burg. An einer kleinen eisernen Tür erwartete uns ein alter Diener, welcher uns über mehrere finstere Treppen und Zimmer führte, endlich vor einer Tür halt machte und uns eintreten ließ.«

Sie fuhr mit ihrer Schilderung fort: »Beim Eintritt flog mir ein schwarzer Vogel, eine Art Rabe, an den Kopf, und eine Stimme im Nebenzimmer rief: ›Bitte, meine Damen, weiter zu kommen, ich bin hier!‹ Wir gingen hinein, Marie stellte mich vor, und wir waren gleich in ein wienerisches Gespräch vertieft. Endlich sagte er: ›Ich habe mit der Gräfin allein zu sprechen‹, und ging mit Marie in ein anderes Zimmer. Ich untersuchte einstweilen alles. Auf dem Schreibtisch lag ein Revolver und ein Totenkopf. Ich nahm letzteren in die Hand und besah ihn von allen Seiten. Plötzlich kam er herein und nahm ihn mir ganz erschrocken aus der Hand. Als ich ihm sagte, daß ich mich gar nicht fürchte, lächelte er. Beim Fortgehen führte er uns selbst durch einen dunklen Saal und über eine Treppe und sagte zu Marie: ›Bringe sie mir bald wieder! Ich bitte!‹« (Swistun: Mary Vetsera) All dies spielte sich am 5. November 1888 ab. Weitere intime Verabredungen folgten.

Den Großteil der intimen Zusammenkünfte fädelte die Gräfin Larisch-Wallersee ein. Verschiedene Berichte sprechen von häufigen Besuchen im Herbst und Winter 1889/89 in der Hofburg. Mitte Jänner 1889 schien es dann ernst zu werden zwischen dem Kronprinzen und der Baronesse. Stichtag dürfte der 13. Jänner 1889 gewesen sein. Für diesen Sonntag war ein Treffen mit dem Kronprinzen geplant. Wieder einmal eilte sie zu Rudolf in die Burg. Nach diesem Treffen kam sie jedoch aufgeregter nach Hause zurück als jemals zuvor. Ihrer Kammerzofe gegenüber bemerkte sie: »Ach Agnes, es wäre vielleicht besser gewesen, wenn ich heute nicht ausgegangen wäre.« Nachsatz: »Doch Agnes, weißt du, ich bin schon dem Schicksal dankbar, denn nun gehöre ich nicht mehr mir selbst, sondern ihm ganz allein. Ab jetzt muß ich alles tun, was er von mir verlangt.« (Weissensteiner: Frauen um Kronprinz Rudolf)

Und an ihre Freundin Hermine Tobis schrieb sie: »Liebe Hermine, ich muß Ihnen heute ein Geständnis machen, über das Sie sehr böse sein werden. Ich war gestern von 7–8 Uhr bei ihm. Wir haben beide den Kopf verloren. Jetzt gehören wir uns mit Leib und Seele an.« (Weissensteiner: Frauen um Kronprinz Rudolf)

Was aber ist an diesem ominösen Sonntag passiert? Genau rekonstruieren lässt sich dieses Tete-a-tete nicht mehr. Wahrscheinlich ist aber, dass die beiden an diesem Tag zum ersten Mal in der Horizontalen gelandet sind. Mehr noch: Sozusagen als »Nachspiel« scheinen sie ihren tödlichen Plan gefasst zu haben, denn nur fünf Tage später schrieb Mary ihr Testament nieder. – Ein ziemlich ungewöhnlicher Schritt für eine 17-Jährige.

Das vorerst letzte Rendezvous fand schließlich am 24. Jänner im Prater statt. Danach ging's Schlag auf Schlag: Marys Mutter drohte, die Affäre auffliegen zu lassen, und Rudolf überwarf sich endgültig mit seinem Vater, Kaiser Franz Joseph.

Am Montag, den 28. Jänner machten sich Rudolf und Mary auf den Weg nach Mayerling – getrennt voneinander. Gegen 15.30 Uhr traf Rudolf dort ein, Mary wurde von Bratfisch wenig später ins kaiserliche Jagdschloss kutschiert. Tags darauf erreichten Graf Joseph Hoyos und Prinz Philipp von Coburg, die Jagdgäste des Kronprinzen, das Schloss Mayerling. Unter dem Vorwand, sich eine Erkältung eingefangen zu haben, sagte Rudolf seine Teilnahme an der geplanten Jagd ab – wahrscheinlich deshalb, um mit Mary die letzten Stunden vor dem Selbstmord verbringen zu können.

Was genau sich in diesen letzten Stunden in Mayerling abgespielt hat, ist nur fragmentarisch überliefert. Mary dürfte Abschiedsbriefe an ihre Lieben verfasst haben. So schrieb sie an ihre Mutter: »Liebe Mutter! Verzeiht mir, was ich getan, ich konnte der Liebe nicht widerstehen. In Übereinstimmung mit ihm [Kronprinz Rudolf, Anm.] will ich neben ihm im Friedhof zu Alland begraben sein. Ich bin glücklicher im Tode als im Leben. Deine Mary.« (Weissensteiner: Frauen um Kronprinz Rudolf)

Wie es danach weiterging, ist nicht ganz klar. Wahrscheinlich tötete Rudolf in der Nacht auf 30. Jänner zuerst seine jugendliche Begleiterin. Einige Stunden später dürfte er sich selbst erschossen haben. Wir sprechen hier also von Mord und Selbstmord! Wie verzweifelt musste ein 17-jähriges Mädchen gewesen sein, das sich offenbar im Tode glücklicher wähnte als im Leben? Oder war sie einfach von der Liebe zu Rudolf geblendet, der ihre Gefühle nur dazu benutzt hatte, nicht alleine in den Tod gehen zu müssen? War Rudolf vielleicht einfach nur ein Feigling, der sein Leben wahrscheinlich selbst im Tod nicht alleine auf die Reihe zu kriegen schien? Offensichtlich war es eine Kombination all dieser Komponenten, die zu diesem tragischen Ende führten.

Am Morgen des 30. Jänner fand man schließlich die beiden Leichen – neben einer Unzahl von Abschiedsbriefen, die auch nach dem Tod Rudolfs noch einigen Aufschluss über sein unkonventionelles Liebesleben gaben.

So suchte man vergeblich nach zärtlichen Worten für seine Todesbegleiterin Mary Vetsera oder für seine Gemahlin Stephanie. Im

Gegenteil: Der Abschiedsbrief an seine Ehefrau lässt auf die Eiseskälte schließen, die in der Beziehung am Ende schon geherrscht haben muss: »Liebe Stephanie! Du bist von meiner Gegenwart und Plage befreit; werde glücklich auf deine Art. Sei gut für die arme Kleine [die Tochter Elisabeth, Anm.], die das einzige ist, was von mir übrig bleibt ...« Jeder Selbstmörder, der für seine Frau noch innige Liebe empfunden hätte, hätte wohl andere Worte gewählt.

Rentieren sollte sich der Selbstmord Rudolfs hingegen für Mizzi Caspar. In einem seiner Schreiben gab er die Anweisung, alles in seinem Besitz befindliche Geld ihr zu übergeben. Ihre »Aufopferung« für den Prinzen hat sich also mehrfach gelohnt. Überhaupt muss man Mizzi Caspar weit mehr Bedeutung zumessen als bisher angenommen. Denn: Mary war nicht Rudolfs erste Wahl. Bereits im Dezember 1888 schlug er seiner Langzeitgeliebten Mizzi Caspar vor ihn in den Tod zu begleiten. Er plante, sich mit ihr im Husaren-Tempel bei Mödling zu erschießen. Sie gab ihm jedoch einen Korb. Etwas verängstigt ging sie damals zum Polizeipräsidenten Baron Krauß und berichtete ihm von den morbiden Plänen des Kronprinzen. Unternommen wurde hingegen nichts, die Sache fiel unter den Tisch. Warum, so dachte man, sollte man einer Horizontalgewerblerin Glauben schenken?

Auch sexuell dürfte sich zwischen Kronprinz Rudolf und Baronesse Vetsera wenig abgespielt haben. Sogar die letzte Nacht vor seiner Abreise nach Mayerling verbrachte Rudolf nämlich lieber mit seiner Mizzi. Polizeiagent Florian Meissner, dem es oblag, den Kronprinzen zu überwachen, gab damals zu Protokoll: »Montag, den 28/1. 1889 war E. R. [Erzherzog Rudolf, Anm.] bei Mizzi bis 3 Uhr morgens, trank sehr viel Champagner, gab dem Hausmeister 10 Gulden Sperrgeld. Als er sich von Mizzi empfahl, machte er ganz gegen seine Gewohnheit ihr an der Stirne das Kreuzzeichen. Von Mizzi fuhr er (direct?) nach Mayerling.« (Weissensteiner: Frauen um Kronprinz Rudolf)

Für das habsburgische Kaiserhaus war der Selbstmord des Kronprinzen natürlich ein Skandal ersten Ranges. Daher versuchte man auch, die Öffentlichkeit über die wahren Hintergründe so lange wie möglich im Unklaren zu lassen. Doch das Volk hatte ein neues Tratschthema und die irrsten Theorien kursierten fortan in der Wiener Gesellschaft. Einige Kostproben sollen beweisen, wie ab-

surd die meisten dieser »G'schichterln« waren. Hans Bankl fasste sie in seinem Buch »Die kranken Habsburger« zusammen: Da gab es zum einen die Theorie (die übrigens von der späteren Kaiserin Zita verzapft wurde), Rudolf wäre das Opfer einer internationalen Verschwörung geworden. Franzosen und Engländer hätten den Kronprinzen ums Eck gebracht. Dann hörte man noch davon, Rudolf sei in flagranti mit der Frau des Försters erwischt worden. Der habe schließlich den Kronprinzen erschossen und sich selbst erhängt. Von dem toten Förster fehlt allerdings bis heute jede Spur …
Die unsinnigste Geschichte spricht sogar von einem Sexunfall. Die wohl absurdeste Variante ist jene, dass Mary Rudolf den Penis abgeschnitten hätte, worauf dieser sie erschossen habe. Diese Geschichte stammt von niemand Geringerem als von Benito Mussolini, der darüber schrieb, als er noch Journalist war.
Andere wiederum sprechen davon, der Doppelselbstmord sei nur vorgetäuscht worden. Mary floh nach London, Rudolf nach Russland und später nach China. Und: Natürlich gibt es Nachkommen.
All diese abstrusen Theorien konnten nur deshalb entstehen, weil es das Kaiserhaus nicht über sich brachte sich einzugestehen, dass Rudolf »der Abtrünnige« sich jeden Konventionen des allerhöchsten Hauses entzog, mit seinem Vater nicht zurechtkam, von seiner Mutter vernachlässigt wurde, schwere psychische Störungen hatte und sich schließlich kurzerhand in den Freitod stürzte.
Doch Rudolf sorgte nicht nur mit seinen außerehelichen Liebschaften und seinem spektakulären Selbstmord für Schlagzeilen und Aufregung. Der Kronprinz soll nämlich ohne Wissen seines Vaters bereits am 1. Jänner 1880 Maria Antonia († 1883) aus der toskanischen Linie des Hauses Habsburg geheiratet haben. Wer war die Dame? Maria Antonia lebte im Salzburger Exil und war seit ihrer Kindheit lungenkrank. Später wurde sie Äbtissin des Theresianischen Damenstiftes in Prag. Als ihre Krankheit jedoch schlimmer wurde, »flüchtete« sie an die Côte d'Azur. Dort starb sie dann – laut Hamanns biografischem Lexikon – unverheiratet.
Rudolf und Maria Antonia sollen sich in Prag kennen und lieben gelernt haben. Die Ehe der beiden wäre zwar standesgemäß gewesen, hätte jedoch den hausrechtlichen Bestimmungen widersprochen, denen zufolge der Kaiser als Familienoberhaupt dieser

Ehe hätte zustimmen müssen. De facto wäre die Ehe also ungültig gewesen.

Die staatspolitisch bedeutende Komponente ist aber vielmehr jene, dass Maria Antonia am 7. März 1883, kurz vor ihrem Tod, einen Sohn geboren haben soll – einen Thronfolger, der nach Rudolf eigentlich erbberechtigt gewesen wäre. Der Junge wuchs angeblich bei der Familie des Heinrich Columban Pachmann – dessen Sohn starb am 8. März gleich nach der Geburt – unter dem Namen Robert Pachmann auf. Für den Austausch der beiden Kinder zeichnete, Gerüchten zufolge, der Kammerdiener der Kaiserin Elisabeth höchstpersönlich verantwortlich. Aber auch der »Haus- und Hoffiaker« Rudolfs, Bratfisch, soll seine Finger im Spiel gehabt haben. Später behauptete Robert Pachmann, der Thronfolger »Erzherzog Carl Rudolf Salvator« zu sein. 1939/40 soll ihm sogar von den Nationalsozialisten die Krone Ungarns angeboten worden sein. Ob jener Pachmann allerdings wirklich ein Abkömmling des Habsburgers Rudolf war, ist bis heute ungeklärt ...

Interessanter – und nicht unwesentlicher – Nebenaspekt bei diesem Histörchen: Hat Kronprinz Rudolf 1880 tatsächlich Maria Antonia geheiratet, wäre er ein Bigamist gewesen. Denn 1881 wurde er – wie schon oben erwähnt – mit Stephanie von Belgien vermählt – diesmal allerdings mit Zustimmung des Kaisers. Inwieweit dieses Kapitel in der Geschichte des Thronfolgers der Wahrheit entspricht, sei vorerst dahingestellt ...

So spektakulär Rudolfs Liebesleben auch war – über die beiden auf Rudolf und Franz Joseph folgenden »prominenten« Habsburger, Erzherzog-Thronfolger Franz Ferdinand und Kaiser Karl I., gibt es in puncto Liebe und Affären nicht viel zu berichten. Einzig die morganatische Ehe Franz Ferdinands mit Sophie Gräfin Chotek sorgte noch einmal für große Aufregung im Kaiserhaus. Franz Joseph stimmte dieser Ehe letztendlich aber zu, unter der Voraussetzung, dass die Kinder aus dieser Verbindung keinerlei Ansprüche auf Thron und Rechte des Kaiserhauses hatten.

Allerdings gibt es Anhaltspunkte dafür, dass der als sehr bieder verschrieene Franz Ferdinand doch nicht ganz so keusch gewesen sein dürfte, wie er vorgab zu sein. 1919 – also fünf Jahre nach seinem Tod – meldete eine Salzburger Zeitung nämlich, einige uneheliche Kinder hätten Unterhalt angefordert.

Karl I., der letzte Kaiser aus dem Hause Habsburg, lebte, heiratete und liebte hingegen ganz den Vorstellungen des Hauses Habsburg entsprechend. Seine Hochzeit mit Zita von Bourbon-Parma entsprach allen hausrechtlichen und dynastischen Bestimmungen. Und »Spaß« hatte Karl auch nur im ehelichen Bett. Er führte offensichtlich ein derart vorbildliches Leben, dass er zum Lohn dafür sogar von Papst Johannes Paul II. selig gesprochen wurde. Mit viel Glück schafft er sogar noch den Heiligenstatus.

Zwei weniger bedeutende, weil nicht der Hauptlinie des Hauses entstammende Habsburger sorgten Ende des 19. Jahrhunderts dennoch für das eine oder andere Skandälchen. Diese sind im nächsten Kapitel kurz zusammengefasst.

Andere Habsburger in fremden Betten

War Erzherzog-Thronfolger Franz Ferdinand außerehelichen Affären mehr oder weniger abgeneigt, hat er diese Neigung sicher nicht von seinem Vater, Karl Ludwig († 1896), geerbt. Gräfin Larisch beschrieb ihn als »fetten, alten Mann mit tierischen Instinkten«. Und auch der aus der Familie Habsburg ausgeschiedene Erzherzog Leopold Salvator, der sich später Leopold Wölfling nannte, hielt von seinem Verwandten offensichtlich nicht viel. Laut ihm hatte Karl Ludwig eine »Leidenschaft ... [für] ... alten Wein und junge Frauen, Pferde und Jagd«. Sogar seine eigene Mutter, Erzherzogin Sophie, gab nicht gerade schmeichelhaft zu Protokoll: »Interessant wird er niemals werden!« Und tatsächlich: Als jüngerer Bruder des Kaisers spielte er dynastisch keine bedeutende Rolle. Also schickte ihn das Kaiserhaus gerne zu den verschiedensten Anlässen, wo es zu repräsentieren galt. Später erhielt er deshalb den Spitznamen »Ausstellungs-Erzherzog«.

In dritter Ehe war Karl Ludwig mit Maria Theresia von Portugal († 1944) verheiratet, die jedoch 22 Jahre jünger war als ihr Mann. Glaubt man den Worten Wölflings, sah Karl Ludwig neben ihr aus »wie ihr Großvater«. Besonders glücklich dürfte die Ehe auch nicht gewesen sein. Absurd: Obwohl er fremdging, war er seinerseits extrem eifersüchtig. Und an seinem letzten Lebenstag schlug er seine Frau im Streit sogar mit einer Reitpeitsche, kam abends betrunken mit »Trinkkumpanen und Frauen der Halbwelt« heim. Noch in derselben Nacht biss er ins Gras ...

Auch der Sohn Karl Ludwigs und Vater Kaiser Karls I., Erzherzog Otto († 1906) – genannt »Bolla« – hatte es faustdick hinter den Ohren. Er galt als Schwarm aller Frauen. Über ihn wird berichtet: »Er war gewiss der schönste Habsburger, der je zur Welt kam: groß, schlank, seine Gesichtszüge von vornehmstem Schnitt.« (Zit. nach: Bankl: Die kranken Habsburger) Klar, dass sich die Frauen um ihn rissen. Otto hatte zahlreiche Liebschaften. Verheiratet war er allerdings mit Maria Josepha von Sachsen († 1944). Die Ehe war alles andere als glücklich. Fürstin Fugger hatte den Durchblick: »Schon mit einundzwanzig Jahren wurde der Erzherzog verheiratet. Sein Vater hatte es gewünscht, und so wurden – wie es bei Hofe immer geschah – zwei junge Wesen, ohne dass sie sich näher kennen gelernt hätten, fürs Leben aneinander gebunden. Beide waren voll guter Eigenschaften; aber sie waren weltfremd und grundverschieden in ihren Charakteren. Ich habe Erzherzogin Maria Josepha oft bedauert; denn sie war eine gute, edle Frau, als Prinzessin von Sachsen streng und ausgezeichnet erzogen. Sie kam dem Erzherzog gewiss voll Liebe entgegen; doch was nützte es: sie war nicht die, die zu seinem Wesen gepasst hätte. Und so war die Ehe nicht glücklich.«

Daher machte er aus seinen zahlreichen außerehelichen Liebschaften – Bastarde inklusive – erst gar kein Geheimnis. So erkannte er etwa einen außerehelichen Sohn mit der Balletttänzerin Marie Schleinzer und eine Tochter aus der Liaison mit der Aktrice Louise Robinson an. Außerdem gibt es Hinweise auf weitere uneheliche Kinder: Mit einer jungen Schauspielerin soll er auch einen Sohn gezeugt haben. Außerdem sollen aus den Beziehungen zu Marie Schleinzer und Louise Robinson auch noch andere Kinder hervorgegangen sein. Der Kaiser erfuhr nach Ottos Tod von der Existenz der illegitimen Nachkommen aus der Affäre mit Robinson. Beide Kinder erhielten je 100.000 Kronen und auch die Mutter wurde fürstlich abgefertigt.

Zahlreiche Skandale sorgten – neben der allseits bekannten Trunksucht des Erzherzogs – für besonders große Aufregung und sind mittlerweile legendär: Eines Tages soll der Erzherzog wieder einmal beduselt und fast textilfrei im Hotel Sacher aufgetaucht sein

– nur mit einem Säbel, weißen Handschuhen und mit dem Orden vom Goldenen Vlies »bekleidet«. Dumm nur, dass just in diesem Moment der Botschafter Großbritanniens vorbeikam und den Erzherzog im Adamskostüm leibhaftig vor sich stehen sah. Der geschockte Diplomat zögerte nicht lange und bat um eine Audienz beim Kaiser – die ihm auch gewährt wurde. Franz Joseph, außer sich vor Zorn, stellte seinen Neffen Otto für zwei Monate unter Arrest – in einem Kloster, dessen Weinvorräte nach Ottos Abgang empfindlich geschrumpft waren ...

Ein anderes Mal drang Otto volltrunken zusammen mit seinen dubiosen Zechkumpanen in die Gemächer seiner Frau ein, um ihnen »eine Nonne« und »nackte Erzherzogin« zu zeigen.

Eine Affäre landete sogar im Parlament. Engelbert Pernerstorfer, ein prominenter Sozialdemokrat seiner Zeit, berichtete am 17. Februar 1888 im Reichstag von »einem jungen, sehr hohen Herrn«, der zusammen mit einigen Kumpanen hoch zu Ross über den Sarg eines vorbeiziehenden Leichenzuges gesprungen sein soll. Namen wurden keine genannt. Prekär an der Sache war vor allem die Tatsache, dass Pernerstorfer kurze Zeit später in seiner Wohnung von zwei bewaffneten Schlägern überfallen und verprügelt wurde. Verdächtigt wurde Otto. Und Kronprinz Rudolf soll ihn dabei noch unterstützt haben. Das geht zumindest aus einem Brief Rudolfs hervor, der in den Erinnerungen der Kronprinzessin Stephanie (Rudolfs Gemahlin) veröffentlicht wurde. Am 5. März 1888 schrieb er da: »Die Polizei hat mir schlechte Stunden bereitet, sie haben die Spuren entdeckt und auch das Regiment, von welchem die Prügel ausgegangen sind! Die Leute konnten sie nicht finden, denn wir haben den einen in Südungarn, den anderen in der Herzegowina angebaut. Es hat meine ganze Frechheit dazugehört, um mich und Bolla aus allem zu salvieren.« (Zit. nach: Dickinger: Habsburgs schwarze Schafe) Zwei versoffene Erzherzoge hatten es in diesem Fall wohl etwas übertrieben. Folgen hatte es trotzdem keine, waren die beiden doch immun.

Überdies trieb sich Otto immer öfter in einschlägigen Kneipen herum. Ein Ratgeber des Kaisers schrieb: »Er [Otto, Anm.] kneipte in voller Uniform in den verrufensten Lokalen mit feilen Dirnen oder veranstaltete wüste Gelage in den abgeschlossenen Räumen einzelner Hotels.« (Dickinger: Habsburgs schwarze Schafe)

Ottos leichter Lebenswandel blieb nicht ohne Folgen: Der Erzherzog erkrankte an der »Franzosenkrankheit«, besser bekannt als Syphilis. Die holte er sich angeblich in Monte Carlo bei einer französischen »Cocotte« (Halbweltdame). Anderen Quellen zufolge soll ihm die Krankheit eine rumänische »Zigeunerin« angehängt haben. Der damals berühmte Arzt Professor Mrazek erklärte, »er habe noch nie in seiner gesamten Praxis eine derartige Virulenz des venerischen Giftes wie im Falle des armen Erzherzoges erlebt, alle seine Mittel versagten und dieser sei unrettbar verloren«. (Zit. nach: Dickinger: Habsburgs schwarze Schafe) Später, als sein Kehlkopf befallen war, verlor er seine Stimme. Selbst sein Nasenskelett dürfte zerstört worden sein, denn aus den Akten ist ersichtlich, dass für ihn eine Nasenprothese aus Kautschuk angefertigt wurde. Seine letzte Geliebte, Louise Robinson, pflegte den Schwerkranken bis zum Schluss. Am 1. November 1906 starb er schließlich im Alter von 41 Jahren.

»Wehe, wenn sie losgelassen ...«
Wenn Frauen fremdgehen

Standen in den vorangegangenen Kapiteln eigentlich nur die Männer im Vordergrund und waren die Frauen beziehungsweise Geliebten bisher lediglich Statistinnen im außerehelichen Liebes- und Sexspiel des Kaiserhauses, sollen sich die folgenden Kapitel ganz dem weiblichen Geschlecht widmen.

In diesem Zusammenhang müssen jedoch vorab einige grundlegende Dinge geklärt werden, die erläutern sollen, warum in der langen Habsburger-Geschichte weniger Frauen als Männer fremdgingen beziehungsweise über deren außereheliches Liebes- und Sexualleben nur wenig bekannt ist. Und selbst das, was wir wissen, basiert bis zu einem gewissen Grad nur auf Gerüchten, die sich zum Teil nie eindeutig verifizieren ließen.

Vorweg ist zu berücksichtigen, dass es – egal für wen – extrem schwierig war, an die Frauen der Habsburger überhaupt ranzukommen. Das heißt, sie wurden von der Öffentlichkeit abgeschirmt, nahezu niemand durfte sich in ihre Nähe wagen. Das hat mit den extremen Tabuvorstellungen vor allem bei den spanischen Habsburgern zu tun. Die Königin war für Untertanen und Höflinge »unberührbar«. Selbst zwecks Rettung aus einer etwaigen Gefahr war es verboten, die Regentin anzufassen. So absurd das auch klingen mag, hatte diese Weisung doch einen praktischen Grund: Auf diese Art und Weise wollte man die Legitimität der eigenen Nachkommenschaft sicherstellen. Offensichtlich dachte man am spanischen Hof, dass man der Königin nur kurz den Rücken zudrehen musste und schon wäre sie, schwups, schwanger gewesen.

Um dies zu verhindern war es für die meisten fast unmöglich, zu den Gemächern der spanischen Königin vorzudringen. In ihr Bett zu gelangen gestaltete sich freilich ungleich schwieriger. Insgesamt acht Räume galt es zu überwinden – Sala, Saleta, Antecámara, Cámara más afuera, Cámara del estrado, Cámara más adentro, Cámara und Retrete. Männer durften die privaten Gemächer der Frauen gar nicht betreten. Selbst Frauen hatten es extrem schwer, zur Königin zu gelangen. Nur einige wenige, hoffähige Damen durften ihre Aufwartung machen.

Verließ die Königin einmal den Palast, waren nicht nur ihre Hofdamen mit von der Partie. Auch männliche Mitglieder des Hofes wurden abgestellt, um die Königin zu begleiten und zu verhindern, dass sie auch nur einen Augenblick allein war.

Eine völlig abstruse Regelung in Spanien sah sogar vor, dass alle Frauen, mit denen der König geschlafen hatte, ins Kloster gehen sollten. In die Praxis wurde diese Anweisung jedoch nicht umgesetzt. Wahrscheinlich deshalb, weil nach Philipps II. und Philipps IV. Regentschaft und den damit verbundenen Liebschaften, die beide hatten, sämtliche Klöster Spaniens völlig überbelegt gewesen wären …

Angesichts dieser heute skurril erscheinenden Vorschriften ist es nur allzu verständlich, dass es nicht gerade viele habsburgische Erzherzoginnen schafften, aus ihrem »goldenen Ehekäfig« auszubrechen und sich amourösen Abenteuern in fremden Betten hinzugeben.

Erschwerend hinzu kam das transportierte Frauenbild der frühen Neuzeit, das – stark vereinfacht dargestellt – besagte, dass Frauen hauptsächlich dazu da wären, um Kinder – im habsburgischen Fall männliche Thronerben – in die Welt zu setzen und ihrem Mann uneingeschränkt zu dienen. Noch im 19. Jahrhundert war man dieser Ansicht, wie zum Beispiel der deutsche Philosoph Arthur Schopenhauer in seinem 1851 erschienenen Traktat »Über die Weiber« bemerkte: »Schon der Anblick der weiblichen Gestalt lehrt, dass das Weib weder zu großen geistigen, noch körperlichen Arbeiten bestimmt ist. Es trägt die Schuld des Lebens nicht durch Thun, sondern durch Leiden ab, durch die Wehen der Geburt, die Sorgfalt für das Kind, die Unterwürfigkeit unter den Mann, dem es eine geduldige und aufheiternde Gefährtin seyn soll. Die heftigsten Leiden, Freuden und Kraftäusserungen sind ihm nicht beschieden; sondern sein Leben soll stiller, unbedeutsamer und gelinder dahinfließen, als das des Mannes, ohne wesentlich glücklicher, oder unglücklicher zu seyn.« An späterer Stelle setzt Schopenhauer noch eins drauf: »[...] Dass das Weib, seiner Natur nach, zum Gehorchen bestimmt sey, giebt sich daran zu erkennen, dass eine Jede, welche in die ihr naturwidrige Lage gänzlicher Unabhängigkeit versetzt wird, alsbald sich irgend einem Manne anschließt, von dem sie sich lenken und beherrschen lässt; weil sie eines Herrn bedarf. Ist sie jung, so ist es ein Liebhaber; ist sie alt, ein Beichtvater.« Abgesehen von Schopenhauers genereller Frauenfeindlichkeit spiegelt diese Feststellung aber durchaus auch noch die bürgerlichen Vorstellungen des 19. Jahrhunderts wider.

Während es die Männer unter den Augen der Öffentlichkeit bunt und bunter trieben, war man untreuen Frauen gegenüber ganz und gar nicht tolerant eingestellt. Ein Beispiel dafür sind die zahlreichen Affären der Marie Louise von Wallersee, einer Nichte Kaiserin Elisabeths. Über ihre Seitensprünge mokierte sich die Wiener Gesellschaft mit schöner Regelmäßigkeit.

Überhaupt war die Stellung der Frau im 19. Jahrhundert nicht mit jener in der heutigen Zeit gleichzusetzen. Helga Holmann lieferte in ihrer Diplomarbeit über »Die Autobiografien der Marie Louise Freiin von Wallersee« eine gelungene Erklärung dafür: »Die Karriere der Frauen hing eng mit der Sexualität zusammen. Eine gute Partie zu machen, war für Frauen gleichzusetzen mit dem Streben des Mannes um berufliches Fortkommen, Lebensgenuss und Lebensinhalt.«

Über Jahrhunderte hinweg stigmatisierte die patriarchale Obrigkeit Frauen, die keinen untadeligen Ruf mehr hatten, als »Huren«. Die Sozialwissenschaftlerin Herrad Schenk stellte fest: »Die patriarchale Doppelmoral erklärte alle Frauen zu Huren, die mit einem anderen als ihrem Ehemann Geschlechtsverkehr hatten [...] Jede Frau, die für sich das Recht auf sexuelle Selbstbestimmung in Anspruch nahm und sich ihre Liebhaber selbst wählte, lief Gefahr, von den Männern als Hure eingestuft und kollektiver Belästigung ausgesetzt zu sein.« (Zit. nach: Füller: Eine Affäre in Ehren) Erst 1896 fand sich der Ehebruch nicht mehr im Bürgerlichen Gesetzbuch Deutschlands. Das heißt, ab diesem Zeitpunkt war das Fremdgehen nicht mehr strafbar. Damit fand eine über Jahrhunderte betriebene sexuelle Disziplinierungsmaßnahme ein Ende. Problematisch hinzu kam, dass Scheidungen – vor allem für Frauen aus dem Hochadel – damals de facto nicht möglich waren. Kein Mitglied des Hauses Habsburg konnte einfach zum Anwalt gehen und die Scheidung einreichen. Nur in wenigen Fällen – beispielsweise in dem Luises von Toskana – gelang es einer Habsburgerin, sich von ihrem Mann (in Luises Fall vom sächsischen Kronprinzen) scheiden zu lassen. Welche immensen Schwierigkeiten das allerdings mit sich brachte, wird an anderer Stelle noch genau erläutert.

Die Geschichte hätte Schopenhauer und alle anderen Verfechter des patriarchalischen Weltbildes aber eigentlich eines Besseren belehren müssen. Denn abgesehen von Maria Theresia gab es in der frühen Neuzeit in Europa durchaus noch andere Frauen, die aus dem konventionellen Rollenbild ausbrachen und sich ihrem eigenen Leben widmeten, mehr noch, alle Vorschriften hinter sich ließen und sich nicht dreinreden ließen. Ein gutes Beispiel ist sicher auch die russische Zarin Katharina die Große, die nicht nur politisch sondern auch sexuell überaus aktiv war.

Noch heute müssen sich (Ehe-)Frauen, die ihren Ehemann betrügen, Diffamierungen in der Öffentlichkeit aussetzen. Was für Männer seit jeher als selbstverständlich galt und gilt, war und ist für Frauen oft ein unüberwindbares Hindernis. Die Soziologin Ingrid Füller meint sogar: »Wenn Frauen sexuelle Beziehungen außerhalb ihrer festen Partnerschaft eingehen, dann müssen sie sich, zumindest manche von ihnen, von tief verinnerlichten moralischen Geboten und Rollenzuweisungen lösen.« (Füller: Eine Affäre in Ehren)

Einige Frauen des Hauses Habsburg schafften es trotz dieser Schwierigkeiten, aus ihrem vorgezeichneten Lebensweg – der zumeist Heiraten und Kinderkriegen vorsah – auszubrechen und ihren Willen durchzusetzen. Zwar mussten sie hart dafür kämpfen, endlich ihr Glück genießen zu können, doch letztendlich – mit Hilfe ziemlicher Beharrlichkeit – schafften sie in vielen Fällen den »Absprung«. Zumindest konnten sie ihr Leben um einiges erleichtern und hin und wieder Glück finden. Ihnen sind die nachfolgenden Kapitel gewidmet.

Kaiserin Marie Louise († 1847)

Verliebt in einen Einäugigen

In Frankreich war Feuer am Dach: Napoleon Bonaparte, selbst gekrönter Kaiser der Franzosen, benötigte dringend einen Erben um seine Macht dauerhaft sichern zu können. Seine Frau, Joséphine Beauharnais, hatte er deshalb schon in die Wüste geschickt. Sie konnte ihm den gewünschten Thronfolger nicht schenken.

Also ging der kleine Korse auf Brautschau – und streckte seine Fühler ausgerechnet nach Österreich aus. Dort, im Schloss Schönbrunn, saß Marie Louise, die Tochter Kaiser Franz' II./I. – und wartete sicher nicht auf Napoleon.

Dem war's freilich egal, hoffte er doch, durch eine Verbindung mit dem habsburgischen Herrscherhaus endlich die lang erwünschte Legitimation unter Europas Dynastien zu erlangen und gleichzeitig auch noch einen Sohn zu bekommen. Sein erster Versuch, am Romanow'schen Hof in Russland unterzukommen, schlug fehl. Die Zarenfamilie wollte von Napoleon nichts wissen. Auch am Wiener Hof war man von Napoleons Brautwerbung wenig begeistert, würde man sich doch mit dieser Heirat den schlimmsten und gefürchtetsten Regenten, der bereits halb Europa in Schutt und Asche gelegt hatte, ins Haus holen. Napoleon selbst stellte keine allzu hohen Ansprüche an seine Zukünftige. Er wollte unter allen Umständen einen Kronprinzen. Über Marie Louise bemerkte er abfällig: »Das ist gerade der Uterus, den ich zum Heiraten brauche!« (Zit. nach: Dickinger: Habsburgs schwarze Schafe) Die besten Voraussetzungen also für eine »glückliche« Ehe ...

Selbst Marie Louise hatte bereits schlimme Vorahnungen – berechtigterweise. Kurz nachdem sie von Napoleons Scheidung von Joséphine erfuhr, schwante ihr Böses. Umgehend schickte sie ihrem Vater einen Brief aus Ofen, wo sie sich gerade aufhielt, in dem sie ihren Standpunkt deutlich darzulegen versuchte: »Liebster Papa [...] die vielen Beweise, die Sie mir von Ihrer väterlichen Nachsicht und Güte gegeben haben, bewegen mich, einen Schritt zu wagen, welchen ich gern bis zu Ihrer Ankunft in Ofen aufgeschoben hätte, machten nicht die neuesten Vorfälle zur Notwendigkeit, Ihnen ohne Verzug mein Herz zu öffnen. Ich las heute in der Zeitung die

Scheidungsacte Napoleons von seiner Gemahlin (sic!); ich muss Ihnen gestehen, lieber Papa, dass ich heftig darüber beunruhigt wurde; der Gedanke, dass es nicht in die Reihe der Unmöglichkeiten gehört, dass ich in der Zahl derjenigen seyn könnte, die man vielleicht zu seiner künftigen Gemahlin (sic!) vorschlagen würde, bewog mich, Ihnen ein Geständniß zu machen, welches ich in Ihr väterliches Herze lege. Sie hatten wiederholte mahle die Güte, mich zu versichern, dass Sie meine Neigung nie zwingen würden; seit meinem Aufenthalt in Ofen hatte ich Gelegenheit, den Erzherzog Franz [von Modena-Este, einen Bruder ihrer Stiefmutter Kaiserin Maria Ludovika, Anm.] kennen zu lernen, und entdeckte in ihm alle Eigenschaften, die mich glücklich machen würden; ich gestand es der Mama, die so billige Ansprüche auf mein uneingeschränktes Zutrauen hat, und die Güte hatte, mir die Gelegenheit zu verschaffen, Ihnen meine Gefühle mitzuteilen. In der Zuversicht, dass ich mein künftiges Glück in keine beßern Hände als die Ihrigen legen kann, erwarte ich Ihre Entscheidung mit den Gesinnungen der kindlichen Ehrfurcht und Liebe, mit welchen ich stets seyn werde, Liebster Papa, Ihre unterthänigste, gehorsamste Tochter Louise.« (Brief aus Ofen vom 5. Jänner 1810, zit. nach Praschl-Bichler)

Alles Gezeter half jedoch nichts, Marie Louise musste unter die französische Haube. Maßgeblich beteiligt an dem Heiratsschacher war Staatskanzler Fürst Clemens Metternich. Gabriele Praschl-Bichler schrieb über ihn: »Im Laufe seines Wirkens durfte er eine Menge seiner ehrgeizigen Pläne verwirklichen, wobei das diplomatische Verheiraten von Mitgliedern der europäischen Fürstenhäuser zu seinen Lieblingsbeschäftigungen zählte.« 1810 wurde in Paris Hochzeit gefeiert. Nun war Marie Louise Kaiserin eines Landes, dessen Bevölkerung erst kurz zuvor im Rahmen der Französischen Revolution ihre Großtante Marie Antoinette um einen Kopf kürzer gemacht hatte. Nur allzu verständlich, dass sie sich unbehaglich fühlte.

Trotz aller Unannehmlichkeiten schaffte es die Ex-Austro-Erzherzogin aber, Napoleon seinen sehnlichsten Wunsch zu erfüllen: Marie Louise wurde schwanger und gebar 1811 einen Sohn, den König von Rom, später Herzog von Reichstadt genannt, der in Zusammenhang mit einer anderen prominenten Habsburgerin noch große Bedeutung erlangen sollte. Doch dazu später mehr.

Vorerst wollen wir uns mit dem unausweichlichen Schicksal der Kaisertochter Marie Louise befassen. 1791 geboren, verliebte sie sich in jungen Jahren in Franz von Modena-Este. Eine Hochzeit war jedoch von Anfang an ausgeschlossen, war sie doch als Tochter des Kaisers zu Höherem berufen. Verständlich, dass Marie Louise von dem ihr aufgezwängten Ehemann nicht viel hielt. Ihre Stiefmutter Maria Ludovika († 1816) äußerte sich nach Napoleons militärischer Niederlage und Entmachtung: »[...] fuhr ich [...] zu unserer besten Louise, die Gott dankt, dass er [Napoleon, Anm.] in Verhaft ist, wegen der allgemeinen Ruhe und insbesondere weil sie nun hofft ruhig und bald nach Parma ziehen zu dürfen ohne Sorgen für die Zukunft.« Marie Louise verschwendete nämlich nicht einmal den Hauch eines Gedankens daran, ihrem Ehemann in die Verbannung zu folgen. Vielmehr reiste sie kreuz und quer durch Europa, bis ihr 1815 die Herzogtümer Parma, Piacenza und Guastalla zugesprochen wurden. Nicht zu vergessen ist jedoch: Trotz Napoleons Entmachtung und Verbannung war sie nach wie vor mit ihm verheiratet.

Auf einer Reise zur Kur nach Aix lernte sie Adam Adalbert Graf Neipperg kennen, der ein Auge im Krieg und das andere an Marie Louise »verloren« hatte. Ein Zeitgenosse wusste von Marie Louises Verhalten nach Napoleons Verbannung zu berichten: »Sie flennte ein paar Tage wie ein Dienstmädchen, das von seinem Liebhaber versetzt wurde, dann verdrehte sie lüstern die Augen nach dem einäugigen Kammerherrn Neipperg.« (Zit. nach: Dickinger: Habsburgs schwarze Schafe) Aus der zunächst flüchtigen Bekanntschaft entwickelte sich bald eine sexuelle Beziehung. Bei einem Ausflug wurden die beiden von einem Unwetter überrascht, das sie zur Einkehr und Übernachtung im Gasthof »Zur Goldenen Sonne« zwang. In dieser Nacht landeten sie zum ersten Mal miteinander im Bett.

Das große Problem, das die Turteltauben aber nicht zu stören schien: Beide waren zu diesem Zeitpunkt noch verheiratet, Neippergs Frau segnete erst 1815 das Zeitliche und auch Napoleon hielt bis 1821 durch. Das wiederum hinderte jedoch die beiden nicht daran, innerhalb von drei Jahren drei Kinder in die Welt zu setzen: 1817 wurde die erste Tochter, Albertine, geboren, 1818 folgte eine zweite und 1819 schließlich noch ein Sohn, genannt Wilhelm

Albrecht. Bereits im Frühjahr 1816 traten Marie Louise und Graf Neipperg die Reise ins italienische Herzogtum Parma an, wo sie fortan residierten. Ihren Sohn aus der Ehe mit Napoleon ließ sie in Wien zurück.

Erst nach Napoleons Tod 1821 konnten die beiden heiraten. Für die damalige Zeit und für den Wiener Hof war Marie Louises Verhalten regelrecht skandalös. Trotzdem wurden die Kinder zu Fürsten Montenuovo (der Name Neipperg bedeutete Neu-Berg) erhoben. 1829 schließlich starb Graf Neipperg an der Wassersucht. Damit – so hoffte man am Wiener Hof – war endlich Ruhe eingekehrt.

Doch Kaiser Franz II./I. hatte die Rechnung ohne Marie Louise gemacht. Nach dem Tod ihres zweiten Mannes trieb sie es bunter als jemals zuvor. Diverse Liebhaber gaben sich die Klinke in die Hand – darunter Hauslehrer ihrer Kinder, Kammerherren, Opernsänger und andere Kavaliere. Skurriles Detail: Einer ihrer Lover wurde sogar mit der 15-jährigen Tochter Marie Louises, Albertine, verheiratet.

1834 schließlich heiratete sie zum dritten Mal. Diesmal war Graf Charles René de Bombelles († 1856) der »Glückliche«, dem sie allerdings auch Hörner aufsetzte, wann immer sich die Gelegenheit dafür bot. Einer ihrer Auserwählten war der Tenor Jules François Lecomte, der es bis in ihr Schlafzimmer schaffte. Um die Umtriebe der Erzherzogin zu beschönigen sprach ihr loyaler Biograf Bourgoing von »unglückseliger physischer Veranlagung« und von »ererbtem Temperament« (das sie jedoch unmöglich von ihrem phlegmatischen Vater Franz II./I. geerbt haben konnte) ...

Abgesehen von ihren zahlreichen Affären führte Marie Louise nach dem Tod Napoleons ein recht beschauliches Leben am Hof von Parma. Immerhin konnte sie sich einer weiteren Zwangsverheiratung durch ihren Vater Franz II./I. entziehen. Eine stolze Leistung, wenn man bedenkt, dass sie zu der Zeit, als Napoleon starb, erst 30 Jahre alt war. Es wäre also kein Problem gewesen, sie noch einmal »Gewinn bringend« an den Mann zu bringen. Dazu kam es jedoch nie. Warum? Offenbar wollte ihr Kaiser Franz nach dem Verbot der Heirat mit Franz von Modena-Este und der aufgezwungenen Ehe mit Napoleon – den dafür letztendlich Verantwortlichen, Fürst Metternich, hasste Marie Louise von ganzem

Herzen – nicht noch mehr ins Leben pfuschen. Dennoch: Marie Louise musste ihre Beziehung zu Neipperg geheim halten, nicht einmal ihr Sohn, der Herzog von Reichstadt, wusste anfangs von dieser Verbindung. Denn immerhin landete sie mit ihm schon im Bett, als sie – rein rechtlich gesehen – noch mit Napoleon verheiratet war. Ein klassischer Fall von Ehebruch also – auch wenn er noch so verständlich erscheint. Als der Herzog von Reichstadt allerdings nachträglich von der geheimen Eheschließung seiner Mutter erfuhr, reagierte er sichtlich erregt: »Ach, sie ist gut [...], aber sie ist kraftlos [...] Sie war nicht das Weib, wie es mein Vater verdiente.«

Am 17. Dezember 1847 starb Marie Louise 56-jährig an rheumatischer Brustfellentzündung. Die Herzogtümer Parma, Piacenza und Guastalla, die ihr nach der Verbannung Napoleons zugesprochen worden waren, fielen wie vereinbart zurück an die Bourbonen. Sie wurde in der Kapuzinergruft an der Seite ihres Sohnes, des Herzogs von Reichstadt, beigesetzt. Wenigstens im Tod hatte der Knabe seine Mutter endlich in seiner Nähe ...

Erzherzogin Sophie († 1872)

Der einzige »Mann« bei Hof

Mit Erzherzogin Sophie hielt – wie schon so oft zuvor – eine wittelsbachische Prinzessin in Schönbrunn Einzug, die in späteren Jahren als »einziger Mann am Wiener Hof« in die Geschichte eingehen sollte. Weithin bekannt ist sie als dominante »Xanthippe«, die ihren Sohn, Franz Joseph, zum Kaiser drillte und seiner Frau, Sisi, das Leben in Wien zur Hölle machte.

1805 als Tochter König Maximilians I. von Bayern geboren, wurde sie im Alter von 19 Jahren aus dynastischen Gründen mit dem zweiten Sohn Kaiser Franz' II./I., Erzherzog Franz Karl, verheiratet. Der geistig und körperlich wenig attraktive Prinz sollte eigentlich nach der Abdankung Kaiser Ferdinands I. 1848 der nächste Regent werden – wäre da nicht die einflussreiche Sophie gewesen. Sie hatte leichtes Spiel, überzeugte ihren Gemahl davon, auf den Thron zu verzichten (sie verzichtete damit selbst darauf, Kaiserin zu werden!) und hievte so ihren Sohn Franz Joseph auf den Kaiserthron. Immer wieder griff sie in die Regierungsgeschäfte ein – aber so geschickt, dass sich Franz Joseph vor allem in seinen ersten Regierungsjahren durchaus von ihr beeinflussen ließ. So viel also zum politischen Einfluss, den die strenge Erzherzogin besaß.

Einen Einfluss der ganz anderen Natur hatte die resche Bayerin auf ein nur wenig geliebtes Mitglied der kaiserlichen Familie – den Herzog von Reichstadt, Sohn Napoleons und Erzherzogin Marie Louises. Die beiden sollen einander mehr als freundschaftlich verbunden gewesen sein und – so will es zumindest die Fama – eine leidenschaftliche Affäre gehabt haben. Und noch ein Verehrer soll's der jungen Erzherzogin angetan haben: Prinz Gustav Wasa, dessen Vater König Adolf IV. durch Napoleon um den Thron gebracht wurde.

Wenden wir uns aber dem glücklosen Herzog von Reichstadt zu. Am 20. März 1811 wurde Napoleon endlich der so lang ersehnte Thronfolger des französischen Kaiserreiches geboren und auf den Namen Napoleon Franz Carl Joseph getauft. Bei der Gelegenheit verpasste Napoleon seinem Sohn gleich noch den Titel eines Königs von Rom. Der »große« Kaiser hatte noch einiges mit dem Knaben vor.

Nach Napoleons militärischer Niederlage und der darauf folgenden Verbannung verzogen sich Marie Louise und ihr Sohn nach Wien – trotz Napoleons schriftlicher Anweisung, die er für den Fall einer militärischen Niederlage niederschrieb. Darin steht: »[...] und ich wollte lieber, dass man meinen Sohn erwürgte, als ihn jemals in Wien als österreichischen Prinzen zu sehen«. Weder wurde Napoleon Franz Carl Joseph erwürgt, noch hielt sich Marie Louise an die Anweisungen ihres Mannes. Ihr war's egal, dachte sie doch, den ihr aufgedrängten Ehemann endlich abgeschüttelt zu haben.

Allzu lange sollte Marie Louises Aufenthalt in Wien allerdings nicht dauern, wie wir im vorigen Kapitel bereits erfahren haben. Sie quartierte sich mit ihrem Liebhaber Adam Albrecht Graf Neipperg in Parma ein, ihren fünf Jahre alten Sohn ließ sie in Wien beim »guten Kaiser Franz« zurück. Der wusste mit dem Jungen freilich nicht viel anzufangen. In der Hierarchie des Hofes hatte er keinen hohen Stand, war er doch der Sohn des verhassten Feindes

Napoleon. Und Kaiser Franz fürchtete nichts mehr als einen Napoleon II., der ähnliche Ambitionen wie sein Vater haben könnte.

Trotzdem musste man dem Jungen einen Titel verpassen. Nach langem Hin und Her einigte man sich auf folgenden: Herzog von Reichstadt, benannt nach einem kleinen Ort in Böhmen. Ein Pro-Forma-Titel, der weder mit Rechten noch mit großen Einkünften verbunden war.

Die Erziehung des Jungen ließ zu wünschen übrig, sie war rau und der Herzog schien unter Legasthenie gelitten zu haben. Von seinen Eltern völlig allein gelassen, erkundigte er sich immer wieder bei Kaiser Franz nach seinem Vater. Vor allem wollte er wissen, wo dieser sich aufhielt. Franz' Antworten darauf fielen mehr als dämlich aus, wie Hans Bankl in seinem Buch »Die kranken Habsburger« dokumentiert. Auf die Frage des Knaben »Wo ist denn mein Vater?« antwortete der Kaiser: »Dein Vater ist eing'sperrt.« – »Warum ist er denn eing'sperrt?«, wollte der kleine Herzog wissen. »Weil er nicht gut g'tan hat und – wenn du nicht gut tust, wirst halt auch eing'sperrt«, schmetterte Franz II./I. dem verdutzten Knaben zurück.

Bereits mit 16 Jahren dürfte Napoleon junior an Tuberkulose erkrankt sein. Seine Unpässlichkeit ignorierte der Herzog jedoch konsequent. Vielmehr führte er ein recht intensives, lasterhaftes Leben mit Unmengen von Alkohol (das Hofkontrollamt musste sogar seine Weinrationen kürzen) – und Frauen. Dass die dem jungen Bonaparte sehr zugetan waren, liegt auf der Hand, war der Aristo-Teenie doch sehr ansehnlich. Was uns nun zurück zum eigentlichen Thema dieses Kapitels bringt. Denn auffallend viel Zeit verbrachte der Herzog von Reichstadt in Gesellschaft von Erzherzogin Sophie. Die junge Wittelsbacherin war nur sechs Jahre älter als der Prinz.

Der Sohn Marie Louises hatte einige Liebschaften – unter anderem mit einer Gräfin Karolyi und der Hoftheaterschauspielerin Therese Peche. Für viel mehr Aufsehen und Gesprächsstoff am Wiener Hof sorgte jedoch das kolportierte Verhältnis des umtriebigen Kaisersprosses mit Erzherzogin Sophie, seiner angeheirateten Tante. So oft es möglich war, trafen sich die beiden. Die Hofbediensteten munkelten bereits, denn Sophie hatte trotz ihrer erzkonservativen und strengen Gesinnung den Ruf, kein Kind von Traurigkeit zu sein.

Und der junge Herzog versuchte erst gar nicht, seine Gefühle für Sophie zu verbergen. Manchmal übertrieb es der temperamentvolle Reichstadt aber und wurde sogar zudringlich, wie Sophie ihrer Mutter einmal berichtete: »Er unterhält mich durch seine gesuchte Galanterie mir gegenüber und er erklärt mir, er werde mir täglich einen Blumenstrauß aus seinem Garten bringen, ist überhaupt jetzt von einer Art ›ritterlichen Liebe‹. Ich hatte ihn kürzlich ausgescholten, dass er mich oft so ungestüm anpackt, um mich zu küssen, und sagte ihm, dass nur Kinder solche Sachen tun und nicht ein junger Mann wie er.« (Holler: Sophie. Die heimliche Kaiserin) Trotzdem ließ sie sich von ihm umschwärmen, die beiden flanierten sogar Händchen haltend durch die Alleen von Schönbrunn. Am Hof wurde getuschelt, was das Zeug hielt.

Den Höhepunkt erreichte die Tratscherei am Wiener Hof, als Sophie mit dem späteren Kaiser Franz Joseph schwanger wurde. Immer lauter wurden die Gerüchte, der 1830 geborene Thronfolger wäre den napoleonischen Lenden entsprungen. Bestärkt wurden die Gerüchte dadurch, dass es immerhin sechs Jahre dauerte – wir erinnern uns: Sophie heiratete 1824 den Habsburger Franz Karl –, bis das erste Kind das Licht der Welt erblickte. Dran dürfte an den Gerüchten dennoch nichts gewesen sein, reihte sich doch Franz Joseph nahtlos in die Reihe phlegmatischer, erzkonservativer Habsburger ein – keine Spur von napoleonischen Wesenszügen. Waren also diese Gerüchte relativ schnell wieder verstummt, tauchten bald schon wieder neue auf.

Kurze erotische Intermezzi dürfte Reichstadt 1831 mit Louise Gräfin Almássy und Lulu Thürheim gehabt haben. Ganz treu dürfte er seiner Angebeteten, Sophie, also nicht gewesen sein. Vielleicht hatte er erkannt, dass er keine Chance bei ihr hatte. Doch so schnell gab der liebestolle Herzog nicht auf. Seine Hartnäckigkeit blieb nicht unbeobachtet und hatte Folgen, denn: 1832 war Sophie wieder »Munkelthema Nummer eins«. Da nämlich wurde ihr zweiter Sohn, der spätere Kaiser von Mexiko, Ferdinand Maximilian geboren. Bei ihm verdichteten sich erneut die Gerüchte, er sei ein illegitimer Sohn des napoleonischen Sprosses. Gerd Holler schreibt darüber: »Dieses Kind, Ferdinand Maximilian, stellte nämlich einen völlig neuen Typus in der Familie der Habsburger dar, und es findet sich nicht die geringste Ähnlichkeit mit anderen

Familienmitgliedern.« Es wurde berichtet: »Seltsam wirkt er in der Gegenüberstellung zu jedem seiner Brüder.«

Ein Indiz für Ferdinand Maximilians Abstammung von Reichstadts Lenden soll also sein Aussehen gewesen sein: Weder hatte Ferdinand Maximilian das prägnante Kinn noch die ausgeprägte Unterlippe. Überdies hatte er rotblondes Haar. Selbst der junge Erzherzog nahm später von den Gerüchten Notiz und soll sich, so Holler, kurz vor seiner Abreise nach Mexiko zu diesen Tratschereien gegenüber seinem Leibarzt Dr. Jilek geäußert haben: »So lange ich lebe, hat man sich die Münder heiß geredet, dass ich nicht der Sohn meines Vaters sei, sondern der Sohn des Herzogs von Reichstadt, Doktor. Das heißt mit anderen Worten: Ich bin ein Enkel – wenngleich ein illegitimer – des großen Napoleons.« (Holler: Sophie. Die heimliche Kaiserin) Allerdings dürfte diese Aussage Ferdinand Max' eher scherzhaft gemeint gewesen. Oder die Fantasie ging schlichtweg mit ihm durch.

Aber noch im 20. Jahrhundert wurden in Zusammenhang mit der Geburt Ferdinand Maximilians wirre Theorien aufgestellt, die eine Abkunft des späteren Kaisers von Mexiko vom napoleonischen Prinzen beweisen sollten. Eine dieser Behauptungen steht im Kontext der Überführung des Sarges des Herzogs von Reichstadt (er starb am 22. Juli 1832 an Tuberkulose) von der Wiener Kapuzinergruft in den Pariser Invalidendom an die Seite seines Vaters Napoleon, die Hitler 1940 anordnete. Angeblich wollte Hitler nicht nur – wie oft kolportiert – zur Versöhnung der beiden Völker beitragen, sondern die Gunst des französischen Oberbefehlshabers General Maxime Weygand erlangen, nachdem dieser Hitler im Juni dieses Jahres vernichtend geschlagen hatte. (Gerd Holler: Napoleons Sohn) Der Stammbaum der Familie Weygand weist nämlich eine Besonderheit auf, die beweisen soll, dass das Verhältnis des Herzogs von Reichstadt zu seiner Tante Erzherzogin Sophie sexueller Natur war. Sophies Sohn, Ferdinand Maximilian, soll noch vor seiner Abreise nach Mexiko ein Verhältnis mit einer Elsässerin namens Weygand gehabt haben – mit Folgen: Am 21. Jänner 1867 brachte die gute Frau angeblich einen Sohn zur Welt, der auf den Namen Maxime getauft wurde. Sein weiterer Lebensweg war freilich vorgezeichnet: Er sollte zum Offizier erzogen werden. Genau diesen Maxime Weygand wollte Hitler angeblich mit dem morbiden Geschenk – die Überführung seines Großvaters nach Paris – besänftigen. Dass an diesem Gerücht so ziemlich nichts stimmen dürfte, beweist die Tatsache, dass Ferdinand Maximilian bereits seit 12. Juni 1864 in Mexiko war und das Land bis zu seiner Ermordung 1867 nie wieder verlassen hat. Mehr als unrealistisch also, dass Ferdinand Maximilian besagte Elsässerin geschwängert hat. Doch die Fantasie der damaligen Zeit trug absurde Blüten. Vielen – habsburgfeindlichen – Personen war jedes Mittel recht, um das altehrwürdige Erzhaus in Verruf zu bringen. Selbst mit so absurden Theorien wie der oben genannten.

Fast scheint es so, als könne man selbst heute noch keinen klaren Blick auf die Person des Herzogs von Reichstadt werfen. Zu viele Gerüchte kursieren um den glücklosen Knaben, zu wenig eindeutige Beweise gibt es für diese G'schichterln. Auch wenn viele noch so hartnäckig daran glauben wollen, dass Franz Joseph und/oder Ferdinand Maximilian die Enkel Napoleons waren, spricht doch eigentlich fast alles dagegen. Wahrscheinlich konnten sich Sophie und Reichstadt einfach nur gut leiden und verbrachten gerne Zeit miteinander. Klar: Sophies Mann war nicht gerade das, was man heute eine Augenweide oder einen Adonis nennen würde. Und recht angeturnt schien er die lebenslustige Erzherzogin auch nicht zu haben. Dennoch war Sophie eine Frau, die von der dynastischen Pflichterfüllung überzeugt war. Daher nahm sie auch alle Vor- und Nachteile, die eine derartige Ehe mit sich brachte, in Kauf. Offenbar wollte man ihr einfach nicht gönnen, am Wiener Hof, der von Zeremoniell, Etikette und einem umfangreichen Regelwerk vergiftet war, einen Menschen gefunden zu haben, der ihr ein paar unbeschwerte Stunden bescherte.

Sophie jedenfalls blieb letztendlich zeit ihres Lebens an der Seite ihres glücklosen Ehemannes und überwachte akribisch das Heranwachsen ihrer Söhne. 1848 – im Jahr der Revolution – griff sie hart durch, unterstützte die gnadenlosen Blutgerichte für die Revolutionäre. In den fünfziger Jahren – Franz Joseph kam 1848 als 18-Jähriger auf den Thron – war sie die »heimliche Kaiserin« Österreichs. Mit Unterstützung ihrer in Deutschland vermählten Schwestern (sie waren Königinnen von Sachsen und Preußen) betrieb sie eine Deutschland-freundliche Politik. Aus diesem Grund wollte sie Franz Joseph ursprünglich mit einer Prinzessin aus dem

Hause Hohenzollern verheiraten. Dieses Unterfangen scheiterte jedoch wie so oft in der Vergangenheit an den unterschiedlichen Konfessionen. Die »Auserwählte« – sie war Protestantin – hätte, um den katholischen Kaiser heiraten zu können, konvertieren müssen. Wie wir wissen, ging auch das zweite Eheprojekt Sophies in die Hose: Statt der für Franz Joseph vorgesehenen Helene in Bayern sprang deren jüngere Schwester Elisabeth in Franz Josephs Ehebett. Sophie fand sich letztendlich mit dieser Planänderung ab. Hauptsache, die Zukünftige ihres Sohnes war eine »Deutsche«. Ihr Einfluss auf Kaiser Franz Joseph blieb dennoch während ihres ganzen Lebens groß. Der Psychiater Erwin Ringel ging sogar so weit zu behaupten, sie hätte das Leben des glücklosen Kaisers zerstört: »Der Mann [Kaiser Franz Joseph, Anm.] wurde schon in der Kindheit durch seine Mutter und die Erziehung vernichtet, hat dann 68 Jahre regiert, hat in dieser überlangen Zeit keine einzige konstruktive Idee gehabt [...] Eine Vaterfigur, weil er so unbeschreiblich anständig war [...] weil er den Konservativismus in Person repräsentiert hat [...] Franz Joseph ist außer Zweifel von seiner Mutter zerstört worden, schwerst neurotisiert worden, hat dann eine neurotische Entwicklung, eine ›Lebensgestaltung‹, besser gesagt, eine ›Verunstaltung‹ gehabt und erlitten, wie das bei Neurosen eben so der Fall ist, weil der Neurotiker zu seinem eigenen Feind wird. Das Unglück klebte an seinen Händen, man kann ruhig sagen, alles was er angenommen und begonnen hat, ist eigentlich tragisch, schlecht ausgegangen, musste schlecht ausgehen nach unserer tiefenpsychologischen Deutung [...]« (Zit. nach: Andics: Die Frauen der Habsburger) Ganz so schlimm dürfte es dann doch nicht gewesen sein – auch wenn es Sophie des Öfteren übertrieben hat.

1872 starb Sophie schließlich 67-jährig an Gehirnkrämpfen. Sechs Jahre später folgte ihr der ungeliebte Ehemann in die Kapuzinergruft.

Kaiserin Elisabeth († 1898)

War sie wirklich immer treu?

Über kein anderes Mitglied der habsburgischen Familie wurde mehr geschrieben als über Kaiserin Elisabeth, weithin bekannt als »Sisi«. Aus diesem Grund sei ihr Abschnitt in diesem Buch relativ kurz gehalten. Nicht nur, weil vieles schon zu lesen war, sondern auch weil sich für ihre kolportierten Seitensprünge keine hieb- und stichfesten Beweise finden lassen.

Kurz zur Person Sisis: Am Heiligen Abend des Jahres 1837 in München geboren, heiratete die bayerische Prinzessin 1854 Kaiser Franz Joseph – gegen den Willen seiner Mutter Sophie. Elisabeth hielt von vereinbarten Aristo-Ehen nicht allzu viel. So formulierte sie einmal: »Als 15-jähriges Kind wird man verkauft und tut einen Schwur, den man nicht versteht und dann 30 Jahre oder länger bereut und nicht mehr lösen kann.« In ihrem Fall waren es mehr als 30 Jahre, die sie – mehr oder weniger – an der Seite Kaiser Franz Josephs zubrachte.

Bereits 14 Tage nach der Hochzeit gab sie in einem ihrer Gedichte zu Protokoll: »Oh, dass ich nie den Pfad verlassen,/Der mich zur Freiheit hätt' geführt!/Oh, dass ich auf der breiten Straßen/Der Eitelkeit mich nie verirrt!/Ich bin erwacht in einem Kerker,/und Fesseln sind an meiner Hand./Und meine Sehnsucht immer stärker – Und Freiheit! Du, mir abgewandt!/Ich bin erwacht aus einem Rausche,/Der meinen Geist gefangen hielt,/Und fluche fruchtlos diesem Tausche,/Bei dem ich Freiheit! Dich – verspielt!« (Dickinger: Die schwarzen Schafe der Wittelsbacher) Im Vergleich zu ihrem sorgenfreien Leben in Possenhofen, wo sie ohne dynastische Verpflichtungen und Repräsentation unter der Obhut ihres trinkfesten und volksnahen Vaters Herzog Max in Bayern aufwuchs, war das Leben am Wiener Hof für sie schlichtweg die Hölle auf Erden.

Dass sie nichts von arrangierten Hochzeiten hielt, bewies sie auch einmal in einer Unterhaltung mit dem späteren Erzherzog-Thronfolger Franz Ferdinand, dem sie angesichts einer drohenden Verbindung mit einer Verwandten aus dem Hause Wittelsbach eindringlich riet: »[...] Tu es nicht, Franz, suche dir anderes Blut.

Allen zum Trotz rate ich dir: Heirate die, die du liebst, und keine aus unserem Blut, sonst wirst du hässliche Kinder haben [...]« (Zit. nach: Andics: Die Frauen der Habsburger) Bei Franz Ferdinand stieß sie mit einer derartigen Aussage auf offene Ohren. Der nämlich fand, »wenn unsereiner jemanden gern hat, findet sich immer im Stammbaum irgendeine Kleinigkeit, die die Ehe verbietet, und so kommt es, dass bei uns immer Mann und Frau zwanzigmal miteinander verwandt sind. Das Resultat ist, dass von den Kindern die Hälfte Trottel und Epileptiker sind« (Zit. nach: Andics: Die Frauen der Habsburger).

Die Geschichte ist bekannt: Nach langen und zähen Verhandlungen mit Kaiser Franz Joseph heiratete er schließlich seine Sophie Chotek. Überzeugen ließ sich Franz Joseph wohl vor allem durch einen Brief Franz Ferdinands, der an dieser Stelle auszugsweise wiedergegeben werden soll: »[...] Ich kann abermals nur erwähnen, dass der Wunsch, die Gräfin [Chotek, Anm.] zu heiraten, nicht die Frucht einer Laune ist, sondern der Ausfluss der tiefsten Zuneigung, jahrelanger Prüfungen und Leiden [...] Die Ehe mit der Gräfin ist aber das Mittel, mich für die ganze Zeit meines Lebens zu dem zu stempeln, was ich sein will und soll: zu einem berufstreuen Mann und zu einem glücklichen Menschen. Ohne diese Ehe werde ich ein qualvolles Dasein führen, welches ich ja jetzt schon durchmache und das mich vorzeitig aufzehren muss [...] Und eine andere Heirat kann und werde ich nie mehr eingehen, denn es widerstrebt mir und ich vermag es nicht, mich ohne Liebe mit einer anderen zu verbinden und sie und mich unglücklich zu machen, während mein Herz der Gräfin gehört und für ewig gehören muss [...]« (Zit. nach: Größing: Amor im Hause Habsburg) Warum dieser Brief an genau dieser Stelle zitiert ist? Weil Franz Ferdinand wahrscheinlich genau das aussprach, was Elisabeth tief im Innersten ihres Herzens gehofft hatte – ein Leben in Liebe mit Franz Joseph zu führen, abseits all der starren Konventionen. Über die Konsequenzen, die sich automatisch ergaben, wenn man einen Kaiser heiratet, wusste sie damals nicht Bescheid. Oder sie wollte sich darüber einfach keine Gedanken machen.

Letztendlich waren ihr der Wiener Hof und vor allem das dort herrschende starre Zeremoniell zeit ihres Lebens zutiefst zuwider. Daher begab sich die schöne Kaiserin so oft es nur ging auf Reisen.

Zwar kehrte sie immer wieder nach Wien zurück. Doch waren ihre Aufenthalte an der Seite ihres Gemahls nur von kurzer Dauer. Sobald sie von einer ihrer Reisen zurückgekehrt war, kränkelte sie vor sich hin. Nur auf ihren rastlosen Zügen durch Europa fand sie Glück und Gesundheit.

Egal, wo Elisabeth sich gerade aufhielt, die Männer lagen ihr reihenweise zu Füßen. Auf Madeira machte Imre Graf Hunyady bei den gemeinsamen Ungarisch-Lektionen der Kaiserin den Hof. Er übertrieb es jedoch ein bisschen und wurde bereits nach kurzer Zeit wieder zurück an den Wiener Hof gerufen. Sisis glühendster Verehrer war aber sicher Rudolf Liechtenstein. Bei ihm fand man auch Gedichte Elisabeths, die sie nur ganz wenigen Auserwählten anvertraute.

Vor allem aber hatten es ihr Ungarn und die feurigen Mannsbilder der Puszta angetan. Ein Grund für diese innige Zuneigung zu diesem Land war sicherlich als Opposition gegen das Kaiserhaus in Wien zu verstehen. Franz Joseph und seiner Mutter widerstrebten die aufsässigen Magyaren. Grund genug für Sisi, sich ihnen umso mehr zu widmen. Vom Kaiser entfernte sich Elisabeth aber nicht nur geografisch. Aus der Beziehung zwischen den beiden war bereits nach kurzer Zeit die Luft raus.

Ab 1866 zog es sie immer wieder in die ungarischen Weiten, wo sie auch mit Gyula Graf Andrássy zusammentraf. Im Mai 1867 wohnte sie als Gast auf seinem Schloss. Zum Munkelthema wurde vor allem die Tatsache, dass ausgerechnet während Elisabeths Aufenthalt bei Andrássy dessen Frau nicht im Schloss weilte. Er hatte sozusagen sturmfreie Bude, als Sisi zu Gast war. Kaiser Franz Joseph hatte derweil in Wien alle Hände voll zu tun. Dieser Umstand sorgte für einige Verwirrung bei den Hoftratschern. Elisabeth schien dem Grafen alleine schon aus dem Grund innig verbunden, weil ihre Schwiegermutter, Sophie, ihn, den in seiner Abwesenheit zum Tode verurteilten und später begnadigten Revolutionär, abgrundtief hasste.

Elisabeth, die gerne Gedichte schrieb, verewigte den Grafen sogar in einem ihrer Werke. Zwei Strophen des Gedichts »Das Kabinet« – aus dem poetischen Tagebuch der Kaiserin, von Gabriele Praschl-Bichler im Buch »... von dem müden Haupte nehm' die Krone ich herab« zitiert – weisen auf die innige Freundschaft zwischen der schönen Bayerin und dem temperamentvollen Ungarn hin:

»Der zweite [Verehrer, Anm.], ach! wie war der lieb!
Der hat mir treu gedient;
Wenn so etwas auf Erden blieb,
Der hätt' Bestand verdient!
Oft streichle ich die alte Haut [Die Eselshaut gemäß Shakespeares Sommernachtstraum; Elisabeth pflegte ihre erfolglosen Verehrer als »Esel« darzustellen, Anm.],
Gedenkend jener Zeit,
Die wir so innig und vertraut
Verkosten zu Zweit.«

Im Zusammenhang mit Elisabeths Aufenthalt in Andrássys Schloss wird seit jeher vermutet, die beiden hätten nicht nur das Haus, sondern auch das Bett geteilt – mit Folgen. Soll doch die am 22. April 1868 in Ungarn geborene Tochter Elisabeths, Marie Valerie, den gräflichen Lenden entsprungen sein. Ob an diesen Gerüchten allerdings etwas dran ist, lässt sich bis heute nicht eindeutig belegen. Sigrid-Maria Größing stellte sich ebenfalls die Frage, ob Andrássy den Kopf verlieren und mit der Kaiserin eine Affäre beginnen hätte können. Sie kam zu folgendem Schluss: »Vielleicht, wenn ihm Elisabeth entgegengekommen wäre. Er hätte kaum etwas gewonnen als ein kurzes vorübergehendes Abenteuer mit einer schönen Frau, die zufälligerweise noch Kaiserin war. Aber wenn er die Sache kühl überdachte, so hätte er durch diese Affäre letztlich alles verlieren können. Er hätte den Traum, sein Vaterland politisch bestmöglich in den nächsten Jahren zu vertreten, ausgeträumt, noch ehe er aus dem kurzen Rausch aufgewacht wäre. Guyla Andrássy wusste immer, was er wollte, und daher ist anzunehmen, dass er diese für ihn politisch so zweckmäßige Verbindung zur zukünftigen Königin seines Landes nicht bis zum Letzten ausnützen wollte. Er brauchte Elisabeth nicht nur, um ans Ziel seiner staatsmännischen Wünsche zu gelangen, er benötigte vor allem die Gunst des Kaisers. Und wie hätte er als Liebhaber Elisabeths das Wohlwollen ihres Ehemanns erreichen können, wenn der Kaiser vor aller Welt als Hahnrei dagestanden wäre. Andrássy erschrecken wahrscheinlich schon die bösartigen Gerüchte, vor allem der Verdacht, dass die Tochter Elisabeths, Marie Valerie, die 1868, also ein Jahr nach dem Ausgleich [Österreichs mit Ungarn, Anm.], in Budapest geboren wurde, eigentlich ein Kind des Grafen wäre.« (Größing: Kaiserin Elisabeth und ihre Männer)

Als Andrássy 1890 starb, klagte Elisabeth ihr Leid mit den Worten: »Mein letzter und einziger Freund ist gestorben.« Im Gespräch mit ihrem Griechischlehrer Christomanos – auch er wurde als ihr Lover gehandelt – gestand sie: »Ja, die Beziehung zu Gyula war eine treue Freundschaft und sie war nicht durch Liebe vergiftet.« (Zit. nach: Stadtlaender: Habsburg Intim)

Vielmehr scheint es so, als hätte Elisabeth für Matratzensport und derlei pikante »G'schichterln« nur wenig übrig gehabt. Denn warum sonst hätte sie ihrem Ehemann Franz Joseph zeit ihrer Ehe Geliebte zuschanzen wollen? Es scheint so gewesen zu sein, dass Elisabeth nur wenig von körperlicher Zuneigung und Liebe hielt. Das beweisen auch jene Zeilen, die sie einst selbst verfasste: »Für mich keine Liebe, für mich keinen Wein/Die eine macht übel, der andere macht spei'n!« Die Vermutung liegt nahe, dass Elisabeths Schlafzimmer in der zweiten Hälfte des 19. Jahrhunderts wohl das langweiligste in ganz Wien war ...

Dennoch: In den Memoiren der Gräfin Marie Larisch – sie war Elisabeths Nichte – findet sich ein interessanter Hinweis, ein Dialog, den Kronprinz Rudolf mit Marie Larisch geführt haben soll. Im Folgenden ist dieses Gespräch, dessen Hintergrund Rudolfs Affäre mit Mary Vetsera war, wiedergegeben:

Rudolf: »Darf ich mir die Frage gestatten, Marie, seit wann du dir die Rolle einer Heiligen anmaßest? Du bist gerade die Richtige, die von Ehre und Ehrbarkeit reden darf. Du, die den Liebesmittler für meine Mutter gespielt hat, seit du ein Kind warst. Du wagst es, mir gegenüber von Moral zu sprechen, du, die ohne Skrupel dabeigestanden hat, wenn Mama meinen Vater betrog?«

Marie: »Das ist eine verruchte Lüge! Ich werde das nicht mit anhören! Ich dulde es nicht, dass du deine Mutter verleumdest!« (Zit. nach: Andics: Die Frauen der Habsburger) Zwar bestritt die Gräfin, jemals so wie es ihr vorgeworfen wurde gehandelt zu haben. Doch warum kam es dann überhaupt zu einem derartigen Gespräch? Irgendetwas musste doch dahinter stecken ... War es eine Affäre mit dem Grafen Andrássy, für deren Zweck Elisabeth sich ihrer Nichte bediente? Wohl kaum, mehr als Schwärmerei dürfte zwischen den beiden wirklich nicht gewesen sein. Vielleicht ist der Dialog zwischen Rudolf und der Gräfin Larisch auch nur ein Produkt allzu blühender Fantasie eines Habsburg-Gegners. Gesprächsthema war aber auch ein Mann namens Dr. Konstantin Christomanos. Der Grieche studierte in Wien und wurde über Vermittlung von Elisabeths Obersthofmeister Baron Nopcsa als Sprachlehrer für die Kaiserin an den Hof geholt. Doch schon bald darauf war er wieder in der Versenkung verschwunden. – Und ein neuer Mann trat in ihr Leben. Auf einem Maskenball im Wiener Musikverein soll sie im Fasching 1874 ein Auge auf den jungen Staatsbeamten Friedrich List Pacher von Theinburg geworfen haben, der ihr außerordentlich gut gefiel. Der allerdings hatte keine Ahnung, mit wem er den Abend verbrachte. Ihre Verkleidung ließ keinerlei Rückschlüsse auf ihre hohe Abstammung zu. Jedenfalls tanzte sie mit ihm durch diese Nacht und flirtete, was das Zeug hielt. Zu einem Wiedersehen kam es danach allerdings nicht mehr. Doch die Kaiserin schrieb ihm mehrere Briefe und Gedichte unter dem Pseudonym »Gabriele«. Der erste verließ den kaiserlichen Schreibtisch bereits eine Woche, nachdem sich die beiden kennen gelernt hatten. Darin schrieb sie: »Lieber Freund. Ich werde lange zehren von den letzt verlebten Stunden.« Noch elf Jahre nach dem geheimnisvollen Treffen im Ballsaal schrieb »Gabriele« ihm folgendes Gedicht:

»Denkst du der Nacht noch im leuchtenden Saal?
Lang, lang ist's her, lang ist's her,
Wo sich zwei Seelen getroffen einmal ...
Denkst du der Worte, so innig vertraut ...
Die wir getauscht bei der Tanzweisen Laut?
Mein Antlitz enthüllen durft' ich dir nicht ...
Jahre vergingen und zogen vorbei,
Lang, lang ist's her, lang ist's her ...«
(Zit. nach: Stadtlaender: Habsburg Intim)

Nach und nach wurde es Theinburg aber offensichtlich zu bunt, und er ließ seine Verehrerin schroff wissen: »Eine anonyme Korrespondenz entbehrt nach so langer Zeit des Reizes.« (Zit. nach:

Stadtlaender: Habsburg Intim) Danach brach der Kontakt plötzlich ab. Die Schriftstücke aber bewahrte Theinburg sorgfältig auf. Sie wurden nach seinem Tod am 12. Mai 1934 in seinem Nachlass gefunden.

Dazwischen – im Jahr 1876 – nützte Elisabeth noch eine Englandreise dazu, mit dem schottischen Draufgänger Bay Middleton anzubandeln, anstatt mit der schon in die Jahre gekommenen englischen Königin Victoria den Tee zu nehmen. Die beiden unternahmen Tag für Tag Reitausflüge. Bereits nach kurzer Zeit fühlten sie sich zueinander hingezogen. Bis zum Äußersten dürfte es aber mit größter Wahrscheinlichkeit nicht gekommen sein. Elisabeth genoss es vielmehr, aus der Distanz begehrt zu werden. Dennoch schaffte es der »Rittmeister«, eine Einladung zur Jagd ins Schloss Gödöllö in Ungarn zu erhalten – der er auch nachkam. Da Middleton jedoch bemerkte, dass er bei der Kaiserin keine Chance hatte, trieb er sich während seines Aufenthaltes dort in den einschlägigen Etablissements Budapests herum – sehr zum Missfallen der stolzen Monarchin, die von derlei »Entspannungsübungen« gar nichts hielt.

1878 verschlug es Elisabeth (diesmal in Begleitung ihres Sohnes Rudolf) erneut nach England. Dort kam es zum Zusammentreffen zwischen Bay und Rudolf. Der Kronprinz, der den schroffen Schotten von Anfang an verachtete, drehte auf dem Absatz um ohne ihn zu begrüßen. Diesen Affront konnte Elisabeth ihrem Sohn nie ganz verzeihen, stand doch Middleton unter Elisabeths Schutz. Zusehends mehrten sich die Gerüchte über ein Verhältnis der beiden. Selbst die Ex-Königin von Neapel – sie war eine Schwester Elisabeths, die im englischen Exil lebte – kochte kräftig in der Gerüchteküche mit. Und natürlich hatte auch diesmal wieder Marie Larisch, die Nichte Elisabeths, ihre Finger mit im Spiel. Bei vielen Ausritten war sie mit von der Partie und wusste immer von neuen amourösen Abenteuern zu berichten. Nach einer Reise nach Irland 1879 ging die Larisch sogar so weit, zu behaupten, Elisabeth hätte heimlich in Sassetot (in der Normandie) eine Tochter von Bay Middleton geboren. (Größing: Kaiserin Elisabeth und ihre Männer)

Als Middleton am 26. Oktober 1882 heiratete, brach das Elisabeth das Herz. Bereits zuvor, als sie von der bevorstehenden Hochzeit erfuhr, soll sie weinend geschrien haben: »Warum kann ich mir bei einem Hindernis nicht das Genick [beim Ausritt, Anm.] brechen und ein für alle Mal Schluss machen?« (Zit. nach: Größing: Kaiserin Elisabeth und ihre Männer)

Dennoch, so scheint mittlerweile eindeutig festzustehen: Elisabeth dürfte trotz aller Ehekrisen und trotz aller Möglichkeiten, mit den zahlreichen Verehrern im Bett zu landen, immer treu gewesen sein. Das beweist auch eine Aussage der Kaiserin aus dem Jahr 1872, die sie gegenüber Marie Festetics tätigte: »Ich war [...] gewiss nicht zur Kaiserin erzogen und weiß, dass mir gar viel mangelt in meiner Erziehung – aber ich habe nie etwas unrechtes gethan, das weiß Gott im Himmel. Die Gelegenheit dazu hat man mir gebothen. Man hätte mich gerne vom Kaiser losgelöst.« (Zit. nach: Hamann: Elisabeth) An dieser Aussage ist wohl wirklich nicht zu zweifeln. Ihr Leben lang dürfte sie zwar nur widerwillig ins Bett Kaiser Franz Josephs gestiegen sein. Aber immerhin hat sie auch offensichtlich nie ein anderes mit einem anderen benützt. Warum? Wir wissen es bis heute nicht. Die einfachste Erklärung wäre, von einer unterentwickelten Libido zu sprechen. Doch damit ist die Sache wahrscheinlich nicht abgetan. Vielleicht fühlte sich Elisabeth von Männern schlecht behandelt, vielleicht hatte sie lesbische Neigungen, die sie sich nicht auszuleben traute. Zahlreiche Spekulationen wurden bereits geführt, viele wird's in den nächsten Jahren noch geben. Wie die Kaiserin letztendlich wirklich tickte, werden weder Historiker noch Psychologen je restlos erklären können.

Elisabeths tragisches Leben fand 1898 ein jähes Ende. Der italienische Anarchist Luigi Lucheni erstach die schöne Kaiserin am 10. September 1898 am Ufer des Genfer Sees mit einer Feile. Elisabeth starb kurz später an Bord eines Dampfschiffes, auf das sie sich mit letzter Kraft noch schleppen konnte. Die rastlose Frau Kaiser Franz Josephs starb dort, wo sie sich am liebsten aufhielt – weit weg von ihrem Ehemann und dem steifen Wiener Hof ...

Kronprinzessin Stephanie († 1945)

Sie machte es ihrem Gatten gleich

Was Kronprinz Rudolf konnte, konnte seine Frau, Kronprinzessin Stephanie, allemal. All der Eskapaden ihres Ehemannes überdrüssig, kam es ihr gerade recht, dass sie auf einer Reise durch Galizien – die sie übrigens mit ihrem Ehemann unternahm! – im Frühsommer 1887 Graf Artur Potocki kennen lernte. Er war 15 Jahre älter als die Prinzessin, seit sieben Jahren Witwer und hatte zwei Töchter. Sie verliebte sich Hals über Kopf in den polnischen Adeligen, versuchte aber, die Liebesbeziehung unter allen Umständen geheim zu halten. Nach besagtem Trip nach Galizien war Stephanie jedoch blind vor Liebe. In ihrem Liebestaumel sagte sie sogar eine gemeinsame Reise mit ihrem Gemahl zum Goldenen Regierungsjubiläum der englischen Queen Victoria ab. Statt mit der konservativen Insel-Monarchin ein langweiliges Fest zu feiern, traf sie sich lieber mit ihrem galanten Verehrer in Laxenburg und Wien.

Die Turtelei kam ihr gerade recht. Fühlte sie sich doch am Wiener Hof extrem unwohl. Und gerade ihre Schwiegermutter Elisabeth, die sich auch nur schwer in Österreich einlebte, hielt von Rudolfs Frau nicht viel. Immer wieder sprach Sisi von Stephanie als »moralischem Schwerstein« oder »hässlichem Trampeltier«.

Also stürzte sich Stephanie in ihre außereheliche Liaison – mit viel Fantasie. Sie nannte ihren Lover kurz »Hamlet«, wie aus einem Brief vom 25. März 1888, den sie vom Nobelbad in Abbazia an ihre Schwester Louise von Coburg schrieb, hervorgeht. Bereits damals munkelte man, dass sich die österreichische Kronprinzessin mit einem polnischen Edelmann zu geheimen Treffen verabredete. Lediglich Stephanies Schwester Louise kannte alle Details der heimlichen Affäre.

An ihre Vertraute schrieb Stephanie auch folgende Zeilen: »Ich hätte ein anderes Schicksal verdient, denn ich könnte so glücklich sein mit jemandem, den ich liebe oder von dem ich geliebt werde!« In den Schreiben, die sie an Louise schickte, nannte sie sich selbst »Ophelia«. Und immer wieder versuchte sie geheime Treffen einzufädeln, wie die folgenden Sätze beweisen: »Ich halte es nicht mehr aus vor Ungeduld, seit ich von der Anwesenheit Ar..t... in Wien weiß. Ophelia muss ihn sehen, aber wie es anstellen? R. [Rudolf, Anm.] und Fritz sind in Abbazia. Hamlet bleibt nur zwei Tage in Wien. Antworte mir sofort, was man erfinden kann. Ich habe schon an ein Déjeuner oder Diner bei Euch gedacht? Gib mir einen guten Rat! [...] Trachte, etwas zu arrangieren.« (Zit. nach: Stadtlaender: Habsburg Intim) Louise reagierte prompt und organisierte fortan immer wieder intime Zusammenkünfte zwischen den beiden Liebenden.

Als sich Rudolf im Jänner 1889 das Leben nahm, war Stephanie natürlich geknickt – obwohl die Ehe schon lange nicht mehr funktioniert hatte. Aber immerhin war der Vater ihrer Tochter gestorben. Und am Wiener Hof war sie nun endgültig unten durch. Trost fand sie in dieser schweren Zeit wieder bei Artur Potocki. Die Beziehung der beiden ging also über den Tod ihres Ehemannes hinaus. Am 11. Februar dieses Jahres reiste Potocki nach Florenz, Stephanie verzog sich nach Miramare. Von dort reiste sie weiter nach Zandvoort. Dort geschah dann das Furchtbare: Sie erhielt Nachricht von ihrem Geliebten. In einem Brief hat er ihr offensichtlich mitgeteilt, dass er unheilbar krank ist. Prompt schilderte Stephanie der vertrauenswürdigen Schwester ihr Leid: »Seine Moral scheint gelitten zu haben und er ist so entmutigt. Armer Mann! Meine Sehnsucht nach ihm ist unsagbar. Ich liebe ihn so sehr. Du allein weißt das und ich könnte keinen verlässlicheren Hüter für das Geheimnis meines Herzens haben, das manchmal fast zerspringen will, wenn ich an ihn denke.« (Zit. nach: Stadtlaender: Habsburg Intim)

Noch einmal wollte Stephanie ihren Artur in die Arme schließen, teilte sie Louise mit: »Wenn es möglich ist, will ich Hamlet wenigstens noch einmal sehen. Das muss ich, um Ruhe zu finden.« (Zit. nach: Stadtlaender: Habsburg Intim) In Wien trafen die beiden wieder aufeinander. Nach seiner zweiten Operation an der Zunge erholte sich Potocki in der Kuranstalt Eder in Döbling. Sprechen konnte er nicht mehr, Stephanie tat sich schwer, seine Worte zu verstehen. Es dürfte das letzte Treffen zwischen den beiden gewesen sein. Am 19. Jänner 1890 schrieb sie an Louise: »Es fehlst mir nur Du, das Meer und!! Ich wage nicht, Hamlet zu schreiben. Es ist immer der alte Schmerz, der mich Wien fliehen lässt: dass ich ihn seit unserer letzten Unterredung nicht mehr sehen könnte. Oh, wenn Du wüsstest, was dieser Abschied war! Man hätte einen Roman darüber schreiben können.« (Zit. nach: Stadtlaender: Habsburg Intim)

Nur zwei Monate später, am 26. März 1890, starb Graf Potocki. Die Kronprinzessin-Witwe – so Stephanies offizieller Titel nach Rudolfs Suizid – war am Boden zerstört. An Louise richtete sie folgende Zeilen: »Ich war darauf vorbereitet, konnte mich aber mit dem Gedanken an diesen Verlust nicht abfinden und hoffte immer noch auf eine Heilung. Vergebens. Ich habe meinen besten Freund verloren, einen [...] Mann, den ich so hoch schätzte und so sehr liebte. Dieser Verlust schmerzt mich furchtbar! Gott hat mich mit dem Tod von Arthur geprüft.« (Zit. nach: Stadtlaender: Habsburg Intim) Für ihren eigenen Ehemann fand sie nie so liebende Worte ...

Noch einmal verliebte sich Stephanie, nachdem sie fast zehn Jahre um ihren geliebten Polen getrauert hatte: 1900 heiratete sie den ungarischen Grafen Elemér Lónyay von Nagylónya und Vásárosnamény. Er wurde 1917 von Kaiser Karl I. zum Fürsten erhoben. Dennoch war die Ehe noch lange nicht standesgemäß. Die traute Zweisamkeit verlief aber fernab jeglicher Standesdünkel recht glücklich. Nur noch einmal sorgte sie für einen veritablen Skandal. 1935 erschienen ihre Memoiren mit dem Titel »Ich sollte Kaiserin werden«. Ihre Tochter Elisabeth, selbst skandalträchtiges Mitglied des Kaiserhauses, ließ die Verbreitung des Buches ob der darin enthüllten Geheimnisse sogar gerichtlich verbieten. Nach dem Einmarsch der Russen wurde Stephanie zum Verlassen ihres Schlosses Oroszvár in Ungarn gezwungen. Zuflucht fand sie in der Benediktinerabtei Pannonhalma in Ungarn, wo sie schließlich am 23. August 1945 starb und auch begraben wurde.

Erzherzogin Maria Josepha († 1944)

Die »nackte Erzherzogin«

Von Erzherzog Otto, dem umtriebigen Prinzen, dessen Nasenskelett im Alter wegen seiner Syphilis zerstört wurde, war vorhin schon die Rede. In diesem Kapitel geht's um seine Frau, Maria Josepha – jene arme Erzherzogin, die der umtriebige Otto seinen Saufkumpanen als »nackte Erzherzogin« vorstellte, als er mit ihnen in ihr Schlafzimmer eindrang. Während ihr Ehemann meistens außer Haus zugange war, saß sie mit den Kindern daheim im Augarten-Palais, das das unglückliche Paar in Wien bewohnte.

Maria Josepha wurde am 31. Mai 1867 als Tochter König Georgs von Sachsen und der portugiesischen Infantin Maria Anna in Dresden geboren. 1886 – erst 19-jährig – heiratete sie den österreichischen Erzherzog Otto. Große Bekanntheit erlangte sie vor allem als Mutter des späteren Kaisers Karl I., der nach dem Tod Franz Josephs 1916 erfolglos versuchte, den Untergang der Donaumonarchie abzuwenden.

Die Ehe war alles andere als glücklich und Maria Josepha wusste von den Eskapaden ihres Mannes. Denn nur so lässt sich erklären, dass die von Otto ungeliebte Gemahlin eines Tages bei Kaiser Franz Joseph vorstellig wurde – mit einer ungewöhnlichen Bitte. Sie verlangte vom greisen Monarchen, ihr die gleichen Rechte wie ihrem Mann einzuräumen. Kurzum: Sie wollte sich einen Lover zulegen. Und Franz Joseph sollte ihr das genehmigen. Einen passenden Kandidaten hatte die Dame praktischerweise auch schon in petto: den Hofschauspieler Otto Tressler. Er war Witwer, und vor einiger Zeit hatte er selbst die Aufmerksamkeit der rumänischen Königin auf sich gezogen, die ihn sogar mehrmals zum Tee bat.

Dasselbe tat nun Maria Josepha und auch sie ließ sich von dem feschen Schauspieler erregen. Otto Tressler ging fortan im Augarten-Palais ein und aus. Dennoch: Vehement versuchten die beiden ihre Liebe geheim zu halten. Dass Maria Josepha ihren Otto niemals heiraten hätte können, war den beiden wohl bewusst. Rückte doch ihr Mann Otto nach dem Selbstmord Kronprinz Rudolfs auf Platz zwei in der Thronfolge vor. An eine Scheidung war also nicht zu denken. Auch Tressler war verzweifelt, wollte er doch seine Liebe zu Maria Josepha nicht dauernd verheimlichen. In seiner Not vertraute er sich sogar des Öfteren Erzherzog-Thronfolger Franz Ferdinand an, der ein großer Fan des Schauspielers war. Geholfen hat es nichts. Die Beziehung musste unter strenger Geheimhaltung fortgesetzt werden.

So musste man sich eben mit gemeinsamen Stunden im Augarten-Palais begnügen, wenn ihr Gemahl wieder einmal auf Sauftour war. Oft fanden Soireen statt, zu denen auch Tressler geladen war. An dem einen oder anderen Abend kam es dabei allerdings zu Unstimmigkeiten, wie der Akteur selbst zu Protokoll gab. So gefiel es ihm gar nicht, wenn Maria Josepha bei solchen Gelegenheiten immer wieder von ihm verlangte, vor versammelter Tischgesellschaft den großen Schauspieler zu geben. Tressler schilderte: »[...] Ich freute mich, einmal Publikum zu sein [...] als die Erzherzogin sich plötzlich an mich wandte und mich aus allen Himmeln riss: ›Ach‹, sagte sie, ›machen Sie uns doch die Freude, etwas zum Besten zu geben!‹ Ich war außer mir und erwiderte prompt: ›Kaiserliche Hoheit, ich bin gar nicht vorbereitet.‹ – ›Bitte tun Sie uns trotzdem die Liebe [...]‹ – ›Es ist mir furchtbar leid, aber ich weiß nichts auswendig.‹ – ›Dann sprechen Sie etwas Klassisches.‹ – ›Ich kann nichts.‹« Und weiter: »Die Erzherzogin begann schon wieder, in mich zu dringen, bis ich plötzlich aufsprang und Schillers ›Handschuh‹ vortrug. Zum Schlusse näherte ich mich der Erzherzogin und rezitierte: ›Und er warf ihr den Handschuh ins Gesicht‹ – nahm mein Taschentuch heraus, warf es der guten Maria Josepha zum allgemeinen Gaudium vor die Füße und zischte: ›Den Dank, Dame, begehr' ich nicht! Und verlässt sie zur selbigen Stunde.‹ Ich nahm mir vor, den Schluss der Ballade auch für mich als Abgang zu benützen, als mich der Obersthofmeister beim Arm packte und zur Erzherzogin zurückführte. Sie bedankte sich und lud mich ein, den Tee mit ihr zu nehmen. Wir saßen [...] beim Tisch und plauderten über dies und jenes [...]« (Zit. nach: Stadtlaender: Habsburg intim) Die Prinzessin verzieh es ihrem Favoriten, schließlich war die Zeit zu knapp um sie mit Streitereien zu verbringen. Die gemeinsamen Stunden wurden anderweitig genützt.

Später fungierte Otto Tressler nicht nur als Liebhaber, sondern auch als Seelentröster. War doch die Schmach, die ihr wegen der Umtriebigkeiten ihres Gemahls zuteil wurde, nur allzu groß.

1906 starb Erzherzog Otto schließlich. Maria Josepha war nun Witwe. Doch sie dachte nicht daran, den geliebten Schauspieler zu heiraten. War da doch das übergroße Standesbewusstsein, das einer Dame aus der Hocharistokratie bereits mit der Muttermilch verabreicht wurde. Kurz nach Ottos Tod trennten sich die beiden schließlich. Tressler heiratete wieder, die Erzherzogin blieb bis an ihr Lebensende solo, widmete sich fortan ganz ihrem Sohn, Kaiser Karl I. Tressler schaffte später noch den Sprung auf die Filmlein-wand. Maria Josepha vergaß ihn nie. Bis zuletzt – sie starb 1944 – sah sie sich alle seine Filme an und träumte von den unbeschwer-ten Stunden in Tresslers Armen.

Kronprinzessin Luise von Sachsen († 1947)

Ein Sprachlehrer fürs Bett

Mit Erzherzogin Luise sorgte ein eher unbekanntes Mitglied der Familie Habsburg Anfang des 20. Jahrhunderts für einen veritab-len Skandal. Am 2. September 1870 wurde Luise in Salzburg ge-boren. Sie entstammte der Seitenlinie Habsburg-Toskana und war die Tochter Ferdinands IV., des letzten Großherzogs der Toskana. Als Luise 18 Jahre alt war, begann die Suche nach einer »geeigne-ten Partie« für sie. Der Erste, den man ins Auge fasste, war Prinz Peter von Sachsen-Coburg, ein Enkel des brasilianischen Kaisers. Dieses Eheprojekt wurde aber schnell wieder ad acta gelegt. Ein neues »Opfer« war jedoch schnell gefunden: Ferdinand von Bul-garien. Doch auch daraus wurde nichts. Es war offensichtlich nicht leicht, die verwöhnte Prinzessin zufrieden zu stellen.
Schließlich griff Luise auf Erbprinz Friedrich August von Sachsen zurück, dem sie bereits 1887 das erste Mal über den Weg lief. Er schien bleibenden Eindruck bei der Prinzessin hinterlassen zu haben. Friedrich August war der älteste Sohn des sächsischen Thronfolgers Georg von Sachsen und der Prinzessin Maria Anna von Portugal. Am 21. November 1891 fand die Trauung in Wien statt, die dem Bräutigam die pekuniäre Kleinigkeit von 20.000 Mark jährlich kostete. Luise erfüllte im Gegenzug ihre eheliche »Pflicht« zur vollsten Zufriedenheit des sächsischen Königshau-

ses. Insgesamt sieben Kindern – darunter dem Thronfolger Georg – schenkte sie das Licht der Welt.

Sehr glücklich dürfte die Ehe dennoch nicht gewesen sein. Vor allem das Leben am Dresdner Hof machte Luise schwer zu schaffen. Ihre eigene Schwiegermutter sowie Luises Obersthofmeisterin setzten Gerüchte in Umlauf, Luise würde sich außerehelich vergnügen. Affären mit einem Zahnarzt namens O'Brian sowie mit dem Sprachlehrer ihrer Kinder, André Giron, wurden ihr nachgesagt. Als sie Giron in ihrer Verzweiflung ein Telegramm schickte, wurde dies von der deutschen Geheimpolizei abgefangen – und das Schicksal nahm seinen Lauf. Luises Problem nämlich: An der Geschichte war was dran ...

Doch wer war dieser Giron? 1879 in Belgien geboren, kam er 1902 an den sächsischen Hof. Luises Biografin Bestenreiner beschrieb den Mann folgendermaßen: »Giron war schlank, schwarzhaarig und hatte einen kleinen, dunklen Schnurrbart. Er war lebhaft, hatte ein gutes Benehmen und wusste sich zu kleiden. Ob er wirklich von einer so auffallenden Schönheit war, wie manche ihn beschreiben, mag dahingestellt bleiben. Zweifellos war er ein gut aussehender Mann, der es auch verstand, sich in Szene zu setzen. Luise selbst nennt ihn einen geistvollen und liebenswürdigen Gesellschafter, un homme aimable, mit dem sie sich gerne unterhielt, wenn sie sich nach den Fortschritten ihrer Kinder erkundigte.« Doch ihr Interesse galt nicht nur dem linguistischen Wissen der Kleinen. Vielmehr hatte sie sich in den feschen Mann verliebt und wollte mit ihm durchbrennen. Am Dresdner Hof hielt sie es nicht mehr länger aus. Sie wollte weg – weit weg.

Am 9. Dezember 1902 verließ sie – schwanger – Dresden in Richtung Salzburg. Offiziell glaubte man am Dresdner Hof, die Reise würde der Erholung der Kronprinzessin dienen. Was die sächsische Königsfamilie bis dato noch nicht wusste: Luise plante nicht einen Augenblick lang, wieder nach Dresden an den verhassten Hof zurückzukehren.

Vielmehr traf sie sich in Salzburg mit ihrem Bruder Leopold Ferdinand Salvator, der bereits seinen Austritt aus dem Kaiserhaus (unter Annahme des Namens Leopold Wölfling) vorbereitet hatte. Zusammen mit ihm setzte sich Luise am 12. Dezember nach Genf ab – ohne ihren Ehemann darüber auch nur ansatzweise zu informieren. Der Sprachlehrer Giron, mit dem Leopold Ferdinand Salvator in Kontakt war, ließ derweil durch seinen Notar in Brüssel eine falsche Spur in die belgische Hauptstadt legen. Alles schien bis ins kleinste Detail durchdacht. Der Fluchtplan war perfekt geplant.

Nach ein paar Tagen wurden sie dennoch in Genf ausfindig gemacht. Was die Öffentlichkeit bis zu diesem Zeitpunkt allerdings noch nicht wusste: Die beiden abtrünnigen Kaisersprosse Luise und Leopold Ferdinand Salvator waren nicht alleine unterwegs. Am 19. Dezember schickte Graf Clary ein Telegramm mit folgendem Wortlaut nach Wien: »Minister des Äußeren teilte mir soeben mit, dass nach seinen neuesten Informationen die Spur der Flüchtigen bis Genf verfolgt wurde und dass dieselben dort im Hotel d'Angleterre abgestiegen sein sollen.« (Zit. nach: Wiesflecker: Studien zur habsburgischen Heirats- und Familienpolitik im Zeitalter Kaiser Franz Josephs I.) Tags darauf hatte Clary noch eine unerfreuliche Neuigkeit für den Wiener Hof parat: Die beiden Abtrünnigen waren nicht alleine, eine dritte Person hatte sich ihnen angeschlossen. Clary: »Es ist das der bisherige belgische Erzieher der jüngeren Prinzen, Monsieur Girond (sic!).« Damit war klar (vor allem für den sächsischen König Georg): Luise zog es vor, sich mit dem Sprachlehrer ihrer Söhne zu vergnügen, statt das eheliche Bett mit dem Kronprinzen zu teilen.

Was eigentlich ein gigantischer royaler Skandal war, wurde vom sächsischen Königshaus heruntergespielt. In einer offiziellen Kundmachung im Dresdner Journal vom 22. Dezember 1902 hieß es verharmlosend: »Die Kronprinzessin hat im Zustande von krankhafter seelischer Erregung (sic!) vor einigen Tagen Salzburg verlassen und sich unter Abbruch ihrer Beziehungen zu höchst ihren Verwandten nach dem Auslande begeben.« Das Einzige, was an dieser Mitteilung wohl nur annähernd der Wahrheit entsprach, war Luises Erregung. Ob die allerdings krankhaft und seelischer Natur war, ist angesichts der Anwesenheit ihres kolportierten Lovers Giron anzuzweifeln ...

Der sächsische Hof überlegte in einem Moment geistiger Umnachtung sogar, Luise in eine Irrenanstalt einzuweisen. In verschiedenen Schriften bezeichnete man sie als »gestört« und »hysterisch«. 1903 erschienen die beiden Broschüren »Geistige

Störung oder Lüsternheit!« und »Das hysterische Weib in Familie und Gesellschaft« – die Untertitel der beiden Schriften bezogen sich eindeutig auf die sächsische Kronprinzessin. Doch auch Luise selbst nahm sich später kein Blatt vor den Mund. Zum Entsetzen des Kaiserhauses in Wien veröffentlichte die abtrünnige Prinzessin 1911 ihr Tagebuch unter dem Titel »Mein Leben«.

Die Nachricht über das zügellose und skandalöse Leben Luises sorgte für Aufsehen in ganz Europa. So notierte etwa Baronin Hildegard von Spitzemberg, eine feine Dame der Berliner Gesellschaft, in ihrem Tagebuch: »Alle waren sie erfüllt wie wir von dem entsetzlichen Skandale am sächsischen Hofe, der wirklich an Widerlichkeit seinesgleichen sucht! Fünf Kinder, einen Mann, einen Thron zurückzulassen, um mit zweiunddreißig Jahren, in der Hoffnung von einem Lehrer eben dieser Kinder, durchzugehen – es ist geradezu entsetzlich! Wenn die fürstlichen Frauen also sich vergessen, so allem Hohn sprechen, was sonst auch im Unglück für anständig, vornehm und christlich gilt, nehmen sie sich selbst das Recht ihres Bestehens.« (Bestenreiner: Luise von Toscana) Natürlich nahm auch die Presse diesen Skandal auf. So empörte sich die »Deutsche Zeitung« 1902: »Mitleid mit der Geflohenen könnte man nur dann haben, wenn sie wirklich [...] geistig nicht vollständig mehr Herrin ihrer Sinnen gewesen sein sollte, sonst müsste man unerbittlich den Maßstab an ihr Verhalten legen, den wir Deutschen von unserem, dem christlich-germanischen Standpunkt aus in solchen Fällen anzulegen pflegen.« (Bestenreiner: Luise von Toscana) Die hohen Herrschaften der damaligen Zeit glaubten allen Ernstes, Untreue sei nur mit geistiger Umnachtung zu erklären. Allerdings ließ man sich derlei fantasievolle Rechtfertigungen auch nur bei abtrünnigen Damen einfallen. Suchte ein Mann ein fremdes Bett heim, kam man erst gar nicht auf die absurde Idee, ihn für verrückt zu erklären.

Doch zurück zu Luises Liebesurlaub, der weite Kreise zog. Sogar das Kaiserhaus in Berlin verurteilte die Affäre aufs Schärfste. Kaiser Wilhelm II. warf im Rahmen seiner Kritik aber gleich alle Mitglieder des Hauses Habsburg in einen Topf, wie der sächsische Gesandte in Berlin berichtete: »Auch die im österreichischen Kaiserhaus herrschenden Zustände, die Sucht der jungen Mitglieder, unter ihrem Stand zu heiraten, erfüllten ihn mit großer Sorge für die Zukunft der verbündeten österreichischen Monarchie.« (Bestenreiner: Luise von Toscana)

Nach und nach bekam auch der sächsische Kronprinz Wind von Luises »lasterhaftem« Leben. Graf Clary, der zusammen mit seiner Gemahlin bei der sächsischen Königin-Witwe Carola geladen war, berichtete nach Wien, dass der Kronprinz bis zu jenem schicksalsträchtigen 19. Dezember der Ansicht war, dass »seine Gemahlin um jeden Preis nach Dresden zurückgebracht werden müsse und er gab dem dringenden Verlangen des Königs, Höchstwelcher nach dem Geschehenen eine Rückkehr der Kronprinzessin für eine Unmöglichkeit erklärte, erst dann nach, als Ihm ein an Seine Gemahlin gerichteter Brief des Herrn Giron, des früheren Lehrers der kleinen Prinzen, zur Kenntnis gebracht wurde«. Durch einen Brief musste der Kronprinz also erfahren, dass seine Frau ihm Hörner aufgesetzt hatte. Sein einziger Ausweg, bei dem er zumindest halbwegs sein Gesicht wahren konnte: die Scheidung.

Die Konsequenzen waren fatal, kam doch eine Trennung im mittlerweile wieder erzkatholisch gewordenen sächsischen Königshaus einem Erdbeben der Stärke acht auf der Richterskala gleich. Dennoch: Es war die einzige Möglichkeit, um sich weiteren Demütigungen entziehen zu können.

Also wurde ein eigener Gerichtshof eingesetzt, den man mit dieser Causa betraute. Am 31. Dezember 1902 wurde im amtlichen Teil des Dresdner Journals Folgendes verlautbart: »Nachdem Seine Königliche Hoheit der Kronprinz Friedrich-August die Absicht kundgegeben haben, die mit Höchsteiner Gemahlin, Ihrer Kaiserlich und Königlichen Hoheit der Frau Kronprinzessin Luise entstandenen Eheirrung auf gerichtlichem Wege zum Austrag bringen zu lassen, setzen Wir zur Entscheidung dieser Eheirrung ein aus sieben Richtern gebildetes besonderes Gericht nieder.« (Zit. nach: Wiesflecker: Heirats- und Familienpolitik) Bemerkenswert an dieser Kundmachung ist die Bezeichnung »Eheirrung«. Offensichtlich versuchte man mit allen Mitteln das Fremdgehen Luises zu vertuschen, um Friedrich August weitere Demütigungen zu ersparen. Fortschrittlich ist hingegen die Tatsache, dass die Scheidung eingereicht und diese auch öffentlich diskutiert wurde. Früher löste man solche Skandale noch galanter und ließ die Ehe vom Papst höchstpersönlich annullieren. Oder man vertuschte die Sache einfach, bis Gras darüber gewachsen war.

Luise führte derweil ein fröhliches Leben in Genf, zeigte sich sogar mit ihrem Liebhaber Giron in aller Öffentlichkeit. Graf Kuefstein, der österreichische Gesandte, sollte die sächsische Kronprinzessin dazu bringen, sich diskreter zu verhalten. Also bat Kuefstein Luises Anwalt, den Schweizer Politiker Lachenal um Hilfe. In einem Brief an den sächsischen Minister Goluchowski schrieb er allerdings später wenig zuversichtlich: »Auf meine Frage, ob es ihm [Lachenal, Anm.] gelungen sei, Herrn Giron von ihr zu trennen, zuckte er nur mit den Achseln, sagte, es sei eben un roman d'amour ...« (Zit. nach: Wiesflecker: Heirats- und Familienpolitik) Gegen die Liebe kamen selbst die erfahrensten Diplomaten und Politiker der Kaiser- und Königshäuser nicht an. Hilflos mussten sie zusehen, wie Luise ihr Glück öffentlich auslebte, ihren selbst gewählten Partner auch in der Öffentlichkeit mit aller Hingabe liebte.

Am 11. Februar 1903 wurde die Ehe schließlich geschieden. Das Dresdner Journal veröffentlichte folgende Mitteilung: »Die am 21. November 1891 geschlossene Ehe der Parteien wird wegen Ehebruchs der Frau Beklagten mit dem Sprachlehrer André Giron vom Bande geschieden. Die Frau Beklagte trägt die Schuld der Scheidung. Die Kosten des Rechtsstreites werden der Frau Beklagten auferlegt.« (Zit. nach: Wiesflecker: Heirats- und Familienpolitik) Der Tragödie erster Teil war somit erledigt. Doch das Drama war noch lange nicht vorbei.

Bereits einige Tage zuvor hatte sich Luise von Giron getrennt. Warum die Beziehung in Brüche ging, ist bis heute nicht ganz klar. Allerdings hatte Luise ein gravierendes Problem: Sie stand vor der Niederkunft ihres sechsten Kindes. Und nun – nach der Scheidung – musste sie sich gefallen lassen, dass die Vaterschaft Friedrich Augusts naturgemäß angezweifelt wurde. Denn wahrscheinlich nicht einmal Luise selbst wusste mit hundertprozentiger Sicherheit, wer der Erzeuger dieses Kindes war. Am 5. Mai 1903 brachte Luise in Lindau eine gesunde Tochter zur Welt. Am Dresdner Hof reagierte man umgehend. Prompt wurde der Direktor der Dresdner Geburtsklinik, Dr. Leopold, zur »standesamtlichen Beurkundung der Geburt der kleinen königlichen Prinzesin in Vertretung des

Ministers des königlichen Hauses« entsandt. Der österreichische Gesandte schrieb später nach Wien: »Der Bericht, den Professor Leopold über seine Mission erstattet hat, wirkt hier nach seinem Hauptinhalt beruhigend. [...] Er concludiert nach den an der neugeborenen Prinzessin vorgenommenen Messungen auf die thatsächliche Vaterschaft des Kronprinzen und erhärtet diese Annahme noch durch den Hinweis auf den Typus und die helle Farbe der Augen und der Haare, welche, soweit bei Neugeborenen eine Schlussziehung möglich ist, ganz ausgesprochen auf Prinz Friedrich August als Vater des Kindes schließen lassen sollen.« (Zit. nach: Wiesflecker: Heirats- und Familienpolitik) Ein beeidetes Sachgutachten hatte Dr. Leopold jedoch abgelehnt, da er die Vaterschaft Friedrich Augusts nur für wahrscheinlich, nicht jedoch für 100 Prozent sicher erachtete. Dennoch: Um noch mehr Aufsehen zu vermeiden anerkannte der sächsische Kronprinz Luises Tochter Anna Pia Monika – die 1924 übrigens Erzherzog Joseph Franz aus der ungarischen Linie des Hauses Habsburg heiratete.

Luise bekam von ihrem Schwiegervater, König Georg von Sachsen, schließlich den Titel und die Apanage einer Gräfin Montignoso. Noch einmal sorgte sie für Aufsehen. 1904 wollte Luise ihre Kinder in Tatra Füred (Ungarn), wo sie auf Sommerurlaub waren, besuchen. Der Kronprinz, ihr Ex-Mann, geriet in Panik und ließ in Wien anfragen, »was für Anstalten zu treffen wären, wenn die gewesene Kronprinzessin factisch nach Tatra Füred reisen sollte«. (Zit. nach: Wiesflecker: Heirats- und Familienpolitik) Die Gräfin hielt sich zu diesem Zeitpunkt in Warteck in ihrem Schweizer Exil auf. Und dort sollte sie auch bleiben – zumindest wenn es nach den Höfen in Dresden und Wien ging. Dem ungarischen Ministerpräsidenten, Graf Tisza, ließ man ausrichten: »Falls wider Erwarten Reise der Gräfin Montignoso nach Tatra Füred wirklich bevorständе und eventuelle Einwirkung im gegenteiligen Sinn sich als unmöglich oder erfolglos erwiese, wäre, da die Genannte Ausländerin und aus dem AH. Haus vollständig ausgeschieden ist, deren Ausweisung vom legalen Standpunkt vollkommen zulässig.« Der Kaiser ergänzte: »Gräfin Montignoso befindet sich meines Wissens in Warteck, Schweiz, in der Nähe des Bodensees. Da ich seinerzeit auf das bestimmteste erklärt habe, dass sie die Grenzen der Monarchie nicht überschreiten darf, so ist sie im Falle des Eindringens als lästige Fremde sogleich auszuweisen, eventuell abzuschieben. Außer den ungarischen wären auch die österreichischen Behörden in diesem Sinne zu instruieren, da die Gräfin nach Ungarn nicht eindringen kann ohne österreichisches Gebiet zu berühren und da mir die österreichischen Behörden eine größere Garantie der strengen Durchführung dieser Anordnung bieten, als die ungarischen.« (Zit. nach: Wiesflecker: Heirats- und Familienpolitik) »Eindringen«, »lästige Fremde«, »Ausländerin« – mit solchen Attributen wurde also ein ehemaliges Mitglied des Hauses Habsburg-Lothringen, das am sächsischen Königshof schlichtweg frustriert war und mit einem Mann, der den hohen Häusern nicht genehm war, schlussendlich durchbrannte und ihr Glück fand, von ihrer eigenen Familie bedacht.

Um die Ex-Erzherzogin und Ex-Kronprinzessin davon abzuhalten, die Reise zu wagen, drohte man ihr sogar damit, die Apanage zu streichen und ihr das Besuchsrecht bei ihren Kindern zu entziehen. Geld als Druckmittel einzusetzen funktionierte fast immer. Denn wovon sollten die Mitglieder des Hochadels denn leben. Auf Jobsuche hätten sie sich ja schließlich schlecht begeben können.

Wie sich kurz darauf herausstellen sollte, war die ganze Aufregung aber sowieso umsonst. Luise machte keinerlei Anstalten, österreichischen Boden zu betreten. Vielmehr saß sie in Warteck und freute sich ihres Lebens fernab des starren Hofzeremoniells. Woher das Gerücht kam, Luise wolle ihre Kinder besuchen, ist unklar. Jedenfalls zeigt die ganze Aufregung, für wie viel Aufsehen die Affäre Luises damals sorgte. Die Monarchie fühlte sich in ihren moralischen Grundfesten erschüttert ...

Knapp vor Weihnachten 1904 kam Luise dann aber wirklich nach Dresden um ihre Kinder zu besuchen. Die Polizei verwehrte ihr jedoch den Zugang zum Palast. Unverrichteter Dinge musste sie Dresden wieder verlassen. Erst im Februar 1905 wurde bekannt, warum man sie abwies. Die lebensfrohe Gräfin kam nämlich nicht alleine, sondern in männlicher Begleitung, genauer gesagt mit ihrem aktuellen Lover, in die sächsische Hauptstadt. In Dresden war man äußerst erregt, dass die Gräfin die Reise »in Begleitung eines neuen Geliebten habe machen können, während doch als der ostentative Zweck ihres Hierherkommens eine Aussprache mit König Friedrich August [und] eine Wiederannäherung an die königliche Familie in den Vordergrund gestellt« worden war. Der neue Begleiter an Luises Seite war Conte Carlo Guiccardi. Und der war zu allem Überfluss auch noch verheiratet, lebte allerdings von seiner Frau getrennt. Was aber noch viel schlimmer wog: Einem Bericht der österreichischen Botschaft in Rom zufolge war Guiccardi ein »von Wein und Tabakdünsten erfüllter dampagnard«. (Zit. nach: Wiesflecker: Heirats- und Familienpolitik) Prompt wollte man ihr die zweijährige Tochter Anna Pia Monika entziehen – mit allen Mitteln. Nach monatelangem Hin und Her lenkte Luise ein. Ein Batzen Geld ließ sie ihre Muttergefühle letztendlich vergessen. Ein Vertrag zwischen dem sächsischen König und Luise regelte die Herausgabe der kleinen Prinzessin. Im Gegenzug sollte Luises Apanage um 10.000 Mark auf 40.000 erhöht werden. Die Übergabe der kleinen Prinzessin zögerte sich allerdings auf unbestimmte Zeit hinaus.

Guiccardi war schnell wieder passé. Ein neuer Mann hatte bereits ihr Herz erobert. 1907 heiratete Luise erneut, diesmal den um zwölf Jahre jüngeren Komponisten Toselli. Das war nun für den sächsischen Hof endgültig zu viel. Am 26. Oktober 1907 holte der nunmehrige König seine Tochter zurück zu sich.

Mit Toselli hatte Luise einen Sohn, was sie jedoch nicht davon abhielt, sich 1912 von ihm scheiden zu lassen. Der Sohn blieb beim Vater.

Danach nahm sie den Titel einer Comtesse d'Ysette an. Vom Kaiserhaus in Wien wurde sie »verstoßen«, ihr wurde sogar verboten den Namen Habsburg zu tragen. Am 23. März 1947 starb sie schließlich völlig verarmt in Brüssel. Ihr Leben, genauer gesagt ihre Scheidung vom sächsischen Kronprinzen und ihre Affäre mit dem Sprachlehrer ihrer Kinder waren ein gefundenes Fressen für die Klatschpresse der damaligen Zeit. Viel mehr blieb von ihrem Leben nicht in Erinnerung.

Einzig die Memoiren ihrer Tochter Maria Alix nehmen noch einmal Bezug auf Luise. Allerdings sprechen diese Zeilen eher das Mitleid Marias für ihren gehörnten Vater Friedrich August aus, der sich Luises Flucht aus Dresden offenbar sehr zu Herzen nahm. Maria Alix schrieb: »Mein Vater verschloss den Schmerz, den ihm dieser Schicksalsschlag bereitete, tief in seinem Innern. Es zeugt

Luise von Sachsen mit ihrem zweiten Ehemann,
dem Komponisten Enrico Toselli

für die Seelengröße und den echten christlichen Geist des Königs, dass er seiner Gemahlin trotz des Leides, das sie ihm zufügte, voll verzieh. Nie hat er geduldet, dass über die Mutter seiner Kinder ein nachteiliges Wort gesprochen wurde. In der Vollkraft seiner Jahre wählte er getreu den Grundsätzen seines Glaubens die Einsamkeit. [Hinweis: Selbst wenn Friedrich August gewollt hätte, hätte er nach der Scheidung von Luise als katholischer König nicht noch einmal heiraten dürfen, Anm.] Sein Volk hat ihm diese heroische Haltung durch vermehrte Liebe und Zuneigung gedankt. Die tapfere Überwindung seines persönlichen Schicksals machte Sachsens König noch populärer, als er ohnedies schon war.« (Zit. nach: Kossak: Ehebruch)

Die Volkstümlichkeit des Königs zeigt sich vor allem anhand einer Anekdote, die von ihm überliefert ist. Trotz einer schweren Erkältung nahm Friedrich August an einer Gedenkfeier in einer sächsischen Kleinstadt teil. Dort begrüßte ihn der ebenfalls verkühlte Bürgermeister. Der Dialog soll folgendermaßen abgelaufen sein: König Friedrich August spielte auf die Unpässlichkeit der beiden an: »Nun, Herr Bürgermeister, wir sind ja gewissermaßen Leidensgefährten.« Der Bürgermeister entgegnete: »Ja, Majestät! Aber die Meine ist mir schon nach drei Wochen durchgebrannt.« (Zit. nach: Kossak: Ehebruch)

Immer wieder stellten sich Wissenschaftler nach Luises Tod die Frage: War die Prinzessin erblich vorbelastet? Ganz eindeutig lässt sich das natürlich nicht nachweisen, doch gab Luise einmal selbst zu Protokoll: »Die Mischung von französischem, italienischem und habsburgischem Blut in meinen Adern hätte jeder etwas eng denkenden Familie ernstliche Bedenken verursachen müssen [...] da, wie mein Schwiegervater mit voller Wahrheit sagte, ›das habsburgisch-bourbonische Temperament sonderbare Eigenschaften besäße‹.« (Zit. nach: Bestenreiner: Luise von Toskana) Luises Schwiegervater war der König von Sachsen. Und er hatte gar nicht so Unrecht mit seiner Behauptung. Denn wie wir später noch feststellen werden, nahm die Zahl der »aufmüpfigen« Habsburger, die aus der selben Nebenlinie wie Luise – nämlich aus der toskanischen – stammten, beträchtlich zu. Austritte aus dem kaiserlichen Haus schienen fast die Regel zu werden.

Doch zurück zu Luise: Ihre Ahnentafel strotzte vor Inzucht. Wie der Genealoge Georg Amborst feststellte, besaß Luise in der sechsten Ahnengeneration statt 64 verschiedener Vorfahren nur 14! Nicht weniger als zwölf Mal stammte Luise von König Philipp V. von Spanien und dessen zweiter Gemahlin Elisabeth von Parma ab. Das Problem daran: Philipp V. war zusehends in geistige Umnachtung verfallen ...

Überdies fand Amborst bei Luise 612 Abstammungslinien, die von der Spanierin Johanna der Wahnsinnigen (die Gemahlin Philipps I. von Habsburg) bei ihr zusammenlaufen. Hauptsächlich fand sich in den Adern der toskanischen Seitenlinie des Hauses

Habsburg bourbonisches, also französisches Blut. Kein Wunder, bei dem exzessiven Heiratsverhalten, das die beiden Familien über Jahrhunderte hinweg an den Tag legten.

Im Nachhinein versuchte Luise ihr exzessives Leben noch zu rechtfertigen, als sie schrieb: »Mir scheint es, als wenn in gewissen Krisen unseres Lebens wir von anormalen, schlummernden Kräften erfasst werden, die zeitweise neurotische Störungen hervorrufen, unter deren Einfluss wir impulsive Handlungen vollbringen, die meist lebenslängliche Folgen nach sich ziehen.« (Zit. nach: Bestenreiner: Luise von Toskana) Gebracht hat ihr diese Erkenntnis freilich nichts mehr. Ihre letzte Ruhestätte fand sie schließlich auch nicht in der kaiserlichen Gruft in Wien, sondern in der Begräbniskirche der Fürsten von Hohenzollern in Sigmaringen-Hedingen.

Erzherzogin Elisabeth († 1963)

Eine würdige Nachfolgerin ihres Vaters

Bei diesen Genen war wohl nichts anderes zu erwarten: Als Tochter Kronprinz Rudolfs trieb es Erzherzogin Elisabeth fast noch bunter als ihr Vater, über dessen ausschweifendes Leben wir schon einiges erfahren haben. Nur kurz zur Erinnerung: Rudolf war mit Stephanie von Belgien verheiratet.

Zwei Jahre nach der Hochzeit war Stephanie endlich schwanger. Der Wiener Hof war außer sich vor Freude, hoffte man doch auf den so dringend benötigten Thronfolger. Auch Rudolf selbst konnte seine Freude nicht verbergen, machte aber auch keinen Hehl daraus, dass er auf einen männlichen Spross gehofft hatte. An Stephanie schrieb er während ihrer Schwangerschaft: »Gebe gut acht auf Dich und den Waclaw [Tschechisch für Wenzel, Anm.].« (Zit. nach: Weissensteiner: Die rote Erzherzogin) Rudolf war sich absolut sicher, das Kind würde ein Junge (also ein Wenzel) werden. Die Enttäuschung folgte auf dem Fuß.

Am 2. September 1883 brachte Stephanie ihr Kind zur Welt – eine Tochter. Zwar eilte Rudolf umgehend zu seiner Gemahlin, doch konnte er, wie sie Jahrzehnte später höchstpersönlich verriet, seine

Enttäuschung nicht verbergen: »Die Bestürzung des Kronprinzen war schmerzlich, er hatte bestimmt einen Thronerben erwartet.« (Zit. nach: Weissensteiner: Die rote Erzherzogin)

Als die kleine Elisabeth noch nicht einmal sechs Jahre alt war, beging ihr Vater, Kronprinz Rudolf, Selbstmord. Obwohl Elisabeth ein Mädchen – und damit für den Wiener Hof dynastisch nicht übermäßig »relevant« – war, schien Rudolf sie über alles geliebt zu haben. Vatergefühle kamen letztendlich also doch noch vor der Staatsräson. In seinem letzten Willen, den er am 2. März 1887 verfasst hatte, verfügte er nämlich folgendermaßen: »Nachstehendes Testament habe ich bei vollkommen klarer Besonnenheit eigenhändig niedergeschrieben und bitte Seine Kaiserliche und Königliche Apostolische Majestät [Kaiser Franz Joseph, Anm.] unterthänigst, die Mühe als Testament-Executor gnädigst auf sich nehmen zu wollen; und auch die Vormundschaft über meine Tochter Elisabeth zu übernehmen. Zur Universalerbin meines beweglichen und unbeweglichen Vermögens bestimme ich meine Tochter Elisabeth; meiner Gemahlin Stephanie bestimme ich den lebenslänglichen Nutzgenuss des gesamten Vermögens. Im Falle ihrer Wiederverehelichung hört der Nutzgenuss gänzlich auf und geht auf meine Tochter über. Im Falle der Verehelichung meiner Tochter wird der Nutzgenuss zwischen beiden getheilt ...« (Zit. nach: Weissensteiner: Die rote Erzherzogin)

Fortan wuchs die Kleine also wohl behütet am Wiener Hof auf. Ihre Hauptbezugsperson und Vormund war der alternde Kaiser Franz Joseph, der das Mädchen über alles liebte und sie nach allen Regeln der Kunst verwöhnte. Er empfand offensichtlich wirklich tiefe Gefühle für seine geliebte Enkelin »Erzsi« (so wurde die kleine Erzherzogin genannt). In unzähligen Briefen an Katharina Schratt erzählt er von gemeinsamen Unternehmungen. So schrieb er am 26. März 1891: »[...] Vorgestern um ½ 1 Uhr fuhr ich nach Schönbrunn zu einem einsamen Spaziergange [...] Ich ging durch den Tiroler Garten [...] durch Maxing, die Fasanerie und hinter der Gloriette endlich in die Menagerie, wo ich meiner kleinen Enkelin begegnete, die die Thiere fütterte. Ich begleitete sie zu dem kleinen schwarzen Bären, zu ihren drei Bärenfreunden, deren Haus eben vergrößert wird, zu unserem tanzenden Bärenfreunde, der aber schlecht aufgelegt war und nur an ihren Besuchen Freude zu haben scheint. Alle wurden mit Semmeln gefüttert, wobei die Kleine den 3 Bären die Brodstücke mit besonderer Geschicklichkeit in den offenen Rachen warf. Dann bekam noch der arme Gemsbock, der erbärmlich aussieht, Brod und endlich wurden die schönen Mähnenschafe mit Brod und Papier betheilt, welch Letzteres sie zur minderen Befriedigung unseres Freundes Krauß [Direktor der Menagerie, Anm.] mit Vorliebe fressen [...]« (Zit. nach: Weissensteiner: Die rote Erzherzogin) Offensichtlich hatte der sonst so strenge Kaiser einen Narren an dem Mädchen gefressen. Wahrscheinlich sorgte sie für eine gehörige Portion Abwechslung in dem aktendominierten, langweiligen Leben des bürokratischen Kaisers. Franz Joseph dankte Elisabeth, indem er sie maßlos verwöhnte. Klar, dass die Kleine über kurz oder lang glaubte, tun und lassen zu können, was sie wollte.

Und so kam es, wie es kommen musste: Die junge Erzherzogin verliebte sich im September 1900 in Prinz Otto von Windisch-Graetz, der sie des Öfteren während ihres Herbstaufenthaltes in Laxenburg besuchte. Schlimmer noch: Sie wollte den Adelsspross sogar heiraten. Damit taten sich gleich mehrere Probleme auf. Zum einen wusste der gute Mann nichts von seinem Glück! Zum anderen war es undenkbar, dass eine Erzherzogin aus dem Hause Habsburg einen unebenbürtigen Mann wie Otto von Windisch-Graetz heiratet. Der junge Adlige entstammte keiner regierenden Fürstenfamilie. Mehr noch: Er war ein Untertan Kaiser Franz Josephs. Der verwöhnten Göre war's freilich egal. Sie weihte sogar ihre Mutter (die Witwe Kronprinz Rudolfs) in ihre Heiratspläne ein.

Elisabeth unterbreitete ihren absurden Vorschlag aber auch Kaiser Franz Joseph. Der war freilich »not amused«, hielt er doch von Mesalliancen (Ehen mit unebenbürtigen Partnern) gar nichts. Vielmehr hatte er ganz andere Pläne mit seiner Enkelin. Elisabeth sollte den deutschen Kronprinzen aus dem Hause Hohenzollern heiraten. Keine gute Idee, wie Erzherzog Rainer, ein populäres Mitglied des Kaiserhauses, bereits damals zu Protokoll gab: »Nein, nein; das wäre ein großes Unglück gewesen; die gute Elisabeth hätte Habsburg und Hohenzollern ganz gegeneinander gebracht und den Potsdamer Hof in der kürzesten Zeit vollends auf den Kopf gestellt! Wie hätte sich Erzsi in die Disziplin der deutschen Kaiserin hineingefunden? Das hätte jeden Tag Zank, Streit und Funken gegeben! Es ist besser, dass es nicht so kam!« (Zit. nach: Dickinger: Habsburgs schwarze Schafe)

Um die Wogen vorerst einmal zu glätten überredete Franz Joseph Elisabeth dazu, die ganze Sache mit Otto Windisch-Graetz im Laufe des nächsten Jahres noch einmal zu überdenken. »Schau, Erszi, du bist noch so jung. Überleg dir das noch einmal gut. Vor deinem 18. Lebensjahr kommt eine offizielle Verlobung nicht in Frage«, meinte der Kaiser zu seiner Enkeltochter. Sein Hintergedanke: Die verwöhnte Prinzessin würde ihre Meinung wahrscheinlich so schnell ändern wie andere ihre Socken. Als Entscheidungshilfe schenkte Franz Joseph ihr zu Weihnachten ein Perlhalsband im Wert von 10.000 Kronen. Um sie von Prinz Windisch-Graetz fern zu halten, schickte er die Erzherzogin über die Wintermonate nach Miramare und Abbazia. Zu diesem Zeitpunkt wusste der »Auserwählte« – also Otto von Windisch-Graetz – nach wie vor nichts von seinem »Glück«.

Das Jahr war um, die Erzherzogin hatte ihre Meinung nicht geändert. Der Kaiser wusste weder ein noch aus und so stimmte er dem ungewöhnlichen Heiratsprojekt widerwillig zu. Freilich musste Elisabeth wie alle anderen Habsburger und Habsburgerinnen, die einen unebenbürtigen Partner oder eine unebenbürtige Partnerin heirateten, auf alle Thronfolgerechte verzichten. Da ging der Kaiser keine Kompromisse ein.

Doch bevor es zu der Hochzeit, die sich wahrlich als schwere Geburt herausstellen sollte, kommen konnte, war noch ein (gravierendes) Problem zu lösen: Der Mann, der noch immer nicht in die Heiratspläne der Erzherzogin involviert war, musste erst einmal über das Vorhaben informiert werden. Die Sache blieb natürlich an Franz Joseph hängen. Erzsi hatte leichtes Spiel mit ihm. Einer Version – der des Habsburg-feindlichen Schriftstellers Spiridion Gopcevic – zufolge befahl der Kaiser den »Auserwählten« zu sich nach Schönbrunn. Gopcevic schrieb in seinem Buch »Österreichs Untergang – Die Folge von Franz Josephs Missregierung«: »[...] und so ließ der Kaiser den Prinzen vor sich kommen, um ihn von seinem unverhofften und unverdienten ›Glücke‹ in Kenntnis zu setzen. Statt aber darüber entzückt zu sein, geriet der Prinz in unsägliche Verlegenheit und meinte, so sehr er die ungeheure Ehre und Auszeichnung zu würdigen wisse, möchte er doch bitten, von dem Heiratsplan abzusehen, weil er bereits heimlich verlobt sei, also nicht sein Wort brechen könne.« (Zit. nach: Weissensteiner: Die rote Erzherzogin)

Pech für Elisabeth? Mitnichten: Die beharrte auf ihrer Forderung, und so kam es, wie es kommen musste: Absurderweise befahl Franz Joseph dem jungen Prinzen, seine Enkelin zur Frau zu nehmen. Bei einer neuerlichen Unterredung ließ er Windisch-Graetz wissen: »Auch ich habe ein Versprechen gegeben, nämlich ich habe meiner Enkelin mein kaiserliches Wort gegeben, dass sie Sie zum Gatten erhalten werde. Sie können mich also nicht wortbrüchig werden lassen.« Auf den neuerlichen Einwand Windisch-Graetz', er sei bereits vergeben, erwiderte der Kaiser nun sichtlich erzürnt: »Sie sind Oberleutnant, unterstehen also meinem Befehl als Ihrem obersten Kriegsherrn. Und als solcher befehle ich Ihnen nunmehr, meine Enkelin zu heiraten. Damit ist die Sache erledigt. Ich hoffe, dass Sie es nicht zur Rebellion kommen lassen werden?« Der Bräutigam wider Willen entgegnete darauf resigniert: »Da mir Euer Majestät als Kriegsherr einen Befehl erteilen, muss ich allerdings gehorchen.« (Zit. nach: Weissensteiner: Die rote Erzherzogin)

Angesichts dieser Worte – deren Echtheit nicht überliefert ist – könnte man vermuten, die Verlobung Elisabeths mit Otto Windisch-Graetz käme einer Schlacht oder einem Krieg gleich. Und dass Windisch-Graetz damit sein Wort – wir erinnern uns: er war bereits verlobt – brechen musste, war dem Habsburger-Kaiser freilich vollkommen egal. Am 22. Jänner 1902 wurde schließlich Hochzeit gefeiert, als Geschenk gab's vom greisen Kaiser den Fürstentitel. Von Ebenbürtigkeit mit dem Hause Habsburg – normalerweise eine Grundvoraussetzung dafür, eine Erzherzogin oder einen Erzherzog aus dem kaiserlichen Haus ehelichen zu dürfen – konnte aber nach wie vor keine Rede sein. Einige Habsburger waren dennoch glücklich, dass die leidige Angelegenheit endlich vom Tisch war. Erzherzog Rainer beispielsweise dankte es Otto Windisch-Graetz, die störrische Erzherzogin zur Frau zu nehmen, mit den Worten: »Otto Windischgraetz hat uns einen Dienst und Gefallen erwiesen, dass er sie nahm, und uns dadurch weiterer Sorgen enthoben!« (Zit. nach: Dickinger: Habsburgs schwarze Schafe)

Doch die Probleme blieben nicht aus. Anfangs schienen die beiden Vermählten überaus glücklich. Nur ein pikantes Detail warf von Anfang an einen Schatten auf die Ehe: Elisabeths starkes sexuelles Verlangen forderte Otto gewaltig. Gräfin Happack schrieb damals über die schwer libidinöse Erzherzogin: »Sie war sexuell krankhaft veranlagt, sie hatte zahllose Männeraffären. In ihr steckte das unglückselige Erbe des Vaters [Kronprinz Rudolf, Anm.].« (Zit. nach: Weissensteiner: Die rote Erzherzogin) Drei Söhne und eine Tochter waren das Ergebnis des aristokratischen Matratzensports. Im Sommer 1905 bezogen Elisabeth, Otto und ihre Kinder – sie wohnten bis dato in Prag; die Wohnung dort wurde aber zu klein für die Familie – das Schloss Ploschkowitz in Nordböhmen, das ihnen vom Kaiser zur Verfügung gestellt wurde. Dort, in der böhmischen Einöde, fühlte sich Elisabeth aber alles andere als wohl. Gesellschaftliches Leben fand de facto nicht statt. Die junge Fürstin langweilte sich zusehends. Immer öfter ging die Erzherzogin allein auf Reisen und ließ ihren Ehemann zurück – unter ständiger Beobachtung. Denn Elisabeth war krankhaft eifersüchtig – nicht ohne Grund, wie sich noch herausstellen sollte.

Eines Tages, als sie wieder einmal in Wien – zu dieser Zeit lebte das Ehepaar noch in Prag – weilte und ihrem Kaufzwang frönte, wurde ihr ein Brief ausgehändigt, mit dem pikanten Inhalt, dass ihr Ehemann mit einer Prager Opernsängerin fremdging. Weiters besagte das Schreiben, dass ihr Mann die trällernde Mätresse am nächsten Tag in ihrer Villa in Prag empfangen werde. Der Wortlaut des Briefes ist überliefert: »Fürst Otto zu Windisch-Graetz hat bei seinen häufigen Besuchen in der Prager Oper aus seiner Bewunderung für die Sängerin Marie Ziegler kein Hehl gemacht. Er hat sie zu einer Ausfahrt in den Park eingeladen. Für morgen ist sie wieder in die Villa Groebe eingeladen. Der Fürst erwartet sie für 16 Uhr.« (Zit. nach: Windisch-Graetz: Kaiseradler und rote Nelke)

Prompt setzte sich Elisabeth in den Zug nach Prag, lauerte den beiden auf und ertappte sie in flagranti. Völlig geistesabwesend zog die Erzherzogin eine Pistole und schoss kurzerhand auf die Sängerin. Ghislaine Windisch-Graetz, die Witwe von Elisabeths ältestem Sohn Franz Joseph, schildert das Geschehen detailliert: »Sie [Elisabeth und die Kammerfrau, Anm.] bestiegen [nach ihrer

Ankunft in Prag, Anm.] eine Kutsche, fuhren zur Villa Groebe, wo sie zur Stunde des vorgesehenen heimlichen Rendezvous eintrafen. Der Portier öffnete die Eingangstüre, Elisabeth durchquerte geräuschlos die Halle, vor der Türe des Salons stand ein Diener, er wagte ihr zu sagen, sie solle nicht hineingehen, der Fürst habe eine Besprechung. Mit einer raschen Bewegung des linken Armes schob Elisabeth ihn beiseite, öffnete die Türe, trat ein und erblickte, wie sie es erwartet hatte, eine Frau. Für den Bruchteil einer Sekunde starrte sie die junge Person an, dann zog sie die Pistole heraus und schoss mit gestrecktem Arm. Die Detonation war weithin zu hören. Die Kugel pfiff durch den Raum, die Sängerin schrie auf und brach zusammen. Das Ganze war wie ein Bühnenauftritt. Alles drängte sich um den leblosen Körper und starrte auf den dünnen Blutfaden, der von der Brust über den Hals herablief.« (Windisch-Graetz: Kaiseradler und rote Nelke) Die Sängerin überlebte schwer verletzt. Der Vorfall wurde unter den Tisch gekehrt – zum Wohle der Monarchie.

Eine andere Geschichte besagt, dass Elisabeth sogar auf einen Kammerdiener schoss, der ihr den Zutritt zu den Gemächern ihres Gemahls, wohin er sich nach einem heftigen Streit mit der aufbrausenden Erzherzogin zurückgezogen hatte, verwehren wollte. Ghislaine Windisch-Graetz erinnert sich: »Erzsi, deren Nerven aufs höchste gereizt waren, ging zuerst zu Bett, aber der in ihr brodelnde Zorn war so stark, dass sie schließlich die Beherrschung verlor. Sie stand auf, ging zum Zimmer ihres Mannes und traf dort auf einen Diener, der ihr den Eintritt verwehrte, indem er sagte, Seine Hoheit schlafe und dürfe nicht gestört werden. Erzsi hob daraufhin kaltblütig ihre Pistole und schoss nur wenige Zentimeter neben dem entsetzt zusammenschreckenden Diener in die Türe. Die Kugel durchschlug das dicke Holz der Türfüllung und drang unweit von Ottos Bett in den Parkettboden ein.« (Windisch-Graetz: Kaiseradler und rote Nelke) Auch diese Affäre wurde natürlich vom Kaiserhaus vertuscht, war man doch der zahlreichen Skandale schon längst überdrüssig.

Elisabeth war nunmehr aber klar, dass ihr Mann fremdging. Auch wusste sie von der Beziehung Ottos zu einer Dame der Wiener Halbwelt mit Namen Vogt-Ferida, die von 1911 bis 1914 dauerte: »Mein Gatte verkehrte mit ihr häufig. Er besuchte sie ungefähr alle

8 bis 10 Tage, kam gewöhnlich per Auto in Zivil angefahren und hatte derart freien Zutritt zu der Dame, dass er von den Dienstmädchen nicht einmal mehr angemeldet wurde. Er kam, wie die anderen Liebhaber der Dame, nicht mit leeren Händen, da diese an ihre Freunde hohe materielle Ansprüche stellt. Mein Gatte blieb unter Tags 1 ½ bis 2 Stunden bei der Dame und durfte, wenn er bei ihr war, das Dienstpersonal das Zimmer nicht betreten [...] Mein Gatte galt als ständiger Liebhaber der Vogt-Ferida. Er schickte ihr Blumen, machte ihr Geschenke, verbrachte gemeinsam mit der Dame ganze oder halbe Nächte [...]« (Zit. nach: Weissensteiner: Die rote Erzherzogin)

Die Ehe wurde dennoch weitergeführt, als ob nichts passiert wäre. Aber Elisabeth und Otto entfremdeten sich zusehends. Schuld daran waren auch die häufigen Reisen seiner Gemahlin. Wie schon ihre Großmutter, Kaiserin Elisabeth, zog sie von einem Ort zum anderen. Selbst als sie im Süden von Wien das Schloss Schönau mit finanzieller Hilfe ihres Großvaters erwarb, kam sie nicht zur Ruhe. Da der häusliche Frieden immer schiefer hing, ging Elisabeth wieder auf Reisen. Im Winter zog sie mit ihren Kindern nach Istrien. In der dort gemieteten Villa empfing sie eine Heerschar von Männern, die mit ihr Tennis spielen durften – und noch mehr. Wer der Prinzessin zu Gesicht stand, landete in ihrem Bett.

Elisabeths Vorliebe für junge Männer blieb auch ihrem Mann Otto Windisch-Graetz nicht verborgen. In der 1924 im »Wiener Illustrierten Extrablatt« veröffentlichten Scheidungsklage gab der Fürst zu Protokoll: »[...] musste ich wahrnehmen, dass meine Gemahlin sich mit einer Schar von jüngeren Herren zu umgeben pflegte und dass die Unterhaltung mit ihnen bedenklicher Art war. Dies steigerte sich von Jahr zu Jahr, so dass ich wiederholt Anlass nehmen musste, meiner Frau ernsthafte Vorstellungen zu machen und von ihr die Wahrung des äußerlichen Anstandes zu verlangen. Zunächst gelang es mir auch halbwegs, das Verhalten meiner Gemahlin in entsprechenden Bahnen zu erhalten. Nach und nach wurde aber das Benehmen meiner Gemahlin immer bedenklicher, und ich musste ihr nach einer höchst unliebsamen Szene, die sie in einer Bar in Pola im Jahre 1914 mit fremden Offizieren aufgeführt hatte, in unserem damaligen Heim in Brioni ernste Vorbehalte machen und ihr eine Beschwerde an ihren kaiserlichen Großvater in Aussicht stellen. Erst nachträglich erfuhr ich, dass meine Frau sich es schon längst zur Gewohnheit gemacht hatte, in Brioni, Miramare und andernorts mit jungen Offizieren, insbesondere Marineoffizieren, in einer solchen, öffentlichen Anstoß erregenden Art zu verkehren, dass allgemein an das Vorhandensein intimer Beziehungen zu denselben geglaubt wurde. Selbst einen meiner Verwandten, meinen Vetter, den Linienschiffsleutnant Fürsten Alfred zu Windisch-Graetz, der sie im Frühjahr 1912 in Miramare besuchte und bei ihr wohnte, lud sie beim Souper ein, um 2 Uhr nachts in ihr Schlafzimmer zu kommen. Ein offenkundiges, andauerndes ehebrecherisches Verhältnis hatte die Beklagte [Erzherzogin Elisabeth, Anm.] seit Mitte 1913 mit dem Linienschiffsleutnant Egon Lerch bis zu seinem Tode im August 1915.« (Zit. nach: Weissensteiner: Die rote Erzherzogin)

Neben ihren sexuellen Eskapaden hatte Elisabeth aber noch ganz andere – recht absurde – Freuden. Zum eigenen Gaudium organisierte sie Abendessen, zu denen hohe Offiziere geladen waren. Was die freilich nicht wussten: Die Fürstin fand großen Gefallen daran, den Soldaten Abführmittel (!) in die Vorspeise zu mischen. Das Problem, das sich den Kriegsherren nun stellte: Da kein »Normalsterblicher« *vor* einem Mitglied der kaiserlichen Familie die Tafel verlassen durfte, mussten die Herren bei Tisch ihren Drang unterdrücken, so lange es ging. Selbst als die Erzherzogin ihnen die Erlaubnis erteilte, sich vom Tisch in Richtung Klo zu erheben, nahm der Spaß für Elisabeth noch kein Ende. Für die illustre Herrenrunde stand nämlich nur ein Klosett zur Verfügung, die Schlange vor dieser einzigen Bedürfnisanstalt war dementsprechend lang ...

Welcher Abstammung die männlichen Verehrer Elisabeths waren, spielte für sie keine Rolle. So verliebte sie sich in den schon oben erwähnten Bürgerlichen Egon Lerch. Die beiden lernten sich im Winter 1913 bei einem Fest in Pola kennen. Es hat schnell gefunkt. Elisabeths Schwiegertochter Ghislaine erinnert sich: »Die Hingabe war beiderseits schrankenlos. Erzsi und Egon erlebten das perfekte Liebesabenteuer. Sehr bald wurde diese Liaison zu einem Skandal, über den alle Welt sprach. Die Aristokratie schwang sich zum gestrengen Richter auf, verteidigte Ehre und Moral, Anstand und gesellschaftliche Formen. In der kaiserlichen Familie herrschte Aufregung. Otto war machtlos. Er konnte nichts anderes tun als die Kommentare, die über seine Frau gemacht wurden, möglichst zu mäßigen. Natürlich fühlte er sich gedemütigt und verletzt. Elisabeth stellte sich dem Echo all dieser Aufregung gegenüber taub. Das, was sie tat, lag allein in ihrer Verantwortung, und sie gestand niemandem das Recht zu, sich in ihr persönliches Leben einzumischen. Damals begann sie die ihr eigene Art von Moral zu entwickeln, die nur nach dem eigenen Gewissen handelt. Dieser Moral blieb sie während der fünfzig Jahre, die ihr Leben noch dauern sollte, treu.« Kaiser Franz Josephs geliebte Enkeltochter bemühte sich nicht einmal mehr, ihre außerehelichen Liebeshändel geheim zu halten. Ihr war es schlichtweg egal, was das Kaiserhaus, was die Gesellschaft über sie dachte. Noch viel weniger interessierte es sie offensichtlich, was ihr eigener Ehemann dachte beziehungsweise wie er sich fühlte.

Otto Windisch-Graetz gab in der Scheidungsklage über diese Affäre zu Protokoll: »Es ging so weit, dass Lerch zwei- bis dreimal allwöchentlich bei meiner Frau in ihrem Schlafzimmer übernachtete; dies insbesondere während des Aufenthaltes meiner Frau und meiner Kinder in der Villa Punta Naso in Brioni im Sommer 1914, wo das Übernachten des Lerch bei meiner Frau der Dienerschaft bereits eine gewohnte und selbstverständliche Sache war. Lerch kam einige Tage hintereinander oder jeden zweiten Tag. Sie nachtmahlten zusammen; um halb 9 Uhr abends verabschiedete meine Frau ihn scheinbar; er kam aber dann gegen 12 Uhr nachts in ihr Schlafzimmer und ging entweder gegen 5 Uhr morgens oder gegen 9 Uhr morgens weg. Die in das Vertrauen meiner Frau gezogenen Bediensteten mussten dafür sorgen, dass Lerch beim Weggehen niemand begegnete. Häufig ging Lerch zeitig morgens aus dem Schlafzimmer meiner Frau durch das daneben liegende Zimmer meiner beiden älteren Söhne Franz und Ernst und durch den Vorraum in mein im selben Stockwerk gelegenes Zimmer, wo er mit den Utensilien meiner Frau Toilette machte, um dann gegen 9 Uhr vormittags aus dem Hause zu gehen. Der regelmäßige Verkehr meiner Frau mit Lerch war selbstverständlich ein offenes Geheimnis für das Hauspersonal, zumal das Verhalten meiner Frau gegenüber der Dienerschaft für diese nur dann erträglich war, wenn Lerch sich bei ihr befand, während sie sonst die Diener-

»Die rote Erzherzogin« – Elisabeth, das einzige Kind des Kronprinzenpaares, trieb es noch bunter als ihr Vater: unstandesgemäße Ehe, zahlreiche Liebhaber und Sozialdemokratin.

schaft quälte und beschimpfte. Auch hatten die Bediensteten und die Chauffeure wiederholt Gelegenheit zu beobachten, wie meine Frau und Lerch sich auf dem Balkone, im Stiegenhause, im Auto küssten [...]« (Zit. nach Weissensteiner: Die rote Erzherzogin)
Doch Otto wusste noch mehr von den Demütigungen seiner Frau zu berichten: »Von Jänner bis Juli 1915 hatte meine Frau, während ich im Felde war, häufige Zusammenkünfte mit Lerch in Wien. Sie holte ihn mit ihrem Auto entweder vom Hotel Beatrix oder von einer vor Wien gelegenen Bahnstation (Meidling oder Wiener Neustadt oder Payerbach) ab und brachte ihn bei der Abreise nach einer solchen Station, damit sie nicht mit ihm auf einem Wiener

Bahnhofe gesehen werde. Während dieser Zeit machte meine Frau mit Lerch von Wien aus auch eine Reise nach R. in Böhmen zu einer ihr befreundeten Dame. Sie fuhr mit ihm, der morgens vom Meidlinger Bahnhof abgeholt worden war, nachmittags mit dem Auto nach Oberhollabrunn, wo sie in einem einfachen Einkehrgasthofe abstiegen und ihr Nachtmahl auf dem Zimmer nahmen. Am nächsten Morgen fuhren sie mit dem Auto zum Bahnhofe in Oberhollabrunn, von wo die Bahnfahrt nach R. angetreten wurde. In R. wurde Lerch von der Dame des Hauses, offenbar im Einverständnisse mit meiner Frau, gegenüber der Dienerschaft für mich ausgegeben.« (Zit. nach: Weissensteiner: Die rote Erzherzogin)

Die Beziehung mit Lerch hielt jedoch nicht allzu lange. Bei einem Einsatz als Marineoffizier eines U-Bootes im Ersten Weltkrieg wurde Lerch 1915 getötet. Die Nachricht vom Tode Lerchs traf die Erzherzogin, so Windisch-Graetz, hart: »[...] Als Lerch mit seinem Unterseeboote vermisst wurde, war meine Frau sehr niedergeschlagen«, gab er zu Protokoll. »Sie fuhr in der Zeit bis zum Eintreffen der sicheren Todesnachricht zweimal nach dem Süden, angeblich nach Laibach, in Wahrheit nach Triest, wo sie auf dem Molo mit dem Diener Beppo des Schiffsleutnants zusammenkam. Als die Todesnachricht einlief, verschloss sie sich tagelang in ihrem Zimmer in Schönau und ließ ihrem kaiserlichen Großvater sagen, dass sie nunmehr mit mir nicht leben könne. Sie legte unseren Ehering ab, hatte aber auf ihrem Toilettetische und in ihrem Schreibzimmer Lerchs Bilder stehen. Auf einem derselben hat Lerch meine Tochter auf dem Schoße; dem Kinde blieb diese Szene in dauernder Erinnerung.« (Zit. nach: Weissensteiner: Die rote Erzherzogin)

Bei ihrer Einvernahme, die für die Scheidung notwendig war, versuchte Elisabeth erst gar nicht die Beziehung zu Lerch abzustreiten. Vielmehr gab sie stolz zu: »Es wäre unter meiner Würde, wollte ich leugnen, dass ich mit Linienschiffsleutnant Egon Lerch Beziehungen unterhalten habe.« Um im selben Atemzug ihre Rechtfertigung hinzuzufügen: »Bei der andauernden konsequenten Vernachlässigung durch meinen Gatten habe ich Verkehr mit geistig hoch stehenden Männern gesucht. Zu diesen gehörte Linienschiffsleutnant Lerch, eine Persönlichkeit, deren Heldentaten in dem Buche der österreichischen Geschichte mit Goldlettern eingetragen sind, eine Persönlichkeit, die in allem und jedem turmhoch über den beschränkten Gesichtskreis meines leider so wenig intelligenten Mannes stehend mein Interesse geweckt hat. Ich bin *stolz* darauf, dass ich diesem Helden in der schwersten Zeit ruhmvollster Pflichterfüllung bei der unsagbar harten Wirklichkeit seiner gefahrvollen opferfreudigen, Kaiser und Vaterland geweihten Dienstleistung eine treue Freundin sein, ihm Stütze, Trost und Erhebung gewähren durfte [...]« (Zit. nach: Weissensteiner: Die rote Erzherzogin)

Elisabeth wollte sich also von ihrem Mann scheiden lassen. Was heute relativ einfach ist, war zu Beginn des 20. Jahrhunderts noch ein langwieriger und nervenaufreibender Prozess. Im August 1915 konfrontierte sie ihren Mann erstmals mit ihrem Wunsch. Der hatte ob der dubiosen Lebensweise der Erzherzogin freilich nichts dagegen. Alles schien also glatt zu gehen, hätte sich nicht plötzlich Kaiser Franz Joseph in Wien eingemischt. Der dachte gar nicht daran, Elisabeths Ansinnen nachzugeben. Nicht nur, dass es damals ein Gewaltakt war, den Prinzen zu dieser Ehe zu überreden, hielt er prinzipiell nichts von Scheidungen. Die beiden sollten sich gefälligst zusammenraufen – zum Wohle der Monarchie. Franz Joseph beauftragte daher den Chef des Hauses Windisch-Graetz, Fürst Alfred, zwischen den beiden zu vermitteln. Nach zahlreichen Verhandlungen schien man sich geeinigt zu haben. In letzter Minute zerkrachten sich Elisabeth und Otto allerdings wieder, weil die Frage der Kindererziehung nicht geregelt werden konnte. Doch Elisabeth riss das Ruder noch einmal herum. In einem Brief vom 22. Mai 1916 schlug sie ihrem Noch-Ehemann Folgendes vor: »Lieber Otto, in den nun schon so viele Monate dauernden Verhandlungen wurde der Versuch gemacht, zu einer Vereinbarung zu gelangen, die eine Wiederholung der Bitternisse von früher unmöglich machen und uns beiden ein glücklicheres Dasein schaffen sollte. Auf diesem komplizierten Weg ist dieses Ziel nicht zu erreichen. Es würde somit nur die Führung eines Prozesses übrig bleiben. Die Verantwortung, einen solchen Prozess anzustrengen, welcher, wie immer er ausgehen mag, uns beide der Sensations- und Skandalsucht der klatschsüchtigen Menge preisgeben und auf den Namen unserer Kinder einen vielleicht nie mehr zu beseitigenden Schatten werfen würde, glaube ich vor

Gott, vor Seiner Majestät, vor unserem Lande und vor unseren Kindern nicht auf mich nehmen zu dürfen.« Und weiter: »Wenn Du in diesem Punkte denkst wie ich, dann müssen wir ein Nebeneinanderleben versuchen. Gewohnt und gewillt, dem Glücke und der Zukunft meiner heißgeliebten Kinder jedes Opfer zu bringen, bin ich in diesem Falle bereit, Dir die Hand zur Versöhnung zu bieten. Wir müssen dann beide den ehrlichen und rückhaltslosen Vorsatz haben, ohne Hass und Verbitterung nebeneinander zu leben, uns mit Höflichkeit und Takt zu begegnen, unsere väterlichen und mütterlichen Rechte gegenseitig zu respektieren und uns in allem nur vom Wohle der Kinder leiten zu lassen. Zu einer solchen Regelung unserer Zukunft bedarf es keines Vertrages, sondern nur guten Willens.« (Zit. nach: Weissensteiner: Die rote Erzherzogin) Der Fürst stimmte zu. Die Versöhnung war damit – zumindest vorerst – vollzogen. Am 21. November 1916 starb Kaiser Franz Joseph. Damit fielen aber auch bei Fürst und Fürstin Windisch-Graetz die letzten Hemmungen. Die Versöhnung war vergessen, die beiden lieferten sich einen beispielhaften Rosenkrieg. Am 29. November 1917 schließlich teilte sie ihrem Gatten mit, die Ehe unwiderruflich scheiden lassen zu wollen. Sie setzte auch Kaiser Karl – er übernahm die schwere Regentschaft von Franz Joseph und war nunmehr das Familienoberhaupt des Hauses Habsburg – von ihrer Absicht in Kenntnis. Der war zwar vom Unterfangen Elisabeths nur wenig begeistert, antwortete dennoch höflich, aber kühl: »Liebe Cousine, Dein Schreiben vom 30. [November 1917, Anm.] hat mich, wie ich Dir nicht verhehlen will, seinem Inhalte entsprechend ernst gestimmt. Ich nehme Deine Anzeige aber dankend zur Kenntnis, zumal Du durch Deine Vermählung [...] aus unserem Hause ausgeschieden bist und mir demnach die durch Familienstatut geregelte Einflussnahme auf Deine Geschicke entzogen ist, ich deren Gestaltung vielmehr Deinem Ermessen überlassen muss. Doch wollen die Kaiserin [Zita, Anm.] und ich Dich gerne unserer aufrichtigen Anteilnahme versichern. Dein aufrichtiger Vetter.« (Zit. nach: Weissensteiner: Die rote Erzherzogin) Am 26. März 1924 wurde der Ehestreit offiziell beendet. Der Bescheid enthielt folgenden Wortlaut: »Nach vergeblich vorgenommenen Versöhnungsversuchen wird den Ehegatten Otto Fürst zu Windisch-Graetz, Oberstleutnant a. D., und der Frau Fürstin Elisabeth Marie Windisch-Graetz infolge des von ihnen einverständlich gestellten Ansuchens und auf Grund ihrer Angabe, dass sie über die Bedingungen in Bezug auf Vermögen und Unterhalt miteinander einverstanden sind, die Scheidung von Tisch und Bett genehmigt. Ihre allfällige Wiedervereinigung haben die Ehegatten dem Gericht anzuzeigen.« (Zit. nach: Weissensteiner: Die rote Erzherzogin) Dazu kam es freilich nicht mehr, 1948 wurde die Ehe Elisabeths und Ottos endgültig geschieden – still und heimlich. Weissensteiner schreibt in seiner Elisabeth-Biografie: »Am 13. Februar 1948 brachte die ›Weltpresse‹ einen kurzen Artikel, von dem wahrscheinlich nur wenige Leser Notiz nahmen. Die Zeitung teilte kurz und bündig mit, dass Elisabeth Windisch-Graetz gegen ihren Gatten beim Bezirksgericht Hietzing den Antrag auf Trennung ihrer Ehe eingebracht und dass das Gericht der Scheidungsklage stattgegeben habe.« Die Kinder blieben in der Obhut der Mutter.

Nach all diesen Turbulenzen schlug Elisabeth nun einen völlig neuen Lebensweg ein. An ihrer Seite stand bereits ein neuer Mann parat, den sie 1919 kennen gelernt hatte – Leopold Petznek. Er war Sozialist, Schutzbundführer, Lehrer – und der neue Favorit der streitsüchtigen Erzherzogin. Dabei schienen die beiden so überhaupt nicht zusammenzupassen – sie: eine Tochter aus kaiserlichem Haus, er: aus kleinbäuerlichen Verhältnissen. Klar, dass das (mittlerweile abgesetzte) Haus Habsburg angesichts dieser Verbindung erneut die post-kaiserlichen Haare aufstellte. Elisabeth und Leopold lernten sich bei einer sozialdemokratischen Wählerversammlung in Leobersdorf in Niederösterreich kennen. Blind vor Liebe trat Elisabeth Marie wahrscheinlich 1919 – ein genaues Datum lässt sich nicht feststellen – sogar der Sozialdemokratischen Arbeiterpartei bei. Am 4. Mai 1948 wurde geheiratet. Die Familie goutierte diese Ehe naturgemäß nicht, was Elisabeth aber nicht im Geringsten interessierte. Diesem, ihrem zweiten Mann war Elisabeth treu, in den Quellen finden sich keinerlei Hinweise auf eine Affäre oder einen Seitensprung.

So glücklich ihre Ehe auch war, mit ihren Kindern aus der Ehe mit Otto Windisch-Graetz zerstritt sie sich im Laufe der Zeit. Am 16. März 1963 starb sie schließlich vereinsamt im Alter von 80 Jahren. In die Geschichte ging sie – wegen ihrer sozialistischen Gesinnung – als »rote Erzherzogin« ein.

Mit dem eigenen Geschlecht im fremden Bett

Homosexualität im Hause Habsburg

Ein kurzes Kapitel dieses Buches soll sich mit jenen Habsburgern beschäftigen, die ihr Liebesleben gegen die frühneuzeitlichen Sexualnormen und im krassen Widerspruch zu den rigiden Familiengesetzen des erzkonservativen und erzkatholischen Hauses auszuleben pflegten – schwule und lesbische Habsburger.

Allerdings gestaltet sich in diesem Zusammenhang die Quellenforschung mehr als schwierig. War doch Homosexualität lange Zeit strafbar (mit Kerker bis zu fünf Jahren). Das heute oft praktizierte »Outing« führte zu gesellschaftlicher Ausgrenzung. Überhaupt sprach man im Zusammenhang mit Homosexualität nur von »Päderasterie«. Und die Obrigkeit, wie zum Beispiel Professor Ernst Bischoff, gab noch im Jahr 1912 unwissende Empfehlungen, wonach »die Welt von diesen Scheusalen durch Kastration oder Internierung in einem Narrenhause zu befreien« sei (Zit. nach: Dickinger: Habsburgs schwarze Schafe) von sich.

Viele – egal welcher Gesellschaftsschicht sie angehörten – werden es also tunlichst vermieden haben, ihre wahren Neigungen preiszugeben, geschweige denn sie öffentlich auszuleben. Viele Gerüchte dienten überdies dazu, die eine oder andere Person bewusst in der Öffentlichkeit zu diffamieren. So sind also alle Informationen bezüglich der sexuellen Orientierung von Menschen – egal ob Habsburger und egal ob homosexuell oder nicht – mit größter Vorsicht zu genießen.

Der erste Habsburger, dem man homosexuelle Neigungen nachsagt, ist Herzog Albrecht III. († 1395). Ein Psychiater stellte sich im Rahmen ausführlicher Recherchen die Frage, ob der Herzog nicht möglicherweise ein Transvestit gewesen sei. Seine Annahme gründete sich auf den von Albrecht ins Leben gerufenen »Zopforden«. Alle Ritter dieses Ordens trugen einen Zopf. Und auch Albrecht ließ sich einen wachsen und wurde auf späteren – allerdings nicht zeitgenössischen! – Bildern sogar in Frauenkleidern abgebildet. Doch genau dieser Umstand lässt die ganze Sache etwas dubios erscheinen. Für das Tragen des Zopfes finden sich in den Quellen des Psychiaters zwei Erklärungsversuche: Einerseits könnte der Zopf von einer Frau stammen, die Albrecht begehrte, oder es handelte sich um den Zopf, den seine Gemahlin sich wachsen ließ, als er auf Pilgerfahrt war. Vielleicht handelte es sich auch einfach nur um eine bestimmte Form des Fetischismus. Jedenfalls lässt die Tatsache, dass es keine zeitgenössischen Darstellungen Albrechts gibt, nicht automatisch auf seine Homosexualität schließen. Möglich wär's dennoch gewesen, ausschließen kann man es nicht ganz. Seine beiden Ehen – mit Elisabeth von Luxemburg und Beatrix von Nürnberg – sind vielleicht ein Indiz für seine Heterosexualität. Ob überzeugend oder nicht, bleibt freilich fraglich ...

Die Gerüchteküche schürte viel später auch Kaiser Karl VI., der Vater Maria Theresias. Allerdings dürfte der Monarch bisexuell gewesen sein. Karl soll sich mit Graf Michael Johann Althann und anderen Männern im Bett vergnügt haben. Vor allem die Tatsache, dass Althann die spanische Geliebte Karls VI., Gräfin Marianna Pignatelli, alibihalber heiraten *musste,* spricht eher dafür als dagegen, dass die beiden Männer des Öfteren in der Horizontalen landeten. Wichtige Anhaltspunkte dafür liefern vor allem Karls Tagebücher. Dort scheint der Name Althann immer im Zusammenhang mit den Worten »lieb«, »herzlich lieb« oder »ewig Freund bis in den Tod« auf. Althann durfte sogar in der Hofburg wohnen ...

Ganz besonders pathetisch kommentierte Karl Althanns Tod in seinen Aufzeichnungen: »16. März 1722 halb 7 auf, unter der letzt Mess, ganz gah, oh höchster Gott, um 8 mein einziges Herz, mein Trost, mein treuester Diener, mein Herzfreund, der mich wie ich ihn 19 Jahr inniglich geliebt, in wahr Freundschaft gehabt, in diesen 19 Jahr nie uneinig gewes [Althann beriet Karl auch immer wieder in politischen Fragen, Anm.], mein Kammerherr nachher Oberstallmeister, mein alles, mein liebster Michael Johann Graf Althann gestorben in einer halb 4tel Stund, seind unser Herz zertrambt worden, der ewig in mein Herz und den ewig in sein Kinder und Frau, was ich ihm schuldig, so lang ich leb erkändlich sein werde. Gott sei mein Leid geklagt, da ich all Trost, alles vor mich verlohren, Gott sei seiner Seel gnädig und tröst mich Amen.« (Rill: Karl VI.)

Noch eine Nuance deutlicher wird Karl in den verschlüsselten Stellen seiner Tagebücher, die Konstantin Pachner von Zobor entschlüsseln konnte. Darin findet sich unter anderem der Beleg für ein sexuelles Abenteuer zwischen dem alternden Kaiser und einem jungen Jagdbuben. Mit Datum 17. Juni 1740 steht dort kurz und bündig geschrieben: »Bueb erster Dienst, gut ich froh, lieb, Herzen red, länger küßt, Lieb versichert.« (Zit. nach: Vocelka/Heller: Die private Welt der Habsburger) Diese Passage lässt wohl nur wenig Zweifel daran, dass Karl VI. bisexuell war. Die innige Zuneigung, die er seinen Geschlechtsgenossen zukommen ließ, geht weit über die bei Männerfreundschaften übliche hinaus. Wie viele Liebhaber der Kaiser über die Jahre allerdings zu sich ins Bett bat und wie lange diese Affären andauerten, ist bis heute nicht überliefert. Von gelegentlichen One-Night-Stands bis hin zu länger andauernden Beziehungen ist alles drin.

Für Gerüchte und allerlei Gemunkel sorgte auch Erzherzog Ludwig Salvator († 1915), der später in diesem Buch noch im Zusammenhang mit seinen amourösen Ausschreitungen mit dem weiblichen Geschlecht Erwähnung findet. Hier und jetzt geht es um seine Affären mit Männern. Denn Ludwig Salvator, der fernab des Wiener Hofes auf Mallorca lebte, war – wie schon sein Vorfahre Karl VI. – bisexuell. Zahlreiche Männer landeten in seinem Schlafzimmer. Da war zunächst Vladyslav Vyborni aus Prag, der dem toskanischen Habsburger den Kopf verdrehte. Er folgte Ludwig Salvator nach Mallorca, wo er sich allerdings in eine junge Spanierin (!) verliebte. Die Affäre war also nur von kurzer Dauer. Denn »Luigi«, wie der fesche Erzherzog von seinen Freunden gerufen wurde, duldete keine Nebenbuhler – schon gar keine weiblichen.

Den einen oder anderen Lover gabelte Ludwig Salvator auch in Venedig auf, wo er des Öfteren Station machte. Wie so mancher seiner Verwandten holte er sich auch eine Geschlechtskrankheit, die ihm schwer zusetzte. Das hielt ihn jedoch nicht davon ab, sich weiter zu vergnügen. Eine längere Affäre hatte der Habsburger mit Francesco Spongia, dem Sohn eines venezianischen Gondoli-

Kaiser Karl VI. ging als der letzte männliche Habsburger und Vater Maria Theresias in die Geschichte ein. In seiner Freizeit jagte er fesche Männer über die Matratze.

ere. Der reiste ihm immer wieder nach Mallorca nach. Waren die beiden nicht zusammen, schickte Francesco ihm Liebesbriefe mit obszönen Zeichnungen. (Stadtlaender: Habsburg Intim)

Oft kam es aber auch vor, dass die Günstlinge Ludwig Salvators nur auf sein Geld scharf waren. Einer dieser Schnorrer war Vincenzo Atanasio – ebenfalls ein Italiener, mit dem »Luigi« des Öfteren in der Horizontalen landete. Einer seiner Briefe, in dem er den schwerreichen Erzherzog um Geld bat, sei an dieser Stelle zitiert: »Liebster Signor Luigi, nachdem ich Sie lieb begrüßt habe, sollen Sie wissen, dass meine Gesundheit die beste ist, wie ich dasselbe von Ihnen zu hören hoffe, weil Sie mir am meisten am Herzen liegen in meinem eigenen Leben. Ich hoffe, dass bei der Gelegenheit des Geographischen Kongresses, welcher am 15. Sep-

tember [1881, Anm.] stattfindet, Sie dann in Venedig sein werden, denn es werden schöne Feste stattfinden und hier haben Sie auch das Programm, und ich bitte Sie, geliebter Luigi, zu kommen, weil ich mir innig wünsche, Sie wiederzusehen, und Ihnen meine einzigartige Zuneigung, die ich von Herzen für Sie trage, zu zeigen, und die ich, Ihr Vincenzino, der ich Sie so liebe, von aufrichtigem Herzen in mir trage.« Nach all den Schmeicheleien kam Atanasio schließlich ohne Umschweife zur Sache: »Geliebter Signor Luigi, wie Sie gut wissen, habe ich meine Pfänder löschen lassen von jenem Schneider, der mich kennt; im Monat November und noch ein bisschen später habe ich ihm 60 Lire gesandt, weil ich nicht mehr schicken konnte, und er hat mir oft und oft geschrieben, dass er das Geld haben wollte, aber ich habe ihm nichts mehr geschickt, als das, was ich schon vorher geschickt hatte, und jetzt habe ich noch einen Brief erhalten, dass er vorhat, sich an Sie zu wenden, um Sie die Wahrheit sehen zu lassen. Derjenige sagt mir, dass er den Rest Geld braucht, weshalb ich mich an Sie wenden soll, um Sie herzlich zu bitten, mir diese Gnade zu erweisen, damit ich die Schulden begleichen kann, was Gott Ihnen vergelten möge durch Gesundheit und auch für alles, was Sie für mich getan haben, denn ich bin nur allein einzig für Sie, und ich empfehle mich Ihnen, Ihr Vincenzino, der Euch sehr liebt, in dieser Notlage nicht aufzugeben, denn solange ich diese Schuld habe, kann ich in der Nacht nicht schlafen, was ich aber durch die Gnade Gottes erhoffe. Ich habe nichts anderes, als Ihnen von Herzen Gesundheit zu wünschen, mit allen meinen respektvollen Grüßen, und ich sende Ihnen eine liebevolle Umarmung, die von Herzen kommt, und Sie mögen so viele Küsse von Ihrem Vincenzino erhalten, der Sie feurig liebt, und glauben Sie mir, dass nur der Tod mich Sie vergessen lässt, und mit der Hoffnung Sie bald wiederzusehen, unterzeichne ich mich als Ihr liebevollster für das Leben Ihrer, ganz bis in das Grab Ihr Vincenzino Atanasio Gedenkt oft dessen, der Sie so sehr liebt und immer an Sie denkt, in der Nacht und am Tage.« (Zit. nach: Stadtlaender: Habsburg Intim) Wie lange die Beziehung noch hielt, ist nicht überliefert. Doch dürfte es Ludwig Salvator wohl irgendwann einmal gereicht haben, dass er für »Vincenzinos« Liebesdienste tief in seine Tasche greifen musste.
Viel länger schien Ludwig Salvators Affäre mit seinem Sekretär

Antonio Vives gedauert zu haben. Der war zwar verheiratet und Vives' Frau wusste von der sexuellen Neigung ihres Mannes, doch schwieg man darüber still.

Gegen Ende seines Lebens – »Luigi« war von der Syphilis schwer gezeichnet – schien der bisexuelle Erzherzog absurderweise doch noch heiraten zu wollen. Er machte sogar seiner Hausdame Antonia Lancerotto einen Antrag. Sie lehnte jedoch ab. An seinen Gefährten Spongia schrieb Ludwig Salvator: »Ich muss Dir mitteilen, dass unser seit langem gefasster Plan, eine Frau für eine Verbindung zu dritt zu finden, nicht zu realisieren ist.« (Zit. nach: Stadtlaender: Habsburg Intim) Am 12. Oktober 1915 schließlich starb Ludwig Salvator. Begraben wurde er in der Wiener Kapuzinergruft. In die Geschichte ging er aber nicht wegen seiner zahlreichen Affären mit Vertretern beiderlei Geschlechts ein. Vielmehr machte er sich einen Namen als großer Naturkenner und -liebhaber.

Noch viel klarer als bei Kaiser Karl VI. oder Erzherzog Ludwig Salvator liegt die Sache bei Erzherzog Ludwig Viktor († 1919). Die Vorliebe »Luzivuzis« – so der wenig schmeichelhafte Spitzname des Prinzen – für das männliche Geschlecht war allgemein bekannt. Am 15. Mai 1842 erblickte er als jüngster Bruder Kaiser Franz Josephs das Licht der Welt. Sophie stellte schnell fest, dass Ludwig Viktor nicht zu Großem berufen war. »Er macht den Eindruck eines dicken, kleinen Bauernbuben, und wenn der Hofpfarrer nach Aufbietung seiner ganzen Geduld glaubt, ihm etwas begreiflich gemacht zu haben, da sagt er ein einziges Wort, aus dem erhellt, dass er aber schon gar nichts verstanden hat«, gab sie einmal recht unmütterlich zu Protokoll. (Zit. nach: Dickinger: Habsburgs schwarze Schafe)

Doch damit nicht genug. Was den Wiener Hof viel mehr schockierte: Ludwig Viktor machte aus seiner homosexuellen Veranlagung erst gar keinen Hehl. Am Wiener Hof hatte der ungestüme Jungspund nur wenige Freunde. Kaiserin Elisabeth äußerte sich gegenüber ihrer Hofdame Marie Festetics angewidert: »Erzherzog Ludwig hat mir, um mich zu ärgern, getreu alles wieder erzählt, was die Leute über mich lügen. Natürlich hasst er mich und will mich damit treffen. Jetzt sehe ich ihn nicht mehr allein und empfange ihn nicht. Er hat so viel getratscht und gelogen, dass er mir wirklich mein Leben verdorben hat. Über jeden schimpft er und auch über mich. Er sagt hässliche Sachen und erzählt dann, ich hätte sie gesagt. Jetzt sehe ich ihn nicht mehr und lebe in Ruhe.« (Zit. nach: Dickinger: Habsburgs schwarze Schafe)

Obwohl man am Kaiserhof von den Vorlieben des Erzherzogs offensichtlich gewusst hatte, gab es dennoch Pläne, ihn zu verheiraten. Kaiser Maximilian von Mexiko wollte Ludwig Viktor mit der Erbin des brasilianischen Kaiserreiches, der Tochter Kaiser Pedros, verheiraten. Der schwule Erzherzog ließ seinem älteren Bruder freilich ausrichten, dass er davon gar nichts halte und ihm Maximilian schon befehlen müsste, die als »abstoßend hässlich« geltende Prinzessin zu heiraten. Wäre die Hochzeit letztendlich zustande gekommen, machte Ludwig Viktor auch keinen Hehl daraus, dass er sich zeitlebens »als Märtyrer« gefühlt hätte.

Im März 1866 wurde erneut ein Heiratsprojekt für Ludwig Viktor in Angriff genommen. Er sollte nach Possenhofen reisen, um die Wittelsbacherin Sophie, eine Schwester Elisabeths, zur Frau zu nehmen. Doch auch daraus wurde nichts, die beiden – sie waren Cousin und Cousine – waren einander extrem unsympathisch. Normalerweise kein Grund, nicht auch weiterhin an dem Projekt festzuhalten. Doch im vorliegenden Fall schien das Kaiserhaus – wohl angesichts der Sinnlosigkeit dieses Unterfangens – klein beigegeben zu haben.

Zwar sorgte Ludwig Viktor nicht für ausgelassene Hochzeitsfeierlichkeiten in der Residenzstadt Wien, dafür lieferte er Schlagzeilen und Skandale am laufenden Band. So blieb etwa »Luzivuzis« heiße Liebschaft mit einem Fiaker nicht geheim.

Und ein Augenzeuge beobachtete eines schönen Tages folgende Szene: »Einmal kam es zu einem großen Skandal in der Praterstraße, als der Erzherzog, der im Wagen fuhr, diesen plötzlich anhalten ließ, heraussprang und auf einen Vorübergehenden zueilte, dem er einen unsittlichen Antrag stellte. Dieser, der vielleicht nicht wusste, dass es ein Bruder des Kaisers war, der ihm eine solche ›Ehre‹ zugemutet hatte, gab ihm als Antwort ein Paar Ohrfeigen.« (Zit. nach: Vocelka/Heller: Die private Welt der Habsburger)

Fürstin Nora Fugger kannte den eigentümlichen Erzherzog und schrieb über ihn wenig schmeichelhaft nieder: »Er war grundverschieden von seinen Brüdern, war weder militärisch noch kunstverständig, schwächlich, unmännlich, geziert und von garstigem

Äußeren. Man fürchtete ihn wegen seiner Medisance [Verleumdung, Anm.]. Er führte ein sehr weltliches Leben, war über alles – nicht immer richtig – unterrichtet, seine Zunge war scharf wie die einer Giftschlange. In alles mischte er sich ein, spann daraus Intriguen und freute sich, wenn kleine Skandälchen daraus wurden. Man hatte allen Grunde, seine Indiskretionen und Tratschereien zu fürchten; doch er war der Bruder des Kaisers. Und so ließ man sich alles gefallen. Eine gute Seite hatte er aber doch: er war der Freund seiner Freunde – mehr als seiner Freundinnen –, er verteidigte sie, wenn sie von der Welt angegriffen wurden, und bewies ihnen allerlei Amabilitäten. Alten – mehr als jungen – Damen gegenüber war er von größter Aufmerksamkeit und Liebenswürdigkeit [...] Wenig beliebt war er in der kaiserlichen Familie; denn auch da wusste er immer etwas zu bekritteln oder etwas zu vertratschen.«

Frauenkleider, eine Affäre mit einem Fiaker und »Balzversuche« in einem öffentlichen Bad in Wien sorgten für Skandale, die die gesamte Donaumonarchie nachhaltig erschütterten, wie Fürstin Fugger wusste: »In seinem Palais in Wien [am Schwarzenbergplatz, Anm.] fehlte das Schwimmbad. Und so machte er es sich zur Gewohnheit, zweimal wöchentlich in Gesellschaft seines Adjutanten in einer öffentlichen Badeanstalt zu erscheinen. Wie oft sah ich seinen Hofwagen in der Weihburggasse stehen. Die Frage lag nahe, wie es sich mit der strengen Etikette am österreichischen Hof vereinbaren lasse, dass ein Erzherzog in einem öffentlichen Schwimmbassin mit n'importe qui baden durfte. Mir erschien die Sache eigentümlich, nicht unbedenklich. Und ich hatte nicht so unrecht; denn eines schönen Tages kam es tatsächlich zu einem großen Skandal, ja sogar zu einem Handgemenge in der Badeanstalt. Man erzählte sich, der Erzherzog habe eine Ohrfeige erwischt [nach einem angeblichen Annäherungsversuch, Anm.] und die Flucht ergreifen müssen. Dem Kaiser wurde diese Skandalaffäre – natürlich in den grellsten Farben – geschildert. Er war aufs höchste empört und befahl dem Bruder, Wien sofort zu verlassen und sich auf sein Schloss Kleßheim zurückzuziehen.« Ein Erzherzog als schwuler Fummler! Franz Joseph blieb fast das Herz stehen ob dieser Nachricht. Er wusste sich nicht mehr zu helfen. Also machte er mit Ludwig Viktor kurzen Prozess und verbannte ihn nach Salzburg.

Doch auch dort kam der umtriebige Prinz nicht zur Ruhe. General Edmund Glaise von Horstenau – er war in der Periode des Austrofaschismus Innenminister und nach dem Einmarsch der Nationalsozialisten kurz Vizekanzler – erinnert sich an diese Zeit: »Im Schloss Kleßheim herrschte seit eh und je, wenn der Erzherzog Residenz hielt, reges gesellschaftliches Leben, an dem auch die Offiziere meines Regiments in den ersten zwei Jahren der Salzburger Zeit noch Anteil hatten. Die erste Offiziersversammlung, die ich beim Regiment mitmachte, bot eine seltsame Überraschung. Der Oberst verkündete, Einladungen nach Kleßheim seien in Hinkunft unter dem Vorwand einer Übung oder dergleichen abzulehnen. Damit bestätigte sich, was man längst geflüstert hatte: Des Kaisers Bruder huldigte seit einiger Zeit unnatürlichen Neigungen. Es war sogar in Bädern schon zu unangenehmen Zwischenfällen gekommen. Auch in Kleßheim gab es ein Schwimmbad, in das junge Offiziere zur Erfrischung nach dem Tennisspiel eingeladen wurden. Sie fanden in den Kabinen keine Schwimmhosen vor und mussten sich dem gleichfalls badenden Hausherrn so zeigen, wie sie der liebe Gott erschaffen hatte [...]« (Zit. nach: Dickinger: Habsburgs schwarze Schafe)

In Kleßheim sah man »Luzivuzi« auch des Öfteren in Frauenkleidern durch das Schloss hirschen. Der Kaiser in Wien war derweil heilfroh, dass sein Bruder weitab vom Schuss war. Franz Joseph, der von »Luzivuzis« Vorliebe für das männliche Geschlecht wusste, meinte sogar: »Man müsst' ihm als Adjutanten eine Ballerina geben, dann könnt' nix passieren!« (Zit. nach: Bankl: Die kranken Habsburger) 1915 wurde Ludwig Viktor unter Kuratel (Vormundschaft) gestellt, 1919 starb er schließlich in Salzburg. Seine letzte Ruhestätte fand »Luzivuzi« allerdings nicht in der ehrwürdigen Kapuzinergruft in Wien, sondern am Friedhof in Wals-Siezenheim.

Doch nicht nur die Männer sorgten für das eine oder andere Munkelthema. Gerüchte über lesbische Liebschaften gab es vorrangig in der Generation der Töchter Maria Theresias. »G'schichterln« von Marie Antoinette († 1793), die mit König Ludwig XVI. von Frankreich verheiratet war, und von ihrer Schwester Maria Karoline († 1814) – sie war Königin von Neapel und Sizilien – gab's und gibt's en masse. So sollen sich zwischen Marie Antoinette und ihrer Hofdame, Madame de Polignac, sexuelle Gewitter der Sonderklasse abgespielt haben. Allerdings sind gerade Gerüchte um Marie Antoinette mit Vorsicht zu genießen. War sie doch die verhasste Habsburgerin beziehungsweise Österreicherin auf dem französischen Thron. Und dass ihr Leben auf dem Schafott endete, spricht auch nicht gerade für die Sympathie, die ihr das französische Volk entgegenbrachte. Marie Antoinettes (angeblich lesbisches) Liebesleben könnte also auch durchaus der Fantasie fanatischer Regimegegner entsprungen sein.

Ähnlich verhält es sich mit Maria Karoline. Auch bei ihrer Person streiten sich die Historiker. Sprechen die einen – wie Alexander Freiherr von Helfert – von ihrem politischen Geschick, wollen andere – wie der Habsburgkritiker Moritz Brosch – wissen, dass sie ein zügelloses Sexualleben führte, das sie von einer Matratze zur nächsten führte. Dabei machte sie, glaubt man manchen Biografen, keinen Unterschied zwischen Mann und Frau. So soll Maria Karoline eine lesbische Beziehung zu Lady Emma Hamilton, der Geliebten Admiral Horatio Nelsons, unterhalten haben. Sogar über sadistische Orgien in den Ruinen von Herculaneum und Pompeji wurde getratscht. Als die Königin 1814, also zur Zeit des Wiener Kongresses, starb, wurde nicht einmal eine Hoftrauer angeordnet. Das sprach damals Bände. Ob diese Geringschätzung allerdings wegen ihrer angeblich lesbischen Neigungen demonstriert wurde, wissen wir nicht.

Eine der mysteriösesten Beziehungen dieser Zeit spielte sich zwischen Maria Christina (✝ 1798) und Isabella von Parma (✝ 1763), der Gemahlin Kaiser Josephs II., ab. Während Joseph »seine« Isabella wahrhaftig zu lieben schien, fühlte sich die schöne italienische Prinzessin eher zum weiblichen Geschlecht hingezogen. Ein intensiver Briefwechsel zwischen den beiden Aristo-Ladys zeugt von einer innigen Vertrautheit, die möglicherweise mehr als bloße Freundschaft war. Zeilen wie »Liebes Herz!«, »Mein Trost!«, »Liebenswürdige, anbetungswürdige, liebe, heilige Schwester!«, »Allerliebster Esel!« und »Ich sterbe aus lieb und unarme dich zärtligst« sowie »ich küsse dein ertzenglisches Arscherl!« sprechen für sich. Noch mehr Rückschlüsse lassen folgende Zeilen zu, die Isabella an Maria Christina richtete: »So starck als ich Dich liebe, so habe ich doch gestern empfunden, dass der Erzherzog gehet vorhero.« Doch damit nicht genug. Andere Passagen lauteten etwa so: »Abwesend von Ihnen zu sein, ist eine marter, die man nicht leicht übertragen kan. Abwesend zu seyen und keine ruhe mehr zu haben, wird ein jeder, der das glück gehabt, Sie, meinem gnädigste Fräulein zu sehen, gar zu gut empfinden [...] Doch habe ich alle mittel gesuchet, um micht zu trösten [...] um meine sinnen wieder zu beruhigen [...] O du Eserl, weil ich ein Esel selbst bin, so werde ich dir gantz curz schreiben, obwohl dass ich die schönsten Sachen zu sagen hätte. Du wisst, ich soll dir schreiben, baadwaschl, ich bin gantz gehorsam und werde von jetzt an allerweil [Dich] so heißen, weil es Dich so sehr gefreuet.« (Zit. nach: Vocelka/Heller: Die private Welt der Habsburger)

Bereits kurz nach der – von Maria Theresia – eingefädelten Hochzeit mit Joseph schrieb Isabella folgende Zeilen: »Ich beginne den Tag mit dem Gedanken an den Gegenstand meiner Liebe, und ich schließe ihn, indem ich mich mit dem Wesen beschäftige, das meine Gedanken nie verlässt. Warum kann ich an Gott nicht ebenso viel denken? Weil Gott unsichtbar ist und man nur lieben kann, was man sieht.« Wen aber meinte Isabella mit dem »Gegenstand meiner Liebe«? Sicher nicht Joseph, mit dem sie sich zwar arrangierte, für den sie aber keinerlei innige Gefühle hegte. Vielmehr sprach die Prinzessin ihre Schwägerin Maria Christina an. Doch diese Schwärmerei ging noch weiter, schrieb doch Isabella: »Ich kann sagen, dass es meine einzige Freude ist, wenn ich Dich sehe und bei Dir sein kann.« Und: »Ich kann die Unruhe nicht ertragen, ich kann an nichts anderes denken als an die Liebe zu Dir. Ich liebe Dich wie eine Wahnsinnige, wenn ich nur wüsste, weshalb ...« (Zit. nach: Fink: Joseph II.)

Selbst geheime Treffen machte Isabella mit Hilfe von Briefchen aus: »Der Kaiser [Franz I. Stephan, Anm.] wollte auf die Jagd gehen, ich weiß nicht, ob er geht. Der Erzherzog [Joseph, Anm.] wird auch gehen. Sie werden bei mir speisen ... Adieu, ich küsse Sie und bete Sie an bis zu einem Grade, den ich nicht sagen kann. Ich werde Ihnen aber doch sagen, dass es mir gut geht, dass ich gut geschlafen habe, dass ich Sie rasend liebe und dass ich hoffe, Sie gut zu küssen und von Ihnen geküsst zu werden.« (Zit. nach: Bankl: Die kranken Habsburger)

Doch selbst, wenn solche Zeilen vordergründig eindeutige Rück-

*Isabella von Parma: Joseph II. begehrte seine Frau, die wollte
aber von Männern nichts wissen und warf ein Auge auf
Josephs Schwester Maria Christina.*

schlüsse zulassen könnten, zeigt sich bei näherer Betrachtung:
Zwar sprechen die Briefe für eine innige Freundschaft zwischen
den beiden Adelssprossen, aber über eine sexuelle Beziehung geben sie keine eindeutige Auskunft. Andererseits: Es ist nicht aus-
zuschließen, dass sich die beiden Damen auch in der Horizontalen
miteinander vergnügten. Wie es sich allerdings wirklich zugetragen hat, wird nie restlos geklärt werden.
Ein Gerücht – und mehr dürfte es wirklich nicht sein – muss in
diesem Zusammenhang noch erwähnt werden. Die Schriftstellerin

Karoline Pichler, die Zugang zu den höheren Kreisen der Wiener Gesellschaft hatte, berichtete, dass Maria Christina nach dem Tod Isabellas – sie starb am 27. November 1763 – ihrem Bruder alles gebeichtet haben soll. Als Beweis hat Maria Christina angeblich die rund 200 Briefe Isabellas vorgelegt. Diese Geschichte ist jedoch anzuzweifeln, hätte sich Maria Christina doch dadurch selbst ein ziemlich großes Ei gelegt, das ihrem Ansehen in der Habsburger-Familie wohl schwerstens geschadet hätte.

Zeitalter der bürgerlichen Ehen

Im 19. Jahrhundert erfuhr die »Sache mit den Seitensprüngen« eine eigenartige Wendung. Statt wie in den Jahrhunderten zuvor die standesgemäße und aufgezwungene Ehefrau ins eigene Bett zu lassen und ab und zu in fremde Betten zu hüpfen, ließen sich viele – vor allem männliche Habsburger – erst gar nicht mehr zwangsvermählen. Vielmehr wurden die Konventionen unter den Tisch gekehrt und viele suchten sich abseits aller Standesdünkel Bettgenossinnen nach eigenem Geschmack. Sehr zum Missfallen des Kaisers wurde die eine oder andere gleich vom Fleck weg geheiratet statt nur gelegentlich über die Matratze gejagt. Und wie sich herausstellen sollte, war der Geschmack manches Erzherzogs mehr als fragwürdig. Kaiser und Familienoberhaupt – in diesen Fällen Franz Joseph I. – raufte sich angesichts all dieser »Aufständischen« innerhalb der eigenen ehrwürdigen Familie die Haare. Doch er konnte nichts dagegen unternehmen. Der Konservatismus am Wiener Hof war längst überholt, der Reihe nach traten die »Abtrünnigen« aus der Familie Habsburg aus – nur, um ihre Geliebten, deren geheime Existenz an der Seite der Erzherzoge man ohne Trauschein am Wiener Hof zumindest gebilligt hätte, zu ehelichen. Vor allem die »dubiose« Seitenlinie Habsburg-Toskana machte Franz Joseph zu schaffen. Vielleicht drückten die »Abtrünnigen« dadurch eine bewusste Opposition gegenüber der über Jahrhunderte betriebenen »Zwangsbeglückung« im ausschließlichen Interesse der Dynastie aus ...

Im Folgenden seien diese Fälle der Vollständigkeit halber kurz skizziert – sozusagen als Beispiele des Wandels vom »Mätressentum« zum Aufstand gegen die althergebrachten Moralvorstellungen des Kaiserhauses in Wien.

Bis zur Mitte des 19. Jahrhunderts fielen eigentlich nur zwei habsburgische Prinzen wirklich aus der Rolle: Erzherzog Ferdinand heiratete 1557 die Bürgerliche Philippine Welser und Erzherzog Johann ehelichte 1829 die Postmeistertochter Anna Maria Plochl.

Sorgten diese beiden Mesalliancen schon für ein Erdbeben im Hause Habsburg, wusste Kaiser Franz Joseph während seiner Regierungszeit in der zweiten Hälfte des 19. Jahrhunderts schließlich gar nicht mehr, wo ihm der Kopf stand. Die liebe Verwandtschaft machte dem erzkonservativen Herrscher das Leben zur Hölle.

Einen besonderen Fall stellte Erzherzog Ernst († 1899) dar. An seinem Leben ist noch nichts Außergewöhnliches zu bemerken. Er war beim Militär, hatte Schulden bis zum Abwinken – und war unverheiratet. Zumindest dachten sich das alle zeit seines Lebens. Als der Habsburger aber 1899 das Zeitliche segnete, ging's rund in der Donaumonarchie. Plötzlich traten drei Kinder des Erzherzogs aufs Tapet und stellten Erbansprüche ...

Was war geschehen? Der Hallodri soll heimlich geheiratet haben. Am 26. April 1858 ehelichte er angeblich Laura von Skublitz, die Tochter des ungarischen Gutsbesitzers Imre von Skublitz. Für diese Ehe hätte Ernst nie und nimmer die Erlaubnis Kaiser Franz Josephs bekommen, war Laura doch bereits einmal geschieden und hatte zwei Töchter. Daher musste die »Sache« unter strengster Geheimhaltung abgewickelt werden. Nur Ernsts Bruder, Erzherzog Heinrich, wusste davon, war er doch als Trauzeuge mit von der Partie. Das zumindest behaupteten die Nachkommen, die drei Kinder – eine Tochter namens Laura und zwei Knaben, genannt Ernst und Heinrich: Nachdem ihre Mutter, Laura von Skublitz 1865 gestorben war, übernahm Erzherzog Rainer, der Bruder des dauerbankrotten Ernst, ihre Versorgung. Die Kinder wurden in den Adelsstand erhoben, durften sich fortan Barone von Wallburg nennen. Der Kontakt zu ihrem Vater wurde ihnen hingegen verwehrt. Mehr noch: Sie wurden sogar angewiesen, anderen gegenüber zu verleugnen, wer ihr wahrer Erzeuger war. Das führte so weit, dass sich Heinrich in einem depressiven Anfall die Pulsadern aufschnitt und verblutete.

Laura musste indes einen senilen Arzt namens Sedelius Pegger heiraten. Damit war sie weitab vom Schuss und finanziell versorgt. Für Aufregung sorgte hingegen Ernst, der sich, seiner Abstammung bewusst, in Wien ein schönes Leben machte und – ganz der Papa – einen riesigen Schuldenberg anhäufte. Der musste irgendwann einmal beglichen werden. Also machte er sich auf, seinen Vater in Bozen zu besuchen, um ihm Geld aus der Tasche zu ziehen – ohne Erfolg. Von seinem Versuch, den eigenen Vater zu treffen, erzählte er später: »Ich wurde nicht vorgelassen, man schenkte mir 500 Gulden. Danach besuchte mich in Wien Dr. Bachrach als Abgesandter des Kaisers und bot mir 2000 Gulden, damit ich den Erzherzog nicht mehr belästigte (sic!) [...]« (Zit. nach: Stadtlaender: Habsburg Intim)

Also musste er sich selbst durchschlagen. Ernst war als Konduktor der Wiener Pferde-Straßenbahn, als Stallmeister und Notenkopist von Johannes Brahms, Johann Strauß und Carl Michael Ziehrer tätig. Zuletzt tauchte der illegitime Sohn Erzherzog Ernsts im Budapester Café »New York« als Kellner auf. In den zwanziger Jahren starb er völlig verarmt.

Erbansprüche konnten die »Bastarde«, wie man die unehelichen Kinder eines Aristos gerne nannte, zeit ihres Lebens nicht geltend machen, wurde die Ehe Ernsts mit Laura von Skublitz doch von Kaiser Franz Joseph nie genehmigt – eine Grundvoraussetzung für alle habsburgischen Prinzen, um heiraten zu dürfen.

Viel mehr zu schaffen als die Affäre um Erzherzog Ernst machte dem strengen Kaiser allerdings die leidige Verwandtschaft aus Italien. Nach dem Verlust ihres Landes 1859 siedelten sich die Vertreter der habsburgischen Nebenlinie Toskana nämlich im schönen Salzburger Land an. Großherzog Ferdinand IV. von Toskana, der allerdings nie in dem Land, das ihm seinen Namen gab, regierte, war der letzte »seriöse« Vertreter dieser Seitenlinie. Ferdinands Brüder und Kinder – von Luise (von Sachsen) war an anderer prominenter Stelle schon die Rede – bescherten dem Familienoberhaupt in Wien schlaflose Nächte.

Da war zunächst Erzherzog Johann Nepomuk Salvator, der jüngste Bruder Ferdinands IV., der 1852 in Florenz geboren wurde und als Johann Orth in die Geschichte einging. Nachdem er den Wiener Hof jahrelang wegen seiner Kritik an den militärischen Unternehmungen Österreichs in den Ohren lag und von einem Ort zum anderen »verbannt« wurde, spitzte Johann Nepomuk Salvator kurzzeitig sogar auf den bulgarischen Thron, der vakant war – ein Unterfangen, das jedoch im Sand verlief. Was allerdings viel schwerer wog, war seine Beziehung zu der Balletttänzerin Ludmilla Stubel, mit der er seit 1871 liiert war. Weder hörte Johann Nepomuk Salvator auf den Kaiser, der ihn dazu bewegen wollte, die unstandesgemäße Verbindung zu lösen, noch half der Versuch, Milli Stubel mit Geld dazu zu bringen, den abtrünnigen Prinzen in den Wind zu schießen. All der Kritik überdrüssig, trat Johann Nepomuk Salvator schließlich 1889 aus dem Kaiserhaus aus und fuhr zur See. An den Kaiser in Wien verfasste er am 8. Oktober desselben Jahres folgendes Schreiben: »Eure Majestät! Zu jung, um für immer zu ruhen, zu stolz, um als bezahlter Nichtstuer zu leben, musste meine Lage peinlich, ja mir unerträglich werden. Durch gewisses berechtigtes Ehrgefühl verhindert, um Wiederverwendung im Heer zu bitten, stand ich vor der Alternative: entweder das unwürdige Dasein eines fürstlichen Müßiggängers weiter zu führen oder als gewöhnlicher Mensch eine neue Existenz, einen neuen Beruf zu suchen. Es drängte mich schließlich zum Entschlusse in diesem zweiten Sinne auch deshalb, weil mein ganzes Wesen in den Rahmen der Stellung nicht passt und mir wenigstens die persönliche Unabhängigkeit Ersatz bieten muss für das Verlorene. Ich verzichte demnach freiwillig und unbeeinflusst auf Rang und Stand, indem ich Titel und Rechte eines Erzherzogs sowie meine militärische Charge ehrfurchtsvoll in die Hände Eurer Majestät zurücklege, dagegen Eure Majestät untertänigst bitte, mir einen bürgerlichen Namen verleihen zu wollen.« (Zit. nach: Vocelka/Heller: Die private Welt der Habsburger) Mit diesem einfachen, aber doch sehr pathetischen Schreiben verzichtete Johann Nepomuk Salvator auf rund 100.000 Gulden jährlich.

Dafür ging's ab aufs Meer. Bevor er mit seinem Schiff »St. Margaret« 1890 in See stach, soll er Milli sogar noch geheiratet haben. Kurz später geriet das Schiff in einen Orkan und sank. Nach jahrelanger Suche wurde Johann Nepomuk Salvator 1911 schließlich für tot erklärt. Gefunden hat man seine Leiche nie. Ein tragisches Schicksal eines Habsburgers, der sich seiner großen Liebe erst so richtig erfreuen konnte, als er dem altehrwürdigen Haus Habsburg-Lothringen den Rücken zukehrte, fand somit ein unrühmliches Ende.

Für einen Skandal der anderen Art sorgte Erzherzog Ludwig Salvator († 1915), der zwar nie geheiratet hat, sich aber fernab des höfischen Zeremoniells auf der Mittelmeerinsel Mallorca vergnügte. Wie bereits im Kapitel über die homosexuellen Habsburger erwähnt, dürfte Ludwig Salvator bisexuell gewesen sein. Er soll sich auf einer Finca eine Art Harem »gehalten« haben. So schrieb Horst Joseph Kleinmann in seiner Erzherzog-Ludwig-Biografie: »Es herrschte [...] eine alles andere denn von Moral gekennzeichnete Atmosphäre auf dem Besitztum Ludwig Salvators. Die damalige Armut der Bevölkerung macht es jedoch verständlich, dass viele Mütter aus der Notlage heraus ihre Töchter zur Estaca führten, sie kämen mit einem kleinen Vermögen zurück, nachdem sich der Erzherzog am Liebesspiel mit ihnen vergnügt hatte.« (Zit. nach: Bestenreiner: Luise von Toscana)

Und der Wiener Hof »checkte« nicht, was auf den Balearen vor sich ging? Natürlich, doch war die Insel weit entfernt von der Hofburg. In Wien galt Ludwig Salvator als Sonderling, Spinner und Verrückter. Man ließ ihn nur deshalb gewähren, weil er, hätte man ihn zurück nach Österreich zitiert, wohl für einiges mehr an Aufregung gesorgt hätte, als er das auf Mallorca ohnehin schon tat. Wahrscheinlich auch deshalb musste der lebensfrohe Erzherzog nicht aus dem Hause Habsburg austreten, obwohl vor allem das Liebesleben der lasterhaften Hoheit so ganz und gar nicht den Moralvorstellungen des Kaiserhofes entsprach.

Schließlich waren da noch die Söhne Großherzog Ferdinands IV. von Toskana, die der Reihe nach aus ebendieser tanzten. Allen voran Erzherzog Leopold Ferdinand Salvator († 1935), besser bekannt unter seinem bürgerlichen Namen Leopold Wölfling. Von ihm war bereits im Zusammenhang mit der Ex-Kronprinzessin Luise von Sachsen und deren beider Fluchtversuch die Rede. Ihm kommt bei dem Thema »Skandale, die das Kaiserhaus nachhaltig erschütterten« mit Sicherheit die größte Rolle zu. Immerhin heiratete er später die Prostituierte Wilhelmine Adamovics. Dabei hätte es erst gar nicht so weit kommen müssen. Denn ursprünglich wollte der Erzherzog eigentlich durchaus standesgemäß vor den Traualtar treten. Wäre es nach Leopold Ferdinand Salvator gegangen, hätte er Elvira von Bourbon, die Tochter des spanischen Thronprätendenten Don Carlos, geheiratet. Dies wurde ihm jedoch vom Kaiser verboten – der dabei allerdings nicht an die Folgen seines autoritären Befehls dachte.

Denn Leopold Ferdinand Salvator schmiss sich daraufhin kurzerhand an die wegen Gassenstriches polizeilich vorbestrafte Wilhelmine Adamovics ran, plante sogar diese zu heiraten. Seit 1895 war die gute Frau im Wiener Gesundheitsbuch eingetragen und galt somit offiziell als Prostituierte.

Diese Gesundheitsbücher wurden 1873 vom damaligen Wiener Polizeichef Anton Ritter von Le Monnier eingeführt – für »Frauenpersonen, die geständiger-, erwiesener- oder notorischermaßen die Unzucht gewerbsmäßig betreiben«. Die Prostituierten mussten zwei Mal wöchentlich zur ärztlichen Untersuchung. 1911 kam dann der Zusatz hinzu, dass Frauen, bei denen eine Krankheit festgestellt wurde, unverzüglich ins Spital zu gehen hatten.

Doch der umtriebige Prinz hatte noch andere Laster: Leopold Ferdinand Salvator soff wie ein Loch. Zwecks Entzuges musste er sogar in eine geschlossene Anstalt. Nach dem Fiasko rund um Luise von Sachsen bat Erzherzog Leopold Ferdinand Salvator schließlich darum, aus dem Hause Habsburg austreten zu dürfen. In seinem Schreiben vom 14. Dezember 1902 stand kurz und knapp geschrieben: »Ich bitte Eure Majestät, meine Stellung und Rang als Erzherzog ablegen zu dürfen, und den Namen Leopold Wölfling anzunehmen.« (Zit. nach: Vocelka/Heller: Die private Welt der Habsburger) Einzig von seinem Vater, Großherzog Ferdinand IV. von Toskana, bekam er Geld. Nachdem die finanzielle Sache also geklärt war, trat der »Abtrünnige« endgültig aus dem Haus Habsburg aus, an die vereinbarte Diskretion hielt er sich jedoch nicht. Vielmehr gab er zahlreiche Interviews, in denen er aus dem Nähkästchen des Kaiserhauses plauderte.

1903 heiratete er schließlich Wilhelmine. Die Ehe wurde allerdings 1907 geschieden. Wenige Tage später (!) trat Leopold Ferdinand Salvator mit Maria Magdalena Ritter, die ebenfalls unter sittenpolizeilicher Kontrolle stand, vor den Traualtar. Bis 1912 hielt diese Verbindung. Daraufhin trieb er sich mit der Straßendirne Maria Schweickhardt im Münchner Zuhältermilieu herum.

Als der Erste Weltkrieg ausbrach, versuchte er, wieder in die österreichische Armee aufgenommen zu werden – jedoch ohne Erfolg. Also musste er Geld verdienen. Seit 1924 österreichischer Staatsbürger, schlug er sich mit Gelegenheitsarbeiten durch. Er arbeitete unter anderem als Übersetzer, Inseratenvertreter und verkaufte sogar Würstel. Einmal noch sagte er »Ja«: 1933 heiratete er die um 30 Jahre jüngere Klara Hedwig Pawlowski. 1935 starb Leopold Ferdinand Salvator in Berlin.

Nicht zu vergessen in der Reihe skandalumwitterter Prinzen des Hauses Habsburg ist Erzherzog Heinrich († 1891), dessen »Fall« allerdings recht harmlos verlief: Der kaiserliche Abkömmling verliebte sich in die Sängerin Leopoldine Hofmann. Darüber konnte man gerade noch hinwegblicken. Als er die ganz und gar unaristokratische Musikantin allerdings auch noch heiraten wollte, war Schluss mit lustig. 1868 musste er aus dem Kaiserhaus austreten und ins Ausland ziehen.

Einzigartig an diesem Fall ist die Tatsache, dass Heinrich nur wenige Jahre später – nämlich 1872 – wieder ins Haus Habsburg aufgenommen wurde. Ein kaiserliches Handschreiben regelte überdies die Stellung seiner Frau Leopoldine und deren Kinder: »Ihrer Gemahlin Leopoldine, geborene Hofmann und Ihren Kindern aus der mit Ihr geschlossenen, morganatischen Ehe, finde Ich die Führung des Namens Waideck zu gestatten, und den erblichen Adelsstand zu verleihen, wovon Ich unter Einem, Meinen Minister des Inneren in Kenntnis setzte.« (Zit. nach: Vocelka/Heller: Die private Welt der Habsburger) Kaiser Franz Joseph ließ in diesem Fall wohl Gnade vor »Recht« walten. Denn Heinrich war alles andere als ein »Revoluzzer«. Im Gegensatz zu allen anderen Erzherzogen, die das Kaiserhaus verließen, stand er in keiner Opposition zum Familienoberhaupt und dessen Politik. Eine Einstellung, die ihm Franz Joseph offenbar hoch anrechnete.

Für den letzten Skandal, der zu einem Austritt aus dem Kaiserhaus führte, sorgte Erzherzog Ferdinand Karl († 1915). Er heiratete 1909 ohne Zustimmung des Kaisers seine langjährige Bettgespielin Berta Czuber. Die Ehe wurde lange nicht ruchbar, zwei Jahre später flog aber schließlich doch alles mit Pauken und Trompeten auf. Der Kaiser fackelte nicht lange und ließ Ferdinand Karl folgendes Schreiben zukommen: »[...] bewillige ich Dir die Annahme des bürgerlichen Namens, womit auch der Verlust des Ordens vom Goldenen Vlies verbunden ist. Du hast sonach für die Rückstellung der Kollane Sorge zu tragen. Ferner verfüge Ich, dass Du bis auf weiteres Deinen Aufenthalt im Ausland nimmst. Dein Austritt aus der Armee und die Streichung Deines erzherzoglichen Namens aus den amtlichen Jahrbüchern wird sich in aller Stille durch Weglassung bei der nächsten Auflage dieser Bücher vollziehen. Es ist Mein fester Wille, dass Deine Angelegenheit mit Ausschluss der

Publicität geregelt werde und fordere Dich daher auf, Deinerseits jeder Erörterung in der Öffentlichkeit aus dem Wege zu gehen und eine solche gewissenhaft zu verhindern.« (Zit. nach: Vocelka/Heller: Die private Welt der Habsburger)

Fortan nahm Ferdinand Karl den Familiennamen Burg an und übersiedelte zuerst nach Lugano und später nach München. Um zu verhindern, dass die abtrünnige Hoheit gegenüber der Presse aus dem Nähkästchen plauderte, zahlte man ihm ein fürstliches Schweigegeld. Fast 250.000 Kronen bescherten ihm zumindest finanziell ein sorgenfreies Leben – bis 1915. Der Ex-Erzherzog starb in München, seine Leiche wurde nach Meran gebracht.

Zu guter Letzt war da noch Joseph Ferdinand Salvator († 1942). Bereits kurz nach seiner Beförderung zum Oberstleutnant wurde er von Salzburg nach Laibach versetzt – zur Strafe, weil er angeblich Beziehungen zur Tochter eines städtischen Beamten unterhielt. Später soll er sogar geplant haben, die Tochter eines Wiener Restaurantbesitzers zu heiraten. Daraus wurde letztendlich aber doch nichts. Hermann Stegemann schrieb einst in seiner »Geschichte des Krieges« (die Rede ist hier vom Ersten Weltkrieg) über den lebenslustigen Erzherzog, der jegliche Konventionen mied, wann immer er nur konnte: »Am sorglosesten war der Kommandant der 4. k. u. k. Armee, Erzherzog Joseph Ferdinand, der in seinem Hauptquartier Luzk seinem Toscanerblut die Zügel schießen ließ. Er hatte sich am Styr häuslich eingerichtet und Wiener Leben an die Front verpflanzt. Er schulterte die Jagdflinte, liebte Musik und Chansonetten, tafelte im Kreis seiner Offiziere und ließ auch dem Mann im Graben fröhlich aufspielen. Der Beginn der Beschießung wurde von seiner Tafelmusik übertönt.« (Zit. nach: Bestenreiner: Luise von Toscana)

Das Einzige, was dem kaiserlichen Hof in Wien erspart blieb, war seine Hochzeit mit einer Bürgerlichen. Denn erst 1921 – und somit nach dem Ende der Monarchie – vermählte sich Joseph Ferdinand Salvator mit Rosa Kaltenbrunner. 1928 wurde die Ehe geschieden. 1929 heiratete er erneut – zwar adelig, aber dennoch unstandesgemäß. Gertrude Tomanek Edle von Beyerfels hieß seine Auserwählte. Sie war 30 Jahre jünger als er. Doch zu diesem Zeitpunkt war's ihm bereits egal. Gab es doch keinen über allen stehenden Kaiser mehr, der solche Liaisons früher noch zu verhindern gewusst hätte.

Der Richtigkeit halber muss in diesem Zusammenhang allerdings auch erwähnt werden, dass eine unstandesgemäße Ehe nicht automatisch zum Ausschluss aus der Familie führen musste. So heiratete Erzherzog Heinrich Ferdinand Salvator von Habsburg-Toskana († 1969) die Bürgerliche Karoline Ludescher. Obwohl der Kaiser seine Zustimmung zu dieser Ehe NICHT gab, blieb Heinrich Ferdinand Salvator ein Mitglied der kaiserlichen Familie. Aber selbst nach dem Ende der Monarchie wurden die Heiratsregeln der Monarchie nur marginal gelockert. Zwar spielte die Frage der Ebenbürtigkeit staatsrechtlich keine Rolle mehr, doch innerhalb der Familie Habsburg, die immerhin mehr als 600 Jahre an der Macht gewesen war, galten die alten Regeln nach wie vor. Und für die ach so katholische Familie Habsburg kam's nach dem Ende der Monarchie noch schlimmer. Nicht nur unstandesgemäße Ehen sorgten für Aufsehen. Viele der Ehen, die nach dem alten Hausstatut gar nicht erst geschlossen hätten werden dürfen, wurden zu allem Überdruss später auch noch geschieden – ein doppelter Skandal! Und sogar eine Ehe, die ursprünglich standesgemäß war, wurde 1954 getrennt: Erzherzog Anton († 1987) setzte in diesem Jahr seine Gemahlin, Ileana von Rumänien, vor die Tür.

Selbst nach 1918 mussten noch zahlreiche Mitglieder auf Grund nicht standesgemäßer Ehen ihren Hut nehmen und aus dem Haus Habsburg austreten. So zum Beispiel Erzherzog Klemens Salvator († 1974), der mit Gräfin Elisabeth Rességuier de Miremont verheiratet war. Er trat aus und nahm den Familiennamen Altenburg – den vermutlichen Namen des mittelalterlichen Urahns der Habsburger, Graf Lanzelin von Altenburg – an. Leo Karl († 1939) war mit Maria Klothilde von Thuillières, Gräfin von Montjoye und de la Roche, verheiratet. Seine Kinder nannten sich später Grafen von Habsburg. Für Aufsehen sorgte auch das Liebesleben Erzherzog Albrechts († 1955). Unter dem Namen Graf Friedek ging er nicht weniger als drei unstandesgemäße Ehen ein.

1993 schließlich gab's den bislang letzten »Skandal« dieser Art im Haus Habsburg-Lothringen. Der älteste Sohn Otto Habsburgs, Karl, heiratete die den Hausgesetzen nach nicht ebenbürtige Francesca Thyssen. Damit nicht genug, war sie überdies noch getaufte Anglikanerin. – Für die Habsburger früher eigentlich ein Eheausschließungsgrund (Hinweis: Philipp II. war u. a. auch aus dem Grund mit der englischen Königin Maria Tudor verheiratet, um gegen die anglikanische Kirche Englands anzukämpfen und die Insel wieder zurück zum Katholizismus zu führen). In diesem Fall ließ man aber Gnade vor Recht walten. Vermutlich auch deshalb, weil sich die Mitgift – Gerüchten zufolge fast neun Millionen Euro – sehen lassen konnte. Immerhin wird das Vermögen der Familie auf rund zwei Milliarden Euro geschätzt. Und Francescas Vater, Hans Heinrich Baron Thyssen-Bornemisza, besaß damals die kostbarste private Gemäldesammlung der Welt (Schätzwert: mehr als 72 Millionen Euro).

Die Hochzeit war ein Society-Event der Extraklasse. Kardinal Hans Hermann Groer höchstpersönlich traute die beiden in Mariazell. Geladen waren 800 Gäste, viele Vertreter des europäischen Hochadels inklusive. Nur aus der eigenen Familie Habsburg fehlten einige. Denn obwohl Otto Habsburg, der Vater des Bräutigams, die Braut akzeptierte, hielten einige seiner Brüder so gar nichts von dieser Verbindung – und blieben der feierlichen Trauung kurzerhand fern.

Doch selbst im 20. beziehungsweise 21. Jahrhundert sind die Verbindungen der Habsburger alles andere als krisenfest. Im Vorjahr mehrten sich nämlich die Gerüchte, Karl und Francesca würden fortan getrennte Wege gehen. Mehr noch: Karl soll sogar heimliche Liebesbändel zu einer Verwandten, Camilla Habsburg-Lothringen, gesponnen haben. Um dieses G'schichterl soll es im nächsten Abschnitt des Buches kurz gehen – sozusagen als prominentes Beispiel dafür, dass selbst heute hochadelige Ehen nicht vor bösen Gerüchten und Seitensprüngen gefeit sind.

Nur so viel vorweg: Wäre an der Geschichte etwas dran, und würde Karl wirklich mit einem Familienmitglied, nämlich Camilla Habsburg-Lothringen, anbandeln, dann wäre zumindest ein positiver Aspekt daran zu finden: Karl würde damit in guter alter habsburgischer Manier Familienpolitik betreiben, indem er sich mit einer Verwandten vergnügt.

Karl und Francesca
Adelige Gerüchteküche im 21. Jahrhundert

Wie wir schon im vorigen Kapitel erfahren haben, waren einige Mitglieder des Hauses Habsburg-Lothringen selbst im 20. Jahrhundert mit mancher Verbindung des einen oder anderen Kaisersprosses nicht einverstanden. So sorgte auch die Hochzeit »Kronprinz« Karls – im Taufregister ist Ottos Sohn als »Erzherzog von Österreich und königlicher Prinz von Ungarn« eingetragen, Otto selbst nahm den Titel »Seine Majestät Otto von Österreich-Ungarn« für sich in Anspruch – für einige Querelen im durchlauchten Erzhaus. Zwar gab das Familienoberhaupt Otto als ältester Sohn des verstorbenen Kaisers Karl I. grünes Licht für die Ehe. Felix und Carl Ludwig Habsburg-Lothringen, zwei Brüder Ottos, hielten allerdings nichts davon, dass »einer von ihnen« nur eine Baronesse – noch dazu eine anglikanische – ehelichte. Kurzerhand blieben sie der Hochzeit, die 1993 in Mariazell zelebriert wurde, einfach fern.
Lange führten Karl und Francesca ein vorbildliches Eheleben. Drei Kindern schenkte Francesca das Leben, darunter sogar einem »Thronfolger«, der auf den klingenden Namen Ferdinand Zvonimir hört. Nach den heute noch geltenden Hausgesetzen wird er nach Karls Tod das Familienoberhaupt des Habsburg-Clans werden. Ein Familienidyll, wie man es sich im Hause Habsburg-Lothringen nicht schöner wünschen könnte ...
Doch die Fassade begann zu bröckeln. 2003 waren erstmals fiese Gerüchte über den Kaiserspross zu vernehmen. Während Karl mit seinen beiden Töchtern Eleonore und Gloria in Salzburg-Hellbrunn logierte, schnappte sich Francesca kurzerhand den »Thronfolger« und bezog mit ihm ein schickes Barockpalais im ersten Wiener Bezirk. Der österreichische Boulevard spekulierte sofort: Trennung, Scheidung, Skandal. Eine passende Neue für Karl war auch schnell gefunden – noch dazu eine Verwandte

Karls! Ihr Name: Maria Camilla von Habsburg-Lothringen, ihres Zeichens Society-Lady in Salzburg. Schon einmal – lange bevor von Francesca überhaupt die Rede war – ging die Fama um, Karl und Camilla wären mehr als nur Verwandte gewesen. Sogar von Hochzeit war die Rede.

Nun, nach Francescas »Flucht« nach Wien brodelte es wieder in der Gerüchteküche. Via NEWS dementierte die 43-jährige Camilla aber umgehend: »Ich habe auch schon von diesen Behauptungen gehört. Aber sie stimmen nicht. Es ist nicht richtig, dass Karl und ich uns jetzt öfter sehen als früher. Wir haben, wie in den letzten Jahren auch, Kontakt nur bei Empfängen und bei familiären Treffen. Nicht mehr und nicht weniger.« Mehr noch, auf die Ehekrise im Hause Habsburg angesprochen, gab sie zu Protokoll: »Dies ist alles sehr schade. Es tut mir diese Entwicklung bei den beiden wirklich sehr Leid.«

Freilich sprechen mehrere Faktoren gegen ein Techtelmechtel der beiden Habsburg-Sprösslinge Karl und Camilla. Zum einen dürften sich die Wogen zwischen Karl und Francesca wieder geglättet haben. In letzter Zeit trat man wieder gemeinsam auf. Zum anderen käme eine Scheidung nicht in Frage. Selbst Familienoberhaupt Otto Habsburg-Lothringen, auf diese Causa angesprochen, ließ via Radio Ö3 bei Claudia Stöckl im Vorjahr verlauten: »Mein Sohn ist katholisch genug, dass er weiß, was er tut.« Eine Trennung wurde mit diesen knappen Worten des Familienoberhauptes de facto ausgeschlossen.

Dabei würde eine Verbindung Karls mit Camilla zumindest zum Teil den Hausgesetzen und der jahrhundertealten Tradition des ehemaligen Kaiserhauses entsprechen. Ist sie doch ein Abkömmling der bereits in früheren Kapiteln prominent vertretenen Seitenlinie Habsburg-Toskana. Der Familientradition entsprechend wäre diese Beziehung also durchaus im Sinne und der Tradition der seit Jahrhunderten betriebenen habsburgischen Heiratspolitik. Einziges Manko: Camilla ist trotz ihres Namens keine Erzherzogin. Ihr offizieller Titel: »gefürstete Gräfin«. Denn wie wir vorhin schon erfahren haben, gingen so viele – vor allem männliche – Vertreter dieser habsburgischen Seitenlinie unstandesgemäße Verbindungen ein. Die Nachkommen aus diesen Beziehungen erhielten nicht den Titel eines Erzherzogs oder einer Erzherzogin, sondern

Der vorläufig letzte Skandal im Hause Habsburg:
Am 31. Jänner 1993 heiratete Karl Habsburg-Lothringen die
unstandesgemäße Baronesse Francesca Thyssen-Bornemisza.
2003 tauchten erstmals Trennungsgerüchte auf.

eben nur den eines »gefürsteten Grafen« beziehungsweise einer »gefürsteten Gräfin«. Ihr Vater, der 1932 geborene Maximilian Franz Joseph Karl Otto Heinrich von Habsburg-Lothringen, war Handelsdelegierter der Österreichischen Wirtschaftskammer in Spanien. 1961 heiratete er die Bürgerliche Doris Williams in London. Nur ein Jahr später kam Tochter Maria Camilla in Wimbledon zur Welt.

Waren sich Camilla und Karl also tatsächlich einmal in Liebe zugetan, so scheint dieses Kapitel nun ein für alle Mal beendet zu sein. Wie eng die Beziehung der beiden heute ist, wissen wir nicht. Nahezu fix ist jedoch, dass Karl und Francesca alles tun werden, um einen Skandal im »Kaiserhaus« zu vermeiden. Und als zukünftiges Familienoberhaupt dieses Adelsclans kann sich Karl wohl auch keine Negativ-Schlagzeilen – wie im Juli 1996, als er vergaß, bei der Einreise von der Schweiz nach Österreich ein Diadem zu deklarieren – mehr leisten. Selbst, wenn dabei die Liebe auf der Strecke bleiben sollte ...

Adel und Seitensprünge im 21. Jahrhundert

Und heute? Adelshochzeiten haben im Laufe der Jahrhunderte nichts an Faszination verloren. Sehr eindrucksvoll bewiesen dies die Eheschließungen in den Häusern Holland (Nassau-Oranien), Dänemark (Oldenburg-Schleswig-Holstein-Gottorp-Sonderburg -Glücksburg) und Spanien (Bourbon) im vergangenen Jahr. Selbst im 21. Jahrhundert wird bei derlei Anlässen nicht mit Pomp, Prunk und Zeremoniell gespart. Einzig die strenge Hofetikette wurde gelockert. Mittlerweile haben »Königs« akzeptiert, wenn ihre Sprösslinge sich in Bürgerliche verlieben. Mehr noch: In den vergangenen Jahren kam es zusehends seltener vor, dass die hohen Herren und Damen nur »ihresgleichen« ehelichten.

Hochkonjunktur in Sachen Adelshochzeiten war im Frühjahr 2004. Gleich drei Prinzen traten vor den Traualtar. An ihrer Seite: Frauen, deren Vergangenheit und Herkunft es ihnen früher nicht einmal ansatzweise ermöglicht hätte, in Königshäuser einzuheiraten. Klar, dass die Klatschpresse die eine oder andere kleine Sünde aus der Vergangenheit der Damen zum Thema machte.

Für einige Aufregung sorgte vor allem die Hochzeit des niederländischen Prinzen Johan Friso mit der bürgerlichen Bankierstochter Mabel Wisse-Smit. Ihr zuliebe verzichtete der Edamer-Prinz sogar auf seinen Thronanspruch. Immerhin rangierte Johan Friso zur Zeit der Eheschließung hinter seinem älteren Bruder Willem Alexander – auch seine Hochzeit mit Máxima sorgte 2002 für einige Aufregung, weil ihr Vater Jorge Horatio Zorreguieta von 1976 bis 1983 Minister unter der argentinischen Militärdiktatur war – auf Platz zwei der Thronfolge. Die Regierung war mit Johan Frisos Wahl nicht einverstanden. Hintergrund: Das »Algemeen Dagblad« deckte auf, dass Mabel früher ein intimes Verhältnis mit dem Drogenboss und Gangsterkönig Klaas Bruinsmaa hatte. Obwohl der schon längst unter der Erde lag (er kam bei einer Schießerei ums Leben), forderte das Parlament: entweder Krone oder Frau!

Beides geht nicht. Kurzerhand pfiff der aristokratische Revoluzzer auf den niederländischen Thron (den er wahrscheinlich sowieso nie bestiegen hätte) und trat mit seiner Geliebten vor den Traualtar. Königin Beatrix der Niederlande musste seine Entscheidung zähneknirschend zu Kenntnis nehmen.

Doch nicht nur die Vergangenheit Mabel Wisse-Smits sorgte für königliche Erregung in Europas Herrscherhäusern. Bereits im Jahr 2001 erschütterte ein veritabler Skandal das norwegische Königshaus. Als Kronprinz Haakon seine große Liebe Mette-Marit heiraten wollte, kramten Aufdeckerjournalisten des Landes einige gar unroyale Dinge aus ihrer Vergangenheit hervor: Die Bürgerliche war drogensüchtig, ihr unehelicher Sohn sei gar den Lenden eines Dealers entsprungen. Mette-Marit bat umgehend öffentlich um Verzeihung, das norwegische Volk verzieh ihr großzügig. Damit waren alle Hindernisse aus dem Weg geräumt. Am 25. August 2001 wurde schließlich Hochzeit gefeiert.

Gänzlich unspektakulär verlief hingegen die Hochzeit im dänischen Königshaus. Kronprinz Frederik schnappte sich die tasmanische Professorentochter Mary Donaldson, die er 2002 bei den Olympischen Spielen in Sydney kennen gelernt hatte. Die strenge Frau Mama, Königin Margarethe II., gab dem Paar ihren Segen. Am 14. Mai 2004 wurde die Ehe geschlossen – und damit ein Schlussstrich unter die bewegte Vergangenheit des umtriebigen Aristo-Kids gezogen. Denn Affären mit dem Fotomodell Katja Storkholm Nielsen und der Popsängerin Maria Montell sowie ein angeblich ans königliche Bein tätowierter Haifisch bescherten Margarethe in den Jahren zuvor immer wieder Kopfzerbrechen.

In Spanien andererseits wurde die Entscheidung Kronprinz Felipes, die bürgerliche TV-Journalistin Letizia Ortiz zu heiraten, anfangs mit Misstrauen beäugt. Mit viel Pomp – 10.000 Polizisten waren im Einsatz, 1400 Gäste waren geladen, darunter 40 Staatschefs und Vertreter der europäischen Hocharistokratie – traten die beiden am 22. Mai 2004 schließlich doch vor den Altar der Madrider Almudena-Kathedrale. Zig Millionen Euro ließen sich die spanischen Bourbonen den Mega-Event kosten, das Brautkleid schlug mit 6000 Euro, die Blumen mit 110.000 und das Festmenü für die illustre Gästeschar mit 360.000 Euro zu Buche. Dabei war anfangs gar nicht sicher, ob Felipe seine Letizia wirklich heiraten darf. Denn sie hatte bereits eine Ehe hinter sich. Von 1998 bis 1999 war sie nämlich mit dem Literaturprofessor Alonso Guerrero verheiratet. Glück für Letizia: Der Professor war ihr nur standesamtlich angetraut. Hätten die beiden kirchlich geheiratet, wäre ein kurzes und bestimmtes »No« des spanischen – und erzkatholischen – Königs Juan Carlos unabwendbar gewesen.

Bereits im Herbst 2002 lernten sich die beiden bei einem Abendessen kennen und lieben. Bis sie allerdings vor den Traualtar treten durften, war ein gewaltiger Hindernisparcours zu bewältigen. Denn nicht zum ersten Mal drohte der strenge König Juan Carlos, seinem Sohn und Thronfolger einen Strich durch die Rechnung zu machen. Weil dem Herrn Papa das Dessous-Model Eva Sannum beispielsweise nicht in den Kram passte, zerbrach die Liebe Felipes zu ihr. Diesmal sollte es anders laufen: Der aufmüpfige Bourbonen-Spross drohte seinen Eltern König Juan Carlos und Königin Sofia damit, auf sein Thronfolgerecht verzichten zu wollen. Ein Affront sondergleichen, den das spanische Königshaus, das beim Volk sehr beliebt ist, nicht einfach hinnehmen konnte. Schließlich gaben die Majestäten nach.

Anlässlich der Verlobung von Felipe und Letizia im November 2003 eröffnete der Prinz von Asturien (so der offizielle Titel des spanischen Thronfolgers) der ganzen Welt: »Letizia ist die Frau, mit der ich mein Leben teilen und eine Familie gründen will.« Letizia ergänzte etwas steifer, aber bereits ganz den Gepflogenheiten des spanischen Hofes entsprechend: »Unser Heiratsbeschluss ist das Resultat reiflicher Überlegungen und basiert auf der tiefen Liebe, die wir füreinander empfinden.« Ein Happy End scheint also garantiert.

Gemeinsam ist all diesen Hochzeiten das immense Publikumsinteresse. Wer dachte, Aristo-Ehen wären nur im Mittelalter oder in der frühen Neuzeit von Schaulustigen frequentiert worden, täuscht sich gewaltig. 100 bis 200 Millionen TV-Seher weltweit sind keine Seltenheit, wenn Prinzen-Hochzeiten auf dem Programm stehen. So berichteten beispielsweise insgesamt 5600 Journalisten und 600 Fernsehsender aus aller Welt über die Hochzeit Felipes mit Letizia. Allein in Österreich verbuchte die Übertragung der spanischen Romantikhochzeit 636.000 Zuseher (noch imposanter: der ORF lukrierte damit 51 % Marktanteil).

Bis heute allerdings ungeschlagener Rekordhalter in Sachen TV-Quoten: Die Heirat von Prinz Charles mit Lady Diana Spencer anno 1981. Rund eine Milliarde (!) Royal-Watchers verfolgten damals das Geschehen am Bildschirm. Vielleicht ahnten vor mehr als 20 Jahren schon viele, unter welch schlechtem Stern diese Ehe stehen sollte. Denn selbst (oder erst recht) im 20. Jahrhundert waren königliche Hochzeiten nicht vor Seitensprung und Demütigung gefeit. Von Anfang an musste Diana gegen Camilla Parker-Bowles, die »First Geliebte« ihres Mannes, ankämpfen. Nach schwerer psychischer Belastung und einem aussichtslosen Kampf warf sie 1992 schließlich das Handtuch. Das einstige Traumpaar trennte sich unwiderruflich. Charles' Geliebte hatte gesiegt. 1997 fand Dianas unglückliches Leben bei einem Autounfall in Paris ein Ende. Der Mythos um sie ist bis heute nicht verklungen.

Noch heute eine Legende ist auch Kaiserin Soraya von Persien. Ihr Schicksal stand in den 50er-Jahren im Mittelpunkt des öffentlichen Interesses. Dabei begann alles wie in einem Märchen aus 1001 Nacht. Von Schah Mohammed Reza Pahlewi von Persien zu seiner Gemahlin auserkoren, erreichte die weltberühmte Soraya all das, wovon jedes Mädchen träumt. Am 12. Februar 1951 heiratete sie in einem 25 Kilo schweren Brautkleid den persischen Kaiser. Die Ehe war glücklich – bis sich herausstellte, dass Soraya nie Kinder bekommen kann. Sie konnte ihre »Pflicht« als Kaiserin nicht erfüllen. Die Folge: Der Schah verstieß seine Frau. Am 13. Februar 1958 wurde die Ehe geschieden, Soraya aus dem Kaiserhaus verstoßen. Für sie brach eine Welt zusammen. Die Medien sprachen fortan nur mehr von der »Prinzessin mit den traurigen Augen«. In einem ihrer letzten Interviews gab Soraya resigniert zu Protokoll: »Ich wusste, dass etwas Schwieriges vor mir liegt. Aber so schwierig, wie es dann wirklich war, habe ich mir das doch nicht vorgestellt.« Selbst im 20. Jahrhundert wurden Gefühle hinter politische Staatsräson gestellt.

Einiges hat sich geändert, vieles ist gleich geblieben. Zwar öffneten sich die Königshäuser, sie wurden liberaler. Vielmehr mussten sie mit der Zeit gehen, um nicht vom Volk in Frage gestellt zu werden. Eine Entwicklung, der sich die Habsburger in dem Maße nie ausgesetzt fühlten. Das Gottesgnadentum, ihre Autorität sowie der absolutistische Regierungsstil bewahrten sie vor größerem

Ungemach. Erst gravierende äußere Einflüsse – in diesem Fall der verlorene Erste Weltkrieg – vertrieben sie vom Thron.

Wie wir an den oben angeführten Beispielen allerdings gesehen haben, sind noch nicht alle Standesdünkel aus den altehrwürdigen Häusern verbannt. Hochzeiten mit Bürgerlichen – wie sie bei den Habsburgern immer verpönt und höchstens geduldet waren – können die Könige und Königinnen Europas nichts mehr in den Weg stellen. Vor allem die nachfolgende Generation – die Kronprinzen und -prinzessinnen – lässt sich nicht mehr in goldene Käfige stecken. Sie will ihre Gefühle ausleben – Etikette hin oder her. Dass so mancher Herrscher sich heutzutage dennoch über eine standesgemäße Ehe freuen würde, liegt auf der Hand. Doch der Fortschritt ist unaufhaltsam. Vielleicht ist die Zahl der königlichen Seitensprünge – mit Ausnahme der »Causa Charles und Camilla« – deshalb zurückgegangen. Weil die Hoheiten endlich selbst wählen dürfen, weil sie nicht mehr auf Brautreise quer durch Europa geschickt werden, wo sie sich eine aus einem anderen Königshaus aussuchen müssen.

Durchaus möglich aber, dass der eine oder die andere auch in ihrer Ehe nicht glücklich werden. Das ist nur allzu menschlich. Doch zumindest war es ihre eigene Entscheidung, die sie getroffen haben. Jüngstes Beispiel: Im September 2004 gaben der dänische Prinz Joachim und seine Frau, Prinzessin Alexandra, bekannt, sich einvernehmlich scheiden zu lassen – die erste Scheidung im dänischen Königshaus seit 158 Jahren übrigens. Gerüchten zufolge soll sich der umtriebige Prinz allzu fürsorglich um seine – vorrangig weiblichen – Untertanen gekümmert haben. Der Hof war freilich not amused: »Königin Margarethe II. und Prinz Henrik haben diese Entscheidung mit allergrößtem Bedauern akzeptieren müssen«, hieß es aus Schloss Amalienborg. So sollte es sein: Funktioniert die Ehe nicht, ist es das Beste, sich zu trennen – egal, ob adelig oder nicht. Denn niemand profitiert von einem Pro-Forma-Zusammenleben, nur um den Schein zu wahren. Am allerwenigsten die Betroffenen ...

Eines wird sich allerdings trotz Fortschritt und Liberalismus nie ändern: Damals wie heute sind die Menschen von den royalen Umtrieben, den Gefühlshöhen und -tiefen fasziniert. Egal, ob Hochzeit, glückliche Ehe, Seitensprung oder gar Scheidung – das

»Volk« will daran teilhaben. Und je größer der Skandal, desto größer das Publikumsinteresse. Die Historikerin und Buchautorin Gabriele Praschl-Bichler gab anlässlich der niederländischen Prinzenhochzeit von Willem Alexander und Máxima in TV-MEDIA zu Protokoll: »Königshäuser repräsentieren die schöne, heile Welt. Und wenn es dann Skandale in diesen Kreisen gibt, interessiert das die Menschen ungemein.« In diesem Sinne hoffe ich, dass dieses Buch einen interessanten Beitrag dazu geleistet hat.

Literatur

ANDICS, Hellmut: Die Frauen der Habsburger. Wien/München 1985.

ARONSON, Theo u. a.: Die großen Dynastien. Erlangen 1996.

BANKL, Hans Dr. med.: Die kranken Habsburger. Befunde und Befindlichkeiten einer Herrscherdynastie. Wien ²1998.

BEECHING, Jack: Don Juan d'Austria. Sieger von Lepanto. München 1983.

BESTENREINER, Erika: Luise von Toscana. Skandal am Königshof. München/Zürich 1999.

BOURGOING, Jean de: Marie Louise von Österreich – Kaiserin der Franzosen – Herzogin von Parma. Wien/Zürich 1949.

BOURGOING, Jean de (Hg.): Briefe Kaiser Franz Josephs an Frau Katharina Schratt. Wien 1949.

CACHÉE, Josef/PRASCHL-BICHLER, Gabriele: »... von dem müden Haupte nehm' die Krone ich herab« Kaiserin Elisabeth privat. Wien/München/Berlin 1995.

DICKINGER, Christian: Habsburgs schwarze Schafe. Über Wüstlinge, Schwachköpfe, Rebellen und andere Prinzen. Wien 2000.

DICKINGER, Christian: Die schwarzen Schafe der Wittelsbacher. Zwischen Thronsaal und Irrenhaus. Wien 2003.

DRIMMEL, Heinrich: Franz Joseph. Eine Biographie. Wien 1996.

FINK, Humbert: Joseph II. Kaiser, König und Reformer. Düsseldorf/Wien/New York 1990.

FÜLLER, Ingrid: Eine Affäre in Ehren. Warum Frauen Verhältnisse haben. Reinbek bei Hamburg 1994.

FUGGER, Nora Fürstin: Im Glanz der Kaiserzeit. Wien/München ²1980.

GRÖSSING, Sigrid-Maria: »Wir hätten in einem Rosengarten sitzen können« Liebe und Leid im Hause Habsburg. Wien/München 1998.

GRÖSSING, Sigrid-Maria: Amor im Hause Habsburg. Eine Chronique scandaleuse. München 1990.

GRÖSSING, Sigrid-Maria: Schatten über Habsburg. Schicksalsstunden im Kaiserhaus. Wien 1991.

GRÖSSING, Sigrid-Maria: Kaiserin Elisabeth und ihre Männer. Wien 1998.

HAMANN, Brigitte (Hg.): Die Habsburger. Ein biographisches Lexikon. Wien 1998.

HAMANN, Brigitte: Elisabeth. Kaiserin wider Willen. Wien/ München 1997.

HANSERT, Andreas: Welcher Prinz wird König? Die Habsburger und das universelle Problem des Generationswechsels. Eine Deutung aus historisch-soziologischer Sicht. Petersberg 1998.

HOLLER, Gerd: Napoleons Sohn. Der unglückliche Herzog von Reichstadt. Frankfurt/Main/Berlin 1991.

HOLLER, Gerd: Sophie. Die heimliche Kaiserin. Mutter Franz Josephs I. Wien/München 1993.

HOLMANN, Helga: Die Autobiographien der Marie Louise Freiin von Wallersee. Phil. Diplomarbeit. Wien 1995.

KETÖSY, M. Graf: Habsburgische Mesalliancen und Liebesaffären im 19. Jahrhundert. Leipzig 1902.

KOHLER, Alfred (Hg.): Quellen zur Geschichte Karls V. Darmstadt 1990.

KOHLER, Alfred: Karl V. 1500–1558. Eine Biographie. München 1999.

KOSSAK, Wolfgang: Ehebruch. Berühmte Seitensprünge der Geschichte. Wien 2000.

KRAMAR, Konrad/STUIBER, Petra: Die schrulligen Habsburger. Marotten und Allüren eines Kaiserhauses. Wien 1999.

KUTSCHERA, Rolf: Maria Theresia und ihre Kaisersöhne. Ein Beitrag zum Habsburgerjahr 1990. Thaur bei Innsbruck 1990.

LEIDINGER, Hannes/MORITZ, Verena/SCHIPPLER, Berndt: Das Schwarzbuch der Habsburger. Die unrühmliche Geschichte eines Herrschergeschlechtes. Wien/Frankfurt am Main 2003.

LEITNER, Thea: Schicksale im Hause Habsburg, Wien 1994.

LEITNER, Thea: Die Männer im Schatten. Wien 1995.

LEITNER, Thea: Habsburgs Goldene Bräute. Durch Mitgift zur Macht. Wien 2000.

NEUMANN, Hans-Joachim: Erbkrankheiten in europäischen Fürstenhäusern. Berlin 1993.

PANZER, Marita A.: Barbara Blomberg. Bürgerstochter und Kaisergeliebte. Regensburg 1995.

PEHAM, Helga: Leopold II. Herrscher mit weiser Hand. Graz/Wien/Köln 1987.

PETRIE, Charles: Don Juan d'Austria. Stuttgart/Berlin/Köln/Mainz 1968.

PIERSON, Peter: Philipp II. Vom Scheitern der Macht. Graz/Wien/Köln 1995.

PRASCHL-BICHLER, Gabriele: »Gott gebe, dass das Glück andauere.« Liebesgeschichten und Heiratssachen im Hause Habsburg. Wien/München 1997.

RACHFAHL, Felix: Margaretha von Parma. Statthalterin der Niederlande (1559–1567). München/Leipzig 1898.

REIFENSCHEID, Richard: Die Habsburger. Von Rudolf I. bis Karl I. Graz/Wien/Köln 1982.

RILL, Bernd: Karl VI. Habsburg als barocke Großmacht. Graz/Wien/Köln 1992.

SAATHEN, Friedrich (Hg.): Anna Nahowski und Kaiser Franz Joseph. Aufzeichnungen. Wien/Köln/Graz 1986.

STADTLAENDER, Chris: Habsburg Intim. Wien 1998.

SWISTUN, Hermann: Mary Vetsera. Gefährtin für den Tod. Wien 1999.

VACHA, Brigitte (Hg.): Die Habsburger. Eine europäische Familiengeschichte. Graz/Wien/Köln 1992.

VOCELKA, Karl/HELLER, Lynne: Die Lebenswelt der Habsburger. Kultur- und Mentalitätsgeschichte einer Familie. Graz/Wien/Köln 1997.

VOCELKA, Karl/HELLER, Lynne: Die private Welt der Habsburger. Leben und Alltag einer Familie. Graz/Wien/Köln 1998.

WANDRUSZKA, Adam: Das Haus Habsburg. Die Geschichte einer europäischen Dynastie. Wien 1989.

WEISSENSTEINER, Friedrich: Die rote Erzherzogin. Das ungewöhnliche Leben der Tochter des Kronprinzen Rudolf. Versuch einer Biografie. Wien 1987.

WEISSENSTEINER, Friedrich: Frauen um Kronprinz Rudolf. Wien 1991.

WEISSENSTEINER, Friedrich: Große Herrscher des Hauses Habsburg. 700 Jahre europäische Geschichte. München 1995

WEISSENSTEINER, Friedrich: Liebeshimmel und Ehehöllen. Heiraten zwischen Habsburgern und Wittelsbachern. München 2001.

WEITHMANN, Michael: Stichwort: Habsburger. München 1993.

WIESFLECKER, Peter: Studien zur habsburgischen Heirats- und Familienpolitik im Zeitalter Kaiser Franz Josephs I. Austritte aus dem Kaiserhaus und Ehen mit Bürgerlichen. Phil. Diplomarbeit. Wien 1989.

WINDISCH-GRAETZ, Ghislaine: Kaiseradler und rote Nelke. Das Leben der Tochter des Kronprinzen Rudolf. Wien/München 1989.

Zeitschriften

»TV-Media« Nr. 6/02, S. 36.
»TV-Media« Nr. 22/04, S. 28.
»News« Nr. 40/03, S. 192.
»News« Nr. 11/04, S. 212.
»News« Nr. 13/04, S. 190.
»News« Nr. 19/04, S. 228.
»News« Nr. 21/04, S. 162, 166.

Bildnachweis

Bildarchiv ÖNB: S. 32, 45, 71, 81, 105, 153, 165, 173, 181
Bildagentur Votava: S. 195

Tragödien im Hause Habsburg

Die Familie Habsburg ist reich an tragischen Schicksalen.
Sigrid-Maria Größing, bewährte Habsburgensien-Autorin,
erzählt in ihrem neusten Buch von bekannten und weniger
bekannten Vertretern der Familie. Marie Antoinette wird als
Königin von Frankreich geköpft. Leopoldine stirbt als
Kaiserin von Brasilien an den Folgen einer Misshandlung
durch ihren Mann. Maximilian wird 1867 als Kaiser von
Mexiko standrechtlich erschossen. Fast mittellos stirbt der
des Landes verwiesene letzte Kaiser Karl I. 1922. Tragödien
im Hause Habsburg:
große Geschichte in
großen Geschichten.

Sigrid-Maria Größing
**Tragödien im Hause
Habsburg**
200 Seiten
€ 19,95 / sFr 34,80
ISBN 978-3-8000-3870-1